社会のなかの「少年院」

排除された子どもたちを再び迎えるために

少年の社会復帰に関する研究会［編］

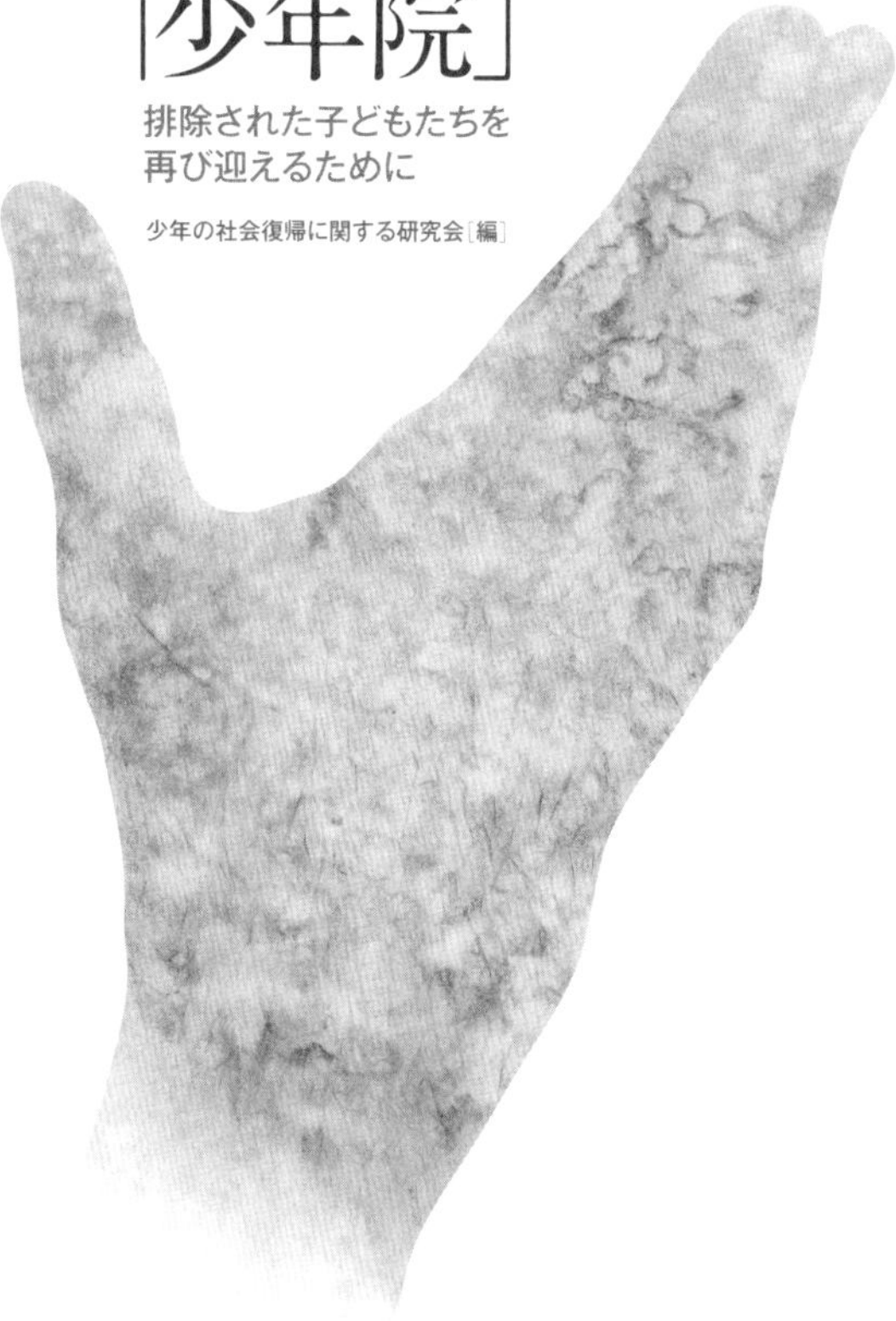

作品社

社会のなかの「少年院」——排除された子どもたちを再び迎えるために＊目次

まえがき　5

第1章　少年の社会復帰と少年院――「変わる少年」と変わらない社会　9
第2章　教育機関としての少年院――子ども期を「補償」する矯正教育　41
第3章　「少年院出院者」をスティグマ化するのは誰か？　59
コラム①　少年院と刑務所　75
コラム②　少年院の生活　80
第4章　少年院における義務教育――現状と意義　85
第5章　少年院の中の高校教育――「つながりを断ち切らない」社会復帰モデル　103
第6章　少年院における父親教室――その意義と課題　129
コラム③　少年院における成績と評価　147
コラム④　面会・保護者への働きかけ　151
コラム⑤　問題改善に向けた集中的な指導――特定生活指導　155

第7章　少年院の社会復帰支援について――実務家の立場から　159
第8章　少年院における修学支援　175
第9章　少年院における福祉的支援――実践現場からはどう見えているのか　203
第10章　少年院の社会復帰支援における福祉機関の立ち位置再考――児童相談所・自立援助ホームと連携したケースから　227
第11章　社会復帰支援とジェンダー――格差社会・不平等社会への再接続へ向けて　253
コラム⑥　地域との連携が育む「少年院の多様性」　270
コラム⑦　障がい受容　275
コラム⑧　社会的課題としての「若年妊娠・出産」　280
終章　対談　これからの少年院教育の可能性と課題　285
コラム⑨　修学支援が明らかにする「支援格差」問題　324
あとがき　329
執筆者紹介　333

まえがき

伊藤茂樹

少年非行やそれを行った非行少年、そして彼らに対する国家としての対処のあり方は、社会にとって重大な関心事である。特に1980年代以後、少年非行は社会問題として様々な議論を呼んできた。その議論のテーマのひとつは、国家が彼らを取り扱う少年司法制度と、それを定めた少年法である。戦後間もない1948年に制定された（新）少年法は、保護主義に立脚し、非行少年の健全育成を第一の目的とするが、それゆえ「非行少年に甘い」「だから少年非行が減らない」という批判を常に受けてきた。

非行は望ましくないものであり、その多くが被害者を生む以上、非行を減らすことと、被害者が物心両面にわたる償いを受けられるよう取り計らうのは国家や社会の責務である。従って、それをどのように実現していくかについて社会が議論するのは当然のことである。

一方、この議論は正確な情報や事実認識に基づかなければならない。しかし従来の議論は、現行の法や制度についても非行の実態についても、事実に十分立脚せず、しばしば思い込みや不正確な知識に基づいて、かなり偏った形で行われることが多かった。「20歳未満であれば刑罰を受けることはない」とか「凶悪な非行が増え続けている」といった言説はその典型である。

非行少年に対して国家が行う保護処分のうち最も重い「少年院送致」についても同様である。少年院という言葉は広く知られているが、そこがどのような場所であり、どのような処遇が行われているか、その結果として少年がどのように変化し、社会に帰っていくのかといったことについても、不正確で断片的な情報や思い込みなどが幅を利かせてきたことは否めない。

この理由のひとつは、非行少年を劣悪な環境から守り、更生や社会復帰が円滑に進むように少年院が「閉じられた」場所になっていることにある。それはある程度やむを得ないが、実りある議論をしていくためには、たとえ場所自体は閉じられていても、正確な情報が公開されることが不可欠である。本書は有益な議論をしていくための素材となる「正確な情報」を提供し、議論のいとぐちを示すことを第一の目的としている。

少年非行や非行少年の実態には、時代や社会を超えてかなり普遍的な部分もあれば、社会の変化に伴い変わっていく部分もある。その中で近年の変化のひとつとして、全体的な非行の減少がある。成人の犯罪も同様で、いずれも社会的にはあまり知られていないが、一見すると望ましいことである。ただその一方、「再非行」や「再犯」の割合は減少していない。つまり、非行や犯罪に新たに手を染める人は減っている一方、同じ人が何度も非行や犯罪を繰り返す傾向はより顕著になっているのである。

少年院もこうした動向をふまえて変化しなければならない。そこで打ち出されている方向性が「社会復帰支援」の充実である。これは「再犯防止推進法」の施行（２０１６年）、「再犯防止推進計画」の策定（２０１７年）と軌を一にして、非行少年がスムーズに社会に復帰し、再び非行を行わないための支援を様々に行うものである。そして社会復帰支援は、従来から行われてきた「矯正教育」と並んで、少年院が少年に行う働きかけの二つの柱を成すようになっている。

このことも含めて、今後の少年院のあり方や果たすべき役割について再検討することが必要である。そこでは少年非行の減少についてもふまえなければならず、従来の少年院やそこでの処遇をただ続けていくことが目的となってはならない。

このような現状を見据え、今後の課題について検討する作業は、法務省や少年院の現場など制度の「内部」では行われているものの、その議論が社会に開かれているとはあまり言えない。しかし、罪を犯した子どもや若者をどうするかは、いつの時代にも非常に重要な課題であり、社会として考えていくべきことである。

その議論は、近代以降の社会で普遍的になっている価値や思想と、より可変的な社会と犯罪・非行の状況の双方を正しく参照しながら行われなければならない。前者としては人権思想、とりわけ当事者である子どもの権利、彼らの可塑性や教育可能性といったことを踏まえる必要があるし、後者としては子どもを取り巻く環境や諸制度、犯罪・非行の動向、これらについての科学的知見などが挙げられよう。

このように参照すべき要素や題材は多岐にわたる中で、本書は少年院の現状について、その内側を外部の目で見たうえで、議論についての手がかりを提供するとともに、議論への着手を試みるものである。

構成としては、まず2022年に予定されている少年法改正をはじめとする制度改革の動向について、法学的な観点から整理する（第1章）。続いて、従来から少年院の大きな柱であった矯正教育について（第2〜5章）、さらに新たに柱のひとつになっている社会復帰支援について（第6〜11章）、それぞれいくつかの角度から現状と課題を報告し、分析を行う。最後に、研究者と現場の職員が対話し、少年院の現状と未来、研究者の役割などについて議論する（終章）。

私たち「少年の社会復帰に関する研究会」について簡単に紹介しておく。

この研究会は、少年院での矯正教育と、それを受けた少年たちの社会復帰の現状と課題について調査研究することを目的として２０１３年に発足した、教育学、社会学、社会福祉学、心理学、法学などの研究者から成る研究グループである。それに先立って２００６年から少年院での矯正教育を研究してきた「矯正施設における教育研究会」（代表：広田照幸氏）からメンバーの一部と問題関心を引き継いでいる。

本書はその現時点での成果をまとめたものである。本文中で用いている調査データは研究会として得たものであり、調査の過程を含めてメンバーで議論しながら執筆したため、大まかな共通理解はあるが、解釈や分析、主張は研究会の「統一見解」ではなく、その責任は基本的に各筆者にある。

また表記の方法やスタイルについては編集過程で統一を行ったが、「障害」と「障がい」については各筆者の立場に基づいており、統一されていないことをお断りしておきたい。

第1章　少年の社会復帰と少年院——「変わる少年」と変わらない社会

後藤弘子

1　はじめに——少年院というブラックボックスの解体

少年院は、非行少年（以下、少年）がそこで生活をしながら、自分の行った非行について向き合い、これからの生き方を考える場所である。少年たちは、少年院で他の少年たちと集団で生活をしながら、法務教官とともに将来のために何をすべきかを考える。つまり、少年院は少年が変わることを求め、支援する場所である。

少年法は、「非行のある少年に対して性格の矯正及び環境の調整に関する保護処分」（少年法1条）を行うとしており、少年院は、少年法が定める手続きを経て、少なくとも入院する際には少年でなければ入ることができないという意味で、少年法が少年に対して予定している教育的介入を具体的に実践する場所である。

少年法は、国が非行をきっかけに少年が健全に育成されていないことを発見し、このまま介入がなければ、将来犯罪者として成長する可能性があるために、それを防ぐために必要な教育を行うことを目的としている。保護処分を言い渡す権限を持つ家庭裁判所では、少年が行った非行の事実（非行事実）だけではなく、少年がどのような問題を抱えているのか（要保護性）を明らかにし、その問題を解決するための方策を提示する。少年院では、家庭裁判所が明らかにした問題や少年鑑別所での鑑別結果等や少年院での処遇過程で新たに発見された問題を前提として、社会に戻った際により社会規範に適合的な行動がとれるように教育を行う。

少年院は、非行少年が自分の問題と向き合い、自分を変えるための方法や、新たな規範に基づいて行動することを学ぶために必要な場所であるが、ずっとそこにいることができるわけではない。必要な教育が終了したと判断された後で、少年たちは必ず社会に戻ってくる。少年院で変化した少年を社会の側が受け止める必要があるが、社会は少年が少年院に送致されたことで、安心し、それ以上少年への教育の責任を果たす必要はないと考えてしまう。

そのため、少年が少年院で変化したとしても、戻る社会は変化しない。それに拍車をかけるのが、少年が少年院で変化するということについての情報を社会が持っていないという事実である。

少年審判では、非行事実だけではなく、少年の生い立ちや置かれている環境に関する情報をもとに判断される「要保護性」（国が介入する必要性）についても審理の対象としている。そのために、審判は非公開であり、家庭裁判所が収集した要保護性に関する情報は一般には公開されない。さらに、実名や顔写真を含む情報を社会に提供せず、少年をさらし者にしないことで、少年の社会への再統合を促進する機能を重視している。このような少年事件の特殊性から、少年に関して社会が持つ情報量は、事件が少年司法過程を進んでいったとしても変化しないために、なんの情報も得られない社会はフラストレーションを抱えてしまう。

社会がフラストレーションを抱えると、その時点で得られている情報を無理やりつなげて、少年の実態とは異なる形で情報が上書きされ、流通していく。そしてネットには、少年法が禁じている、少年を特定してさらすような情報があふれる。逮捕時の非行に関する情報が主となり、家庭裁判所の審理や少年院での処遇に関する情報は、ブラックボックスとして存在しないものとされてしまう。

多くの場合、少年が行った非行しか報道されないため、少年院に行く前の少年は、「非行を行った少年」として、社会に認知され、記憶される。そして、「非行を行った少年」が、家庭裁判所での審判を受けて少年院に行くという報道がされることで、「非行」「少年」「少年院」といった単語がただつなげられる。「非行」は過去の出来事であるため、変えることはできない。そのため、変えられない「非行」が「少年」を媒介として「少年院」につなげられることで、少年の「変化」ではなく、「不変」が社会の認識となる。「非行を行ったから少年院に行った」「少年院に行ったくらいで再非行が防げるのか」。そんな言説が幅を利かせる。

加えて、少年院でどのような教育を受けて少年がどのように変わったのかについてや、少年が社会に戻ってきてどのように生活しているのかという情報は、少年の社会復帰の妨げになるために公開されない。少年がどのように変化して社会に戻ってきているのかを社会は知る機会もないまま、いつの間にか少年は「静かに」社会に戻っていく。

少年からすれば、「非行」「少年院」の後には「社会に戻る」が常に存在するのであるが、いったん少年が少年院に収容されると、社会からは少年院がブラックボックスとなり、その先の「社会に戻る」ことが見えなくなってしまう。そのため、「少年院」で少年がどのように変化したのかについて社会は興味を持たず、「少年院帰り」というレッテルだけが、「非行少年」というラベルと共に社会に共有されていく。

本書が試みようとしているのは、少年院という場所で行われている少年を変えるための営みがどのようなものかを共有することで、少年院というブラックボックスを解体し、「非行」と社会復帰した少年を直接つなげるのではなく、少年院において生じた変化を社会復帰した少年とつなげるための基本的な作業である。

少年院がどのような場所で、そこでどのようなことが行われているのかを知ることは、やがて社会に戻ってくる少年についての理解を社会が深め再び受け入れることにつながる。少年院における教育がどのような理念のもと、どのような形で行われているのかを理解することは、少年院での教育でどのように少年が変わる可能性があるのかを知ることでもある。

以下において、現在の少年院がどのような枠組みで成り立っており、何を大切にしているのかについて見ていくことにしたい。

2 ブラックボックスとしての家庭裁判所

少年が非行を行って少年院から社会に戻ってくるプロセスには、二つのブラックボックスが存在する。一つが少年法に基づいて家庭裁判所で行われる審判であり、もう一つが少年院で行われる矯正教育である。ここでは、まず、最初のブラックボックスである家庭裁判所の審判について見ていくことで、ブラックボックスを解体してみたい。

(1)少年法の基本的な考え方

未成熟な子どもには教育が必要である

少年法は、犯罪を行ったのが少年である場合、少年が未成熟であることを理由に成人とは異なる教育的対応を行うことを目的として制定された法律である。

子どもは誰かに依存して、ケアされなければ生存すらおぼつかない時期から、年々成長をし、さまざまな知識を身につけて、その社会においておとなとして扱われる領域を増やしていく。子どもの成長発達を支え、教育していく第一次的責任は親にあるが、国も乳児検診や義務教育などの制度を通じて、子どもの成長発達を支援していく。そして、養育の第一次責任者が児童虐待など成長発達を阻害する行為を行った場合や、犯罪行為を通じて、子どもが健全に成長発達していないことを国が発見した際には、親に代わって子どもの成長発達権を保障する義務が課せられることになる（子どもの権利条約6条2項）。

児童虐待による被害にしても、非行という加害にしても、どちらも子どもの成長発達にとってネガティブな影響を与える行為である。児童虐待による影響を最小化するためには、児童福祉法が役立つが、犯罪を行った子どもについては、少年法が対応する。

刑法は、人の命や財産を奪うなどの、その社会で最も行われてはならない行為を犯罪として類型化している。犯罪として刑罰を科す行為は極めて限定されており、すべての違法行為や権利侵害行為が犯罪となるわけではない。犯罪が行われることは、その社会にとって重要な価値が尊重されていないことを意味し、その価値が守られなければ社会の秩序は維持されない。

未成熟な子どもが犯罪を行うということは、成熟したおとなが自己決定に基づいて行うのとはその意味が異なる。まだその社会の規範を十分に理解していない子どもが、規範を身につけるまでには試行錯誤が必要である。また、脳科学からも判断能力が十分には発達していないことがわかっている[▼1]。未成熟な子どもは、社会規範を守ることの重要性を理解して、自分の行動をコントロールする方法を学ぶことで、社会の一員として成長していくための教育を受ける必要がある。

可塑性のある子どもには教育が効果を持つ

犯罪を行った子どもも、加害行為を行った以上は当然に責任を取る必要がある。おとなであれば、犯罪についての責任は刑罰を科されるという形で問われる。子どもの場合は、教育的な対応が優先され、刑罰は例外的にしか科されることはない。

子どもの犯罪について、刑罰が科されないことが原則となっているのは、子どもが未成熟であることがその前提にある。未成熟であることは、まだ人格的成長や社会規範の獲得が終了していないことを意味する。言い換えれば、まだ教育によって変わる余地があるということであり、可塑性があることになる。可塑性とは、「変形しやすい性質」（広辞苑第7版）を意味し、適切な教育的介入が行われることで、少年の意識や人格を変容させることが可能となる。

国には、非行によって明らかになったそれぞれの少年の抱えている問題を少しでも解決するため、必要な教育を行うことで、将来犯罪者になることを防ぐ責任がある。非行を行うということは、子どもが成長発達していくために必要な教育や支援が行われていないということを意味する。そのために、少年の可塑性を前提として教育を行い、また、少年はその働きかけに応じて自らを成長発達させる形で非行の責任をとるのである。

（2）少年が少年院に入るまでのプロセス

非行少年が少年院に入るまでには、次のような手続が必要となる。

非行を行い警察等に発見され家庭裁判所に送られること

少年法は、20歳未満の少年が、非行を行った場合に成人とは異なる特別な手続きを規定している。非行少年には、犯罪を行った少年（犯罪少年：14歳以上20歳未満）だけではなく、14歳未満で刑罰法令に触れる行為をした少年（触法少年）や、犯罪行為は行っていないが、このままいけば将来罪を犯す虞がある少年（虞犯少年）の三つのカテゴリーがある（少年法3条1項）。このどれかに当てはまる場合には、非行少年としての対応が開始される。

年齢に関しては、刑法がこの年齢以下においては、刑事責任を追及することができないとしている14歳未満が一つの基準となる（刑法41条）。少年法は、刑罰を科すことができない14歳未満の少年もその対象としている。また、犯罪を行ってはいないけれども、今ここで何らかの介入を国が行わなければ将来犯罪者になる可能性がある少年についても対象としている。なお、少年法においては、20歳未満を少年と定義しているので、性別についての区別は、男子少年・女子少年という形になる。

犯罪少年で、行った犯罪の法定刑が罰金以下の刑の場合には、警察から事件が直接家庭裁判所に送られる。法定刑が罰金以上の刑（たとえば、懲役など）の場合には、事件は検察に送られた後に家庭裁判所に送られる。福祉的な対応が優先される触法少年や虞犯少年を除いて、犯罪少年に関しては、すべての事件が家庭裁判所に送られる。これを「全件送致主義」と呼んでおり、少年事件は捜査機関による捜査だけでは、どのような処分を行っていいのかを決めることができない。これは、次に見るように、少年に対する処分を決める際には、少年が非行を行うに至った原因を明らかにし、そのうえで必要な対応を家庭裁判所が選択することが非行少年にとって望ましいとの判断による。

触法少年の場合は、まず福祉的措置が優先されて児童相談所に送られ、児童相談所が必要と認めた場合や少年法で必ず送られなければならないと規定されている場合には家庭裁判所に送られる。

虞犯少年の場合は、14歳未満の場合は触法少年と同じ手続が、14歳以上の場合は警察や検察などから家庭裁判所に送られる。

家庭裁判所での調査

事件を受けとった家庭裁判所では、すべての事件について調査が行われる（調査全置主義）。この調査には、非行事実の有無を主として確認する法的調査と、要保護性について調査する社会調査がある。法的調査において非行事実が確認されたのち、家庭裁判所調査官に対する調査命令が裁判官によってなされる。

この社会調査は、人格的・環境的要因に関する少年の要保護性についてのものである。要保護性とは、国が介入して強制的に再教育を行う必要性の判断で、今介入しないと非行が反復される可能性があるか（非行の反復可能性）、また、現在の環境的要因からは少年を適切に保護・教育することができないか（保護欠如性）を検討する情報を収集する。▼[2]

その情報の収集は、科学主義に基づく。科学主義に基づいて、少年の問題行動にとどまらず、少年の人格、少年の環境の問題点を的確に把握して、「その累非行性（再犯の可能性）を予測すると共に教育的可塑性・改善更生への可能性を検討する」▼[3]ことで、必要な情報を収集するだけではなく、それに基づいた判断をすることができる。言い換えれば、少年のおかれている状況や少年の抱えている問題を適格に把握することで、少年の非行原因を把握する。

調査官の調査は、これらを行うことで、審判に必要な情報の収集・分析だけではなく、少年の内部環境（内面）を変えていくための「種まき」＝働きかけとなる。その働きかけの方法としては、調査における面接という形であったり、試験観察として、社会奉仕活動、集団講習（交通・薬物）、宿泊合宿、被害を考える教室や民間団体による清掃活動への参加といった教育的措置の実施などによって行われる。また、親に対する保護的措置（少年法25条の2）として、面接の際の被害弁償等の指導や少年の教育的措置に関する活動への参加を促す場合もある。

少年に対する処分

家庭裁判所に送られた少年は、調査が行われた後、裁判官によって審判を開始するかどうかが決められるが、審判を開始しないという決定がなされることもある。審判不開始決定は、簡易送致という形で家庭裁判所に送られた事件に対して通常なされる措置である。簡易送致は、非行が軽微な場合にとられる送致方法で、窃盗であれば、1万円程度の被害額で、要保護性が高くない場合に、警察から一括して事件が家庭裁判所に送られる（犯罪捜査規範214条）。審判不開始が、家庭裁判所で言い渡される終局処分の中で最も割合が高く、一般保護事件（交通事件以外の事件）の中で50・0パーセントを占める（2019年）。

審判が開かれると、不処分か保護処分が決定される。不処分（少年法23条2項）には、「非行事実がない」場合（「保護処分に付することができ」ない）と、「保護処分に付する必要がない」場合がある。不処分の場合は、そのまま社会へ戻っていく。保護処分には、施設に行かずにそのまま社会の中で、保護観察官や保護司の指導監督・補導援護を受ける保護観察処分（少年法24条1項1号）、児童福祉法上の施設収容である児童自立支援施設・児童養護施設送致（同条同項2号）、そして少年院送致（同条同項3号）がある。

少年が20歳を超えた場合には、家庭裁判所に審判権がなくなるために、検察官に送致される（年齢超過）ほか、刑事処分相当だと判断された場合も少年は検察官に送致される。検察官に送致された後は、基本的に成人同様の手続が行われる。

2019年に家庭裁判所に送られた4万7969人のうち、少年院送致になった少年は1727人と

3・6パーセントに過ぎない。このことは、少年法において最も特徴的な少年に対する処分である少年院送致を行う必要があると家庭裁判所が判断する少年は、ごく一部であることを意味している。

少年は社会の視線から守られる

少年は、成人のように警察に逮捕された段階で名前や顔写真が公表されることはない（犯罪捜査規範209条）。また、事件が家庭裁判所に送られても、さらに検察官送致されて刑事裁判となったとしても、推知報道の禁止規定（少年法61条）があるために、身元が特定されるような情報が新聞などに公表されることはない。ただし、あとで見るように第5次少年法改正において、「特定少年」（18歳、19歳の少年）が、公訴を提起された場合には、成人と同じように、名前や顔写真が公開される可能性が生じる。

また、家庭裁判所における審判は非公開となっており、一部の被害者等は傍聴することができるが、一般人は傍聴することはできない。刑事裁判になったとしても、少年の年齢によっては、少年の姿が傍聴席から見えないように遮蔽措置が行われたり、少年の氏名が公判において呼ばれることがないなどの配慮がされる。

このように少年の社会復帰の支援のために、少年が非行少年だということが特定されることで、社会から排除されることがないような仕組みが少年法には何重にも用意されている。

3 少年院法はどのように変わったか

次に、このように家庭裁判所の狭き門をくぐり抜けた少年たちが、強制的な再教育を受けるために送られる少年院とはどのようなところなのかを見ていくことで、少年院というブラックボックスの解体をしていきたい。

（1）少年院法の改正に至るまで

少年院は少年法と共に歴史を歩んできた。１９２２年に成立した日本初の少年法（大正少年法）と同時に矯正院法が成立し、少年で保護処分を受ける者を収容する施設（矯正院）として、現在の少年院は出発した。その後、敗戦を迎え、日本国憲法や刑事訴訟法が新しくなる中で、それまで18歳未満であった少年法上の少年年齢が20歳に引き上げられ、さらには家庭裁判所という司法機関がすべての少年事件について審理することを基本とした少年法が１９４８年に成立した。[4]

現行少年法では、保護処分の内容が整理された。大正少年法では、訓戒を加えること、学校長の訓戒に委ずること、書面をもって改心の制約をさせること、条件付保護者引渡し（ここまで一時的保護処分）、寺院・協会・保護団体または適当なる者への委託、少年保護司の観察、感化院送致、矯正院送致及び病院送致または委託（ここまで継続的保護観察）が保護処分の内容であったが、新しい少年法では、保護観察、教護院（現在の児童自立支援施設）・養護施設（現在の児童養護施設）送致及び少年院送致の3種類となった（少年法24条）。現行少年法では、継続的保護処分のみが残った形になり、そのほかの一時的保護処分は審判の中で裁判官が必要な範囲で言い渡す形となった。１９４８年に少年法が改正されたことで、矯正院は廃止され、少年院となり、それを扱う少年院法も成立し、１９４９年に少年法と同時に施行された。少年法と少年院法は、１９７０年代までは常にセットで改正の必要性について議論された。[5]

１９７０年から始まった法制審議会の少年法改正の議論は、主に18歳、19歳の少年を青年層として少年法の対象から切り離し、これらの少年については、検察官が家庭裁判所に送るかを決めるという点や、家庭裁判所の審判にも検察官が抗告権を有することを前提として参加することが焦点となった。１９７７年の法制審議会の中間答申では、少年院については、処遇の個別化が問題となったが、少年院においては、１９７７年（昭和52年）に「少年院の運営について（依命通達）」（以下「52年通達」）を発出することで、中間答申に答えようとした。

「52年通達」では、「収容期間が一年程度に固定化しがちであったこと」や、「処遇内容が画一的になりがちであったこと」などを念頭において、「処遇の個別化、収容期間の弾力化」や、「保護観察との有機的一体化を図る」ことなどが定められた。それに伴い、少年院の処遇は長期処遇と短期処遇に分けられた。長期処遇については、生活指導、職業訓練、教科教育、特殊教育及び医療措置の5種類の処遇課程が、短期処遇については、一般短期処遇と交通短期処遇の2種類の処遇課程が設けられた。また、個別的処遇計画を作成するなど、現在につながる少年院の矯正教育の原型が形作られた。[6] その後、交通短期処遇は１９９1年に特修短期処遇となり、また、１９９3年には長期処遇についても過程の再編成が行われ、生活指導は生活訓練に、職業訓練は職業能力に再編された。[7]

１９９7年には神戸連続児童殺傷事件[8]が起こり、14歳、15歳少年が検察官送致されないだけではなく、少年院に送致されても矯正処遇の標準的教育期間が1年程度となっていることに対して見直しが必要だという声を受け、同年「52年通達」の生活訓練課程の中に、一般にG3と呼ばれることになる課程が創設された。[9]

２０００年以降、相次いだ少年法改正に呼応する形で、少年院も新たな種類の収容者に対する矯正処遇を行うこととなった。２０００年の第1次少年法改正では、14歳以上の少年が検察官送致されることになったことから、16歳未満の少年が懲役又は禁錮の言渡しを受けた場合、16歳になるまでは刑務所ではなく少年院に収容され、矯正教育がなされるようになった（少年法56条3項）。ちなみに、16歳を超えた少年は、少年刑務所に収容され、その後26歳を超えた場合には、通常の刑務所に収容される。[10]

２００７年の第2次少年法改正では、長崎事件（２００３年）や佐世保事件（２００４年）[11]をきっかけとして、触法少年に対する少年院送致ができないことに対する問題が指摘されたことで、これまで少年院送致可能な年齢が14歳以上であったのに対して、「おおむね12歳」以上の少年であれば、少年院送致を可能とする少年院法改正が行われた。さらには、少年院法に保護者に対する措置が規定されるとともに、発達段階等に応じた処遇の個別化の理念が明文化された。このように、少年法の改正に関連して少年院法が大きく改正されたのは、２００７年の改正が少年院法成立後初めてであった。[12]

(2)少年院法の改正

少年法改正に主導される形で改正された少年院法であったが、２００９年に発覚した広島少年院における不適正処遇事案（以下「広島少年院事案」）をきっかけとして、自らが変わる必要性に迫られていった。

「広島少年院事案」は、法務教官5人が１００件余りの暴行等の不適切処遇を行ったもので、5人とも公務員暴行陵虐致傷罪に問われ、全員に有罪判決が言い渡された。[13]中でも、首席専門官という少年矯正処遇部門のトップが行った行為については、彼の行為が「指導の目的で行った行為が行き過ぎたものであるとの評価が妥当する」と判決で評価されているものの、多くの関係者に衝撃を与えた。[14]

法務省は、同事案をきっかけに、２０１０年1月から「少年矯正を考える有識者会議」（以下「有識者会議」）を発足させ、同会議は、同年12月に「少年矯正を考える有識者会議提言——社会に開かれ、信頼の輪に支えられる少年院・少年鑑別所へ」（以下「有識者会議提言」）をまとめた。[15]それを受けて、法務省矯正局は、２０１３年「少年院法改正要綱素案」を公表し、パブリック・コメントを求めたのち、少年院法案と少年鑑別所法案をまとめ、２０１２年に内閣提案立法として参議院に上程されたが、何らの審議も行われないまま、国会閉会に伴い廃案となった。その後法律案を再上程したが、２０１４年6月になって、ようやく少年院法改正が実現した。なお、少年院法と少年法から分離された少年鑑別所法は、２０１４年6月11日に公布され、２０１５年6月1日に施行された。

この改正は、少年院法の全面改正であり、それまで30条に満たない条文しかなく（少年鑑別所に関連するのは2条のみ）、少年院における処遇のそのほとんどが通達等で対応されていたことからすると、この改正は、矯正処遇の法律化と評価することができる。矯正処遇が法律化されたことは、これまで見えにくかった少年院での処遇が社会に共有化され、これまでブラックボックスであったものが、外から見えるようになったことを意味する。[16]

4 改正少年院法の内容

改正された少年院法を読んだ際に、多くの人は条文の構成や言葉遣いが何かに似ていると既視感にとらわれるだろう。少年院法は、成人の犯罪者の施設内処遇に関する法律である「刑事収容施設及び被収容者等の処遇に関する法律」（刑事収容施設法）をモデルとしている。刑事収容施設法は、１００年以上続いた監獄法を２００６年に改正したもので、保護処分と刑罰の違いはあるものの、刑務所と少年院には、国家による強制的施設収容という共通点があるために、ある程度の類似は仕方がない。とはいえ、「少年であることを理由とした特別扱い」である保護処分の特殊性はもう少し強調されてもよいはずである。単に、少年院在院者を受刑者に、少年鑑別所収容者を未決拘禁者に置き換えるという発想自体は望ましいものではない。

少年院に在院するすべての時間を教育だと考えている少年院と、刑務作業を主とし、一定の時間だけ改善指導や教科教育を行う刑務所とは、刑務作業自体が教育的な意味を持っているとしても、根本的に異なる。たとえば、運動会は刑務所ではリクリエーションであるが、少年院では教育の一環で、保護者を招待して保護者と一緒に競技をすることが重視されている。私も何回か、保護者が来られない少年と一緒に競技に参加したが、それまでは声すら掛け合わなかったであろう親子が協力しないとできない競技が実施された。もちろん、児童虐待の被害者である可能性の高い非行少年たちにとって、そのような場が強制的に設定されることの是非については、異論もあろう。けれども、とりあえずここでは、少年院と刑務所の根本的な違いを明らかにするために例として挙げておく。

少年院法の形式が外見的には刑事収容施設法に類似していたとしても、そこに込められた理念は異なる。では少年院法はどのような理念を採用しているのだろうか。

(1)少年院法の理念と子どもの権利

少年院法は、その目的として、①少年院の適正な管理運営を図ること、②在院者の人権を尊重すること、③在院者の特性に応じた適切な矯正教育その他の在院者の健全な育成に資する処遇を行うこと、④以上により、在院者である少年[▼17]の改善更生及び円滑な社会復帰を図ること、を挙げている(少年院法1条)。

保護処分の実施場所としての少年院の適正な管理運営と、刑罰執行場所としての刑務所のそれとは当然に異なる。少年院の管理運営は、少年の健全育成のための処遇や改善更生・社会復帰のために行われることが必要となる。

少年の人権を保障することは、国家が強制的教育を行う場合、当然の前提となる。その場合、日本が1994年に批准した子どもの権利条約に基づき、少年の権利が保障されていなければならない。少年院では、子どもの生きる権利、育つ権利、守られる権利、参加する権利が保障される必要がある。[18]子どもの権利条約の一般原則として、生命、生存及び発達に対する権利（第6条）、子どもの最善の利益の保障（第3条）、子どもの意見の尊重（12条）、差別の禁止（2条）が挙げられる。

「有識者会議提言」では、基本理念として、子どもの権利条約と少年法の理念が合致しているとし、少年の処遇に関して、子どもの権利条約における成長発達権の保障が重要だとしている。そこでは、少年矯正の拠って立つ理念は「少年の最善の利益のために、個々の少年の人格の尊厳を尊重しつつ、再非行の防止を図るとともに、社会の健全な一員として円滑な社会生活を送ることができるよう成長発達を支援することである」としている。[19]

ちなみに、2016年に大改正された児童福祉法は、その第1条で「全て児童は、児童の権利に関する条約の精神にのつとり、適切に養育されること、その生活を保障されること、愛され、保護されること、その心身の健やかな成長及び発達並びにその自立が図られることその他の福祉を等しく保障される権利を有する」とし、第2条1項で、「社会のあらゆる分野において、児童の年齢及び発達の程度に応じて、その意見が尊重され、その最善の利益が優先して考慮され」る努力義務があると規定している。

2014年に成立した少年院法は、同時期の子ども関連立法であるが、辛うじて、処遇の原則についての規定である第15条2項に、在院者の処遇を行うに当たっては、個々の在院者の性格、年齢等を踏まえ、その者の「最善の利益」を考慮し、「特性に応じたものとなるようにしなければならない」という規定が存在しているにとどまる。

少年院は、少年法の持つ刑事法的側面だけではなく、教育法的側面や福祉法的側面を具体化する場所である。また、子どもの権利条約は、条約であることから法律の上位に位置する。そのため、少年院での処遇や管理運営は、子どもの権利条約の理念やそれを補完する国際準則に沿うものでなければならない[20]。子どもの権利条約の理念が正面から少年院法に規定されるべきであったが、少なくとも「有識者会議提言」での指摘を重く受けとめ、子どもの権利条約に沿った形での少年院法の解釈・運用を行っていく必要がある。

(2)矯正教育の実施

矯正教育については、少年院法15条1項において、人権に配慮しつつ、「明るく規則正しい環境の下で、その健全な心身の成長を図るとともに、その自覚に訴えて改善更生の意欲を喚起し、並びに自主、自律及び協同の精神を養うことに資するよう行うもの」と定められている。さらに同条2項において、科学主義とそれぞれの特性に応じた処遇を行う個別処遇の原則が明示されている。

では具体的にはどのような形で矯正教育が行われるのだろうか。

少年院の集団編成と教育

矯正教育は、個別処遇の原則に基づいて行われる。少年院での処遇は、「個々の在院者の性格、年齢、経歴、心身の状況及び発達の程度、非行の状況、家庭環境、交友関係その他の事情を踏まえ、その者の最善の利益を考慮し」、特性に応じて行われなければならない(少年院法15条2項)という個別処遇が原則となる。

矯正教育は、「計画的・体系的・組織的」に行われる（少年院法23条2項）。[21]そのため、まず「一定の共通する特性を有する在院者ごとに適切な集団に編成」[22]することが個別処遇の第一歩となる。

その集団編成については、従来は少年院を初等、中等、特別、医療の四つに区分していた。初等と中等を分けるのは主に年齢が中心となるため、両者の区分をなくすことで、より個別的処遇の原則に見合った処遇が行えるようとの配慮から、また、特別少年院という名称では、少年の社会復帰後にスティグマとなりかねないことに配慮して、新少年院法では次のようになった。[23]

現在、少年院は、第一種（心身に著しい障害がないおおむね12歳以上23歳未満のもの）、第二種（心身に著しい障害がない犯罪的傾向が進んだおおむね16歳以上23歳未満のもの）、第三種（心身に著しい障害があるおおむね12歳以上26歳未満のもの）、第四種（少年院において刑の執行を受ける者）となる。第四種少年院は収容者が実際は存在しないため、最初の3種類が中心となる（少年院法4条）。なお、２０２１年の少年法改正で第五種が加わった。

具体的な矯正教育を行うにあたっては、図のように、まず、「法務大臣は、在院者の年齢、心身の障害の状況及び犯罪的傾向の程度、在院者が社会生活に適応するために必要な能力その他の事情に照らして一定の共通する特性を有する在院者の類型ごとに、その類型に該当する在院者に対して行う矯正教育の重点的な内容及び標準的な期間（以下「矯正教育課程」という。）」を定める（少年院法30条）。矯正教育課程は16種類あり、そこでどのような内容の教育を重点的に行うのか、標準的な長さはどれくらいなのかについて定められている。現在47庁ある少年院は、それぞれどの少年院がどのような矯正教育課程を実施するのかについて、法務大臣によって指定されている（少年院法31条）。たとえば、多摩少年院は、社会適応課程Ⅰ（A1）と支援教育課程Ⅲ（N3）が指定されている。女子少年院の場合は、各矯正管区に一つしかないことから（東京矯正管区のみ2施設）、多くの矯正教育課程が指定されている。[24]

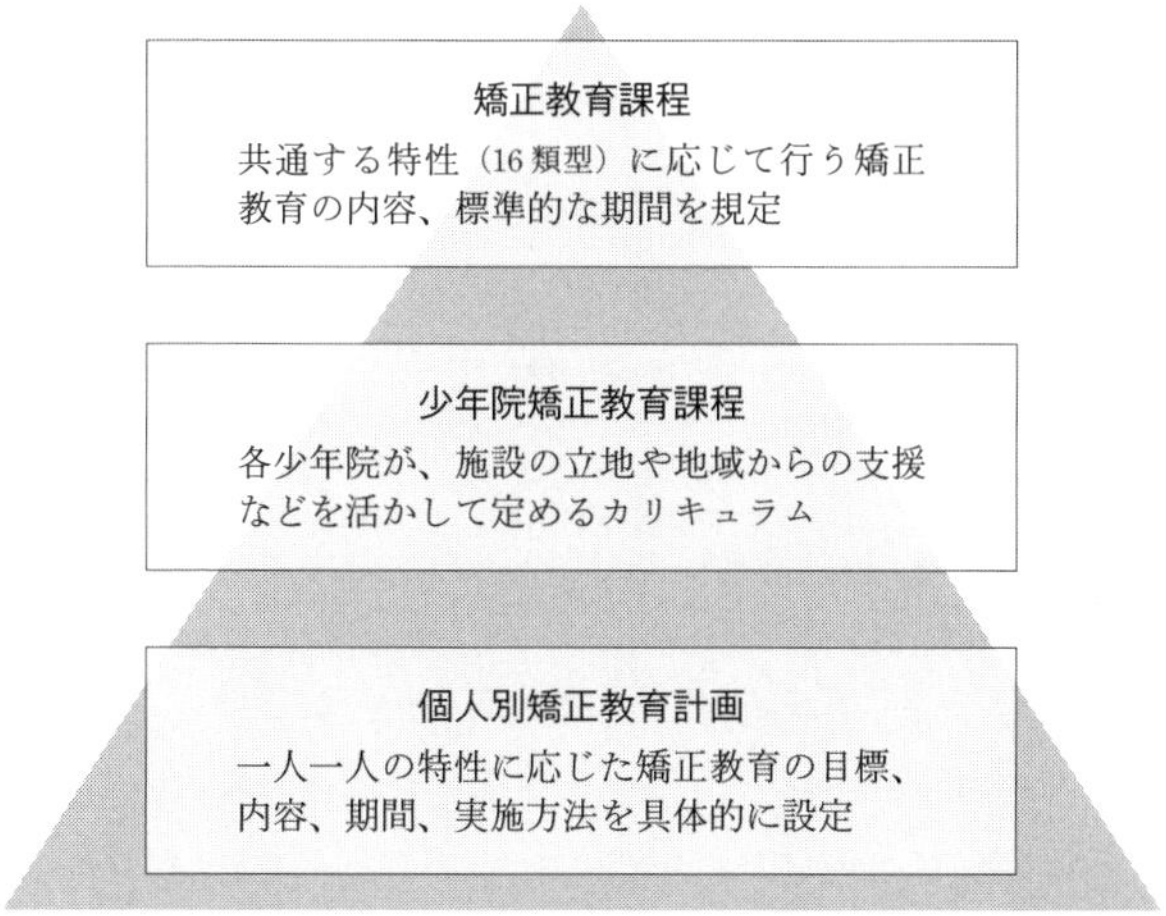

矯正教育課程
共通する特性（16類型）に応じて行う矯正教育の内容、標準的な期間を規定
少年院矯正教育課程
各少年院が、施設の立地や地域からの支援などを活かして定めるカリキュラム
個人別矯正教育計画
一人一人の特性に応じた矯正教育の目標、内容、期間、実施方法を具体的に設定

図1　計画的・体系的・組織的な矯正教育の実施（法務省矯正局 2017, p. 1 より）

個別処遇の原則と生活の場での教育

その上で、図にあるように、少年院の長は、16種類の矯正教育課程ごとに、少年院矯正教育課程を定めなければならない（少年院法32条1項）。少年院矯正教育課程では、当該少年院における矯正教育の目標、矯正教育の内容及び実施方法、矯正教育の期間、矯正教育の実施に関し必要な事項を、処遇の段階ごとに定めることになる（少年院法32条2項）。例えば、矯正教育の内容及び実施方法に関しては、3級から1級のどの段階で、どのような生活指導・職業指導・教科指導・体育指導・特別活動指導をしていくかの計画を立てる。[25]

少年院に入院した少年に対しては、少年院の長が矯正教育課程の指定を家庭裁判所や少年鑑別所の意見を踏まえて行う（少年院法33条）。そのうえで、個人別矯正教育計画を策定することになる（少年院法34条1項）。個人別矯正教育計画の策定にあたっては、個々の少年と面接する等の対応を前提として策定される。少年の処遇は、その原則を定めた少年院法15条に従って、「その自覚に訴えて改善更生の意欲を喚起し、並びに自主、自律及び協同の精神を養う」ために、「矯正教育を自主的に受ける気持ち」を育てることが必要ということから、個人別矯正教育計画の策定に少年の意向を考慮することが必要とされている。[26]

「少年の意向の反映」は、子どもの権利条約第12条の意見表明権という権利を保障しているともいえるが、少年院に入ってすぐの少年が自分の意見を表明できるかどうかについては注意が必要である。[27] 非行少年は、いじめや虐待を受けた経験があることが多く、また、その際におとなが助けてくれなかった少年が少なくない。[28] そうだとすると、おとなである法務教官に話をすることすら困難なことも十分ありうる。少年が非行少年であることを受け入れ、自分のことを話す言葉を獲得するまでには、それなりに時間がかかる。それを待ち、耕すこともまた少年院における矯正教育の重要な営みである。

自分のことを客観化・相対化して語れる言葉の獲得に関しては、居場所をつくり、何を言っても批判されない場所が用意されることが必要である。[29] 国家権力を背景とした、保護処分という非行に対する制裁でもある教育の場という特殊な環境の中で、少年が言葉を獲得し、その言葉を社会に復帰しても適切に使い続けられるように支援をしていく。

少年院は、生活の場を共有する特別な教育の場である。「生活の場における教育」という意味で、学校教育よりも家庭教育の実践を本来はモデルとすべきなのだが、家庭教育は少年院や学校のように、「計画的・体系的・組織的」な集団教育の場ではない。そのため、家庭教育の英知を少年院に取り入れることはそう簡単ではない。集団と個別の組み合わせで、しかも生活の場における教育を少年院は行っており、そのモデルは他にはないが、学校教育や家庭教育、当事者研究など多くの少年院以外の実践や知見を取り入れることも、科学的な矯正教育（少年院法15条2項）への道となるであろう。[30]

(3)社会復帰支援と社会の役割

少年を送り出すとき

少年は少年院での教育を終えた後に、社会に戻ってくる。少年院という生活の場で行われる矯正教育も、社会復帰のためのもので、少年院は、少年が社会との関係を再構築するためにあるという言い方もできるであろう。

けれども、いかに少年院における矯正教育が充実して、少年が変わったとしても、少年を迎える社会は変わらない。その変わらない社会に少年を送り出すとき、少年院が取りうる方法は二つある。

まず一つは、少年院において、少年が出ていく社会を、少年を支援する社会へと変える努力をすること、もう一つは、少年が社会に出た後、変わらない社会から少年を守り、エンパワーすることである。これまで、その二つの役割を、保護観察所が中心となって行ってきた。社会での居場所の確保が中心である生活環境の調整（更生保護法82条）や、仮退院後の保護観察（更生保護法41条）といった制度がそれにあたる。従来の少年院の姿勢としては、できるだけ役割分担を行うとの方針で、社会に復帰した少年たちとのつながりをあえて持たなかった。生活を共にし、密な関係性を構築し、場合によっては初めて出会った信頼できるおとなである法務教官との関係を継続したいという少年の気持ちを理解しつつも、少年院とつながり続けることのデメリットを考えて、対応を避けてきた。

今回の法改正は、少年院はたとえ保護観察所の役割と重なり合っても、社会に出ていく少年にとっては、少年院の法務教官の引き続きの支援が必要だと判断した結果だと解釈することができる。

少年を支援する社会へと変えていく

まず、少年院法44条は、「少年院の長は、在院者の円滑な社会復帰を図るため、出院後に自立した生活を営む上での困難を有する在院者に対しては、その意向を尊重しつつ、次に掲げる支援を行うものとする」と規定し、居住支援、医療・療養支援、修学・就業支援を行うとし、一定の限定はあるものの、少年院が社会復帰支援を行う必要があることが法律に明記された。

学歴もなく、また仕事もなく、家庭は安心安全な場所ではない少年たちは、そのすべてが「出院後に自立した生活を営む上での困難を有する」者であり、その意味では、全員に社会復帰支援を行うことが必要となる。特に女子少年は、それが表に出ていなくても、性虐待をはじめとする虐待を受けている可能性が極めて高いため、家庭が適切な居場所にはならない場合が少なくない。そのため、「家族がいる」ことで支援が必要ではないとするのではなく、家族が引受人になる少年にも支援が必要となる。

少年院法44条3項には、これらの支援を行うために、従来から社会復帰支援を行っている保護観察所と連携を図ることが明記された。少年院が直接社会内の関係機関と連携したり、対応するのはいろいろな意味でかなりの困難が伴う。そもそも少年院は広域収容をしているため、少年が帰る地域についての情報や地域のステークホルダーとの関係を結ぶのは難しい。それを補完するのが保護観察所であるが、少年院が必要だと考える支援と保護観察所が必要だと考える支援が異なる場合、どのように調整するのかなど、課題は少なくない。けれども、少年の生活の場の支援をしてきた少年院が、保護観察所と協力することでより適切な支援ができる可能性が高くなる。保護観察所も、少年に本当に必要な支援を見極め、適切に支援する力をより獲得することで、少年院の要請に応えることができる。

さらに、少年院にいる間に社会とのつながりを持つことも重要になる。外部交通（面会や手紙のやり取り）について、少年院法は刑事収容施設法とほぼ同様の内容を定めており、少年の権利性が強調されているものの、健全育成を理由とした制限ができるとしている。復帰する社会にできるだけ慣れるためにも、外部交通以外の機会が少年に与えられるようにすることも、社会を変えることにつながる。

社会の中で少年を支える

少年院がこれまで避けてきたことの一つが、少年院を出た少年と積極的にコンタクトをとることだった。これまでも少年からアクセスがあった場合は常識的な範囲内で対応することは少なからずあった。ただ、法令上の根拠がなかったことから、積極的には対応してこなかったという[31]。

少年院法146条は、「少年院の長は、退院し、若しくは仮退院した者又はその保護者その他相当と認める者から、退院し、又は仮退院した者の交友関係、進路選択その他健全な社会生活を営む上での各般の問題について相談を求められた場合において、相当と認めるときは、少年院の職員にその相談に応じさせることができる」と規定し、積極的とはいいがたいものの、「相談を求められた場合」、院長が相当と認めるときは相談に応じることができるとしている。

少年は少年院で変化したが、社会が変化していない場合には、少年が直面する問題の生じ方はこれまでとは異なる。そのため少年はこれまで悩まなかったことに悩み、これまでとは異なる解決方法を模索しなければならない。その相談役には、少年の変化への努力や結果としての変化を共有してきた少年院の法務教官が望ましい。ただ、少年が困ったときに少年院に連絡するとは限らない。少年が連絡しやすい環境を整えることが重要となる。どうすれば、少年たちがそのつどの課題に向き合いつづけるための支援ができるかの検討が今後必要である。

親を変える

少年法は、少年院の矯正教育で少年が変わること、そして、社会に復帰して規範適合的な行動をすることを求めている。一方で、非行がきっかけに明らかになった問題を、少年だけではなく、親や社会が受け止め、変わることをも求めている。

家庭裁判所において、親に対する措置（少年法25条の2）を行うが、そこでは、あくまで「訓戒」「指導」といった規範ベースの対応にとどまっており、家庭裁判所が親に対して具体的で、継続的な支援策を提供することは含まれない。それは少年院に入院した少年も同様である。少年院法は第17条で、少年院の処遇の際に、情報の提供や面接などを通じて協力を求めることに努めること（同条1項）や「在院者の保護者に対し、その在院者の監護に関する責任を自覚させ、その矯正教育の実効を上げるため、指導、助言その他の適当な措置を執ること」（同条2項）ができるとするにとどまり、社会復帰の具体的な環境整備を行うことは予定されていない。少年院を出院する少年は、実務上仮退院が原則で、したがって必ず保護観察に付されるが、保護観察においても、同様の規定がある（更生保護法59条）。

これらの規定の存在は、少年だけではなく、親に対しても少年院や保護観察関係者による働きかけによって変わることを制度は求めていることを意味している。現に、少年院では、第二次少年法改正（２００7年）で、保護者への措置が規定されて以来、保護者会を充実させてきた。[32]さらに、少年院法の改正でその重要性は再確認されている。

けれども、これらの対応は、あくまでも規範的な働きかけにすぎず、親が失業したり、アルコールに依存したり、精神疾患や知的な障害を抱えているなどの、少年の負荷になるような状況を変えることまでは想定されていない。せっかく変わった少年が、何の具体的な支援もされずに「放置」されている親のもとに帰ることで、それまでの少年の努力が相殺されてしまいかねない。

アメリカでは、少年を変えるだけでは、再非行や再犯を防止できないとして、マルチ・システマティック・セラピーなど、非行をきっかけに親や社会環境に働きかけ、親を24時間３６５日支える仕組みが導入されている州が少なくない。[33]親を変えるために少年院が少年鑑別所や児童相談所と連携して対応することや、保護観察官や保護司がより専門的に親へのかかわりを行うなどの制度構築が今後一層必要とされる。

5　おわりに──少年院はどう生き残るのか

少年院法の改正に影響を与えた「有識者会議提言」は、そのサブタイトルに「社会に開かれ、信頼の輪に支えられる少年院・少年鑑別所へ」とある。何か暴力事案が発生すると「社会に開かれる」というフレーズが合言葉になり、それに基づき法制度の改正が行われる。刑務所もそうだった。学校におけるいじめや体罰、教師からの性暴力もそうである。少年院法に少年院視察委員会制度（少年院法8条）を導入することが「社会に開かれる」象徴として語られることが多いが、「社会に開かれる」というのは、それがブラックボックスとならないことによってのみ実現することができる。

ブラックボックスを解体しなければならない理由は、それがその場の持つ歴史や慣習・慣行に支配され、社会において価値を置かれている規範や科学的知見に価値が置かれなくなるからである。実は、学校でも同じことがいえるが、少年院はその入院が非行に対する制裁として行われることや、生活の場であるということから、その影響は大きくなる。今回の改正は、少年院のこれまで培ってきた処遇風土や技法を否定するものではない。けれども、これまでとは異なり法律というより上位の規範が導入されることで、日本国憲法や子どもの権利条約との関係をこれまでより意識することが求められる。

このことは、子どもの権利について、少年院で改めて考える必要があることを意味している。１９９４年に子どもの権利条約が批准されてから、制裁でもなく生活の場でもない学校現場においても、いまだに子どもの権利が尊重されず、ブラック校則や体罰や性暴力が後を絶たないことを思えば、困難なことであるかもしれない。けれども、今回の少年院法改正は、「少年院に人権の風」を吹き込むものであることが期待されている。[34]

子どもの人権は、１９９４年には社会問題と意識されていなかったＬＧＢＴＱなどの「新たな子どもの人権」も含め、基本は変わらなくても、その対象とする範囲は拡大している。少年院法においても、ＳＯＧＩ（性的指向と性自認）についても意識をしていく必要がある。

周知のように、２０２１年5月に第五次少年法の改正法案が国会で成立した。[35] そこでは、少年院の収容者の約半数を占める18歳、19歳少年を「特定少年」として、特別扱いをしようとしている。[36]

この改正は、２０２２年から民法の成人年齢が18歳になることと整合させるために行われたもので、少年法の理念を揺るがすものとなっている。少年法は、非行事実を少年が抱えている問題の徴表としてとらえ、問題を解決するための方法を学ぶために少年院で矯正教育を行うとしている。特定少年については、検察官送致の対象が広くなる（少年法改正法案62条2項）だけではなく、保護処分の際に、「犯情の軽重を考慮」（同第64条1項）することとなっており、この非行事実重視の発想では、要保護性を重視する少年法の理念と相いれない。少年法改正に伴う少年院法の主な改正点としては、第４条１項５号に「第五種少年院」というカテゴリーが設けられ、保護観察になった特定少年のうち、施設収容処分となった少年が入れることになる。

２０２２年4月以降、18歳以上の少年は民法上成人となるものの、収容され、少年法上の少年について、少年法の理念を具体化する少年院において、どのような処遇を行うのかが今後議論されていかなければならない。そこでは、成人として社会に出ていく少年に対するシティズンシップ教育や契約における権利義務などの教育が行われなければならない。これらの教育は当然ほかの少年にも行われるべきで、その意味で、「おとなになる教育」のあり方全般についても見直しが必要となる。[37]

さらに、特定少年の場合、検察官送致後に保護処分相当としての移送（いわゆる55条移送）された場合、改正法案第68条に基づいて、実名報道がされた少年が収容される可能性も生じる。匿名の少年と顕名の少年が混在する空間という新たな空間での対応が必要となる。

非行少年の数が少なくなり、非行少年の変容が指摘されるなかで、少年院が少年法の本来の理念をどう実現させていくのか。それは社会がどこまで変われるかにかかっている。非行少年の変化が、それにかかわる組織や少年を再び受け入れる社会をどう変えるか、どう変わるかが問われている。

文献

第一東京弁護士会子ども法委員会『付添人のための少年院入門　第2版』第一東京弁護士会、2016
後藤弘子「少年法一部改正法・少年院法・少年鑑別所法」『法学教室』第４１２号、2015
後藤弘子「少年法はどう改正されるのか」、『練馬区保護司會報』第２４８号、2021
羽間京子「少年院在院者の被虐待体験等の被害体験に関する調査について」、『刑政』第１２８巻４号、2017
法務省法務総合研究所『令和２年版犯罪白書』、2020
法務省矯正局編『新しい少年院法と少年鑑別所法』矯正協会、2014
法務省矯正局『全国の少年院　特色あるその取組』、2017
法務省矯正局少年矯正課「罪を犯した18歳及び19歳の者に対する矯正教育（仮）に係わる検討会報告書」、2021
上岡陽江『生きのびるための犯罪』、イーストプレス、2012
川名壮志『謝るなら、いつでもおいで』新潮文庫、2018
川名壮志『僕とぼく　妹の命が奪われた「あの日」から』新潮社、2019
矯正協会『矯正教育の方法と展開　現場からの実践理論』矯正協会、2006
守山正・後藤弘子編著『ビギナーズ少年法第３版』成文堂、2015

中川明『学校に市民社会の風を――子どもの人権と親の「教育の自由」を考える』筑摩書房、1991
中村すえこ『女子少年院の少女たち』さくら舎、2020
佐藤良明・谷村昌昭「少年院在院者の保護者に対する措置等に関する研究」、『中央研究所紀要』第18巻、2008
清永聡『家庭裁判所物語』日本評論社、2018
ローレンス・スタインバーグ『15歳はなぜ言うことを聞かないのか』日経BP社、2015
少年矯正を考える有識者会議「少年矯正を考える有識者会議提言」、2010（http://www.moj.go.jp/content/000058922.pdf）
田宮裕・廣瀬健二編著『注釈少年法　第4版』有斐閣、2017
山口直也編著『脳科学と少年司法』現代人文社、2019
吉川和男・富田拓郎・大宮宗一郎「少年犯罪・非行の精神療法――マルチシステミック・セラピー（ＭＳＴ）によるアプローチ」、『精神療法』34巻3号、2008
「特集　少年法の見直し――法制審議会の答申を受けて」、『刑事法ジャーナル』第67号、2021

註

▼1　詳しくは、スタインバーグ（2015）、山口編（2019）など参照。
▼2　守山・後藤編（2015）、田宮・廣瀬編（2017）48頁参照。
▼3　田宮・廣瀬編（2017）141頁。
▼4　家庭裁判所の設立については、清永（2018）参照。
▼5　少年法の改正の歴史については、後藤（2015）63頁以下参照。
▼6　矯正協会（2006）12頁。なお、少年矯正の歴史については、少年矯正を考える有識者会議（2010）も参照のこと。
▼7　矯正協会（2006）14頁。
▼8　１９９７年に神戸市で当時14歳の男子少年が2人の児童を殺害、3人の児童を負傷させた事件。少年は医療少年院に送致され、20歳の時に仮退院し、社会に復帰した。
▼9　矯正協会（2006）14頁。なお、G3過程は、「非行の重大性により、少年の持つ問題性が極めて複雑・深刻であるため、その矯正と社会復帰を図る上で特別の処遇を必要とする者」に対して、「非行の重大性を深く認識させ、罪障感の覚せいを図るための指導、被害者及びその家族等に謝罪する意識をかん養するための指導を徹底して行う」ことを処遇方針の一つとするものである。

▼10　女子少年の場合は、少年刑務所がないために、16歳以上の場合は通常の女子刑務所に収容される。もっとも、検察官送致される16歳未満の少年の事件が確定するためには、一定の時間が必要であることから、第一次少年法改正法が施行されてから20年たった現在でも一人も対象者はおらず、これからも対象は出ないことが予想される。しかし、法文に少年院で「受刑者」を収容することが明記されたことから、法務省は少年院収容受刑者を受け入れる施設を指定し、施設の整備を行った。

▼11　長崎事件は13歳の少年が幼児を誘拐して殺害した事件、佐世保事件は12歳の女子少年が同級生の児童を殺害した事件で、触法少年の処遇が注目された。なお、佐世保事件については、川名（2018）、川名（2019）参照。

▼12　現行少年法の成立（１９４９年）直後には経過措置等の関係で、少年院法も改正をされたが、それは最初から予定されたものであった。

▼13　うち中心的に暴力を行っていた2人は実刑が言い渡された。

▼14　首席専門官の行為は、「被告人は、被害少年に対して、首にシーツを巻き付けた上で、自分で首を絞めて死ぬように迫り、これに続けて被害少年に遺書を作成するよう申し向けた上、同人がこれを拒絶すると、他の法務教官に命じて遺書を作成させて、これを読み上げさせ、さらに二種類の洗剤を混ぜ合わせて有毒な気体が発生しているかのように装って、これを吸えば死ねるなどと迫ったものであり、被害少年に対して非常に強い精神的苦痛を執拗に与え続けた」もので、実際に暴行を行ったものではない。しかし、「指導の目的があったにせよ、度を超した内容であったといわざるを得ない。発達の視点を取り入れた矯正教育のあり方を長年にわたって研究・実践し、相当の実績を上げてきた被告人が、本件犯行に及んだことはまことに遺憾であり、その社会的影響は軽視できない」とされている。広島地判平成22・11・1（TKC25443148）。なお、この事件は、最終的に最高裁判所で確定している（最判平成25・2・19）。

▼15　有識者会議については、http://www.moj.go.jp/shingi1/shingi06400003.html 参照。

▼16　新少年院法の詳しい内容については、法務省矯正局編（2014）のほか、第一東京弁護士会子ども法委員会（2016）参照のこと。

▼17　少年院には、少年院法の規定により20歳を超えた在院者も存在するが、保護処分が言い渡されるのは少年に限られるために、ここでは、「少年として保護処分を受け、少年院に在院している者」という意味で、少年という言葉を使うこととする。

▼18　子どもの権利条約については、ユニセフ協会のＨＰ参照。https://www.unicef.or.jp/about_unicef/about_rig.html

▼19 少年矯正を考える有識者会議（2010）、11頁。

▼20 子どもの権利条約以外に、1990年に国連で採択された「自由を奪われた少年の保護に関する国際規則（ハバナ規則）」も当然に参考にされなければいけないが、残念ながら、「有識者会議」の報告書にそれら規則が参考にされたような記述はない。

▼21 法務省矯正局（2017）1頁。後藤（2015）、72頁。

▼22 法務省矯正局編（2014）34頁。

▼23 法務省矯正局編（2014）35頁。

▼24 詳しくは、矯正教育課程に関する訓令（平成27・5・14、最終改正令和2・9・1）参照。http://www.moj.go.jp/content/001321781.pdf

▼25 詳しくは、「少年院矯正教育課程の編成、運営及び評価の基準について（通達）」（平成27・5・14）参照。http://www.moj.go.jp/content/001151847.pdf

▼26 法務省矯正局編（2014）73頁。

▼27 少年院における意見表明権の保障は、2009年9月から苦情申立制度として運用が開始され、少年院法改正の際は、監察官に対する苦情の申立（第129条）や、少年院の長に対する苦情の申立（第130条）となった不服申立制度との関係で語られることが多いが、子どもの権利条約第12条は、「その子に影響を及ぼすすべての事項」となっていることに注意が必要である。

▼28 虐待の経験については、羽間（2017）14頁以下参照。また、当事者の声として、中村（2020）。

▼29 最近多く行われている当事者研究は、主体性を取り戻し、生きるための言葉を獲得するためのものでもある。また、薬物依存症者の自助グループでの実践は、言葉を獲得していくためのものである。上岡（2012）。

▼30 たとえば、少年院の少年たちのように傷つきを抱えている社会的養護の子どもたちが、自分が傷つくことなく声を届けるためのやり方も参考になる。特定非営利活動法人インターナショナル・フォスターケア・アライアンスのウェブサイト（https://ifcajapan.org/）を参照。

▼31 法務省矯正局編（2014）237頁。

▼32 佐藤・谷村（2008）79頁以下参照。

▼33 マルチシステミック・セラピーについては、吉川・富田・大宮（2008）306-313頁。MSTは、パッケージ化された商品として開発されているもので、日本では言語の問題などで、普及することはなく現在に至っている。

▼34 このフレーズは、中川（1991）に触発されたものである。

▼35 詳しい内容は、法務省のＨＰ参照。http://www.moj.go.jp/keiji1/keiji12_00167.html

▼36 この点について、後藤（2021）、『刑事法ジャーナル』（2021）32頁以下の論文参照。

▼37 特定少年の矯正教育については、法務省の報告書（２０２１年）参照。

第2章　教育機関としての少年院——子ども期を「補償」する矯正教育

伊藤茂樹

1　学校と少年院

本章では、少年院が社会の中で持つ意義や、果たしている、果たすべき役割について、とりわけそこで行われる教育のあり方に注目して考えていきたい。

本書の執筆者の中には筆者をはじめとして教育（学）を研究する者が何人か含まれており、少年院を教育の場として研究してきた。一般に、教育を研究する際の中心的なフィールドは学校であり、少年院が研究の対象になることは従来ほとんどなかった。しかし、少年院で行われていることも基本的に（矯正）教育であり、学校での教育と多くの点が共通している。

教育学の中で筆者が専門とする教育社会学において、教育は「若い世代に対する組織的、体系的社会化」（デュルケーム訳書1982）と定義される。社会化とは社会の新しいメンバーを一人前にしていく営みのことであるが、それを生活の中で「自然に」行うのではなく、そのための組織を作り、教える内容や方法をきちんと決めたうえで計画的に行っていく働きかけが教育だということになる。

これは一般的に使われる教育という言葉に比べるとやや狭く、家庭でのしつけなどは含まれないことになる。しかし、少年院で行われている教育はまさにこの定義に当てはまる。そして、学校も少年院も国家が作った制度である点も共通しており、学校と少年院は国家が運営する二つの教育機関であるという言い方もできるだろう。

2　矯正教育への無関心と偏見

少年院での矯正教育がほとんど研究の対象になってこなかったことの背景には二つの「偏見」があったと思われる。

ひとつは主に世論レベルにおいて、非行をした少年や犯罪を犯した者は反社会的な存在と見なされ、彼らに教育を行ったり支援をする必要性や意義が認められにくい状況である。戦後1970年代頃までは、このような人たちを貧困や不平等など社会のあり方の「犠牲者」と見る見方も力を持っており、彼らをサポートすることは多かれ少なかれ社会の責務と考えられていた。しかし近年こうした見方は次第に力を失い、彼らを敵視したり「自己責任」という論理のもとに切り捨てるまなざしが広がっている。

もうひとつは学問の世界のことであるが、ここでは少年院や刑務所は収容者の人権を侵害する抑圧的な施設であるという批判的なまなざしが根強く、矯正教育をはじめとする処遇について、収容者に利益をもたらすものという観点から検討することはあまりなされてこなかった。

これら二つの見方はいずれも収容者の現実や施設の内部についてあまり知らず、想像や限られた情報をもとに形作られてきたイメージや「偏見」の部分が大きい。こうした偏見が力を持ってきた背景には、矯正施設が閉鎖的で外部から隔絶されているという事情もある。日本の矯正施設は他の先進国のそれに比べて特にそうであると言わざるを得ない。しかしいずれにせよ、こうした偏見と無関心を背景に、研究はもっぱら矯正関係者によって細々と行われるだけ、という状況が続いてきた。

これを変えることになったのが、筆者も加わった広田照幸らの研究グループが2005年から行った調査研究であり（広田・古賀・伊藤編 2012 ほか）、本書の研究はこれを引き継ぐものである。

3 「社会化」と「個性化」

矯正教育と学校教育には上記のように基本的な共通性があるが、相違点も存在する。それは言うまでもなく、学校教育は子どもや若者一般を対象とするのに対して、矯正教育は非行を行った者を対象にする点である。こうした者は社会の意志によって保護処分を受け、とりわけ非行性が進んでいると判断された者が少年院に拘禁されて矯正教育を受けることになる。この違いをふまえて矯正教育の目的と方法について考えておきたい。

一般に教育の目的には大きく分けて二つの方向性があり、両者は逆の方向を向いている。それは「社会化」と「個性化」であり、個人を最大限に尊重しつつ社会の秩序を保つという近代社会の課題を達成するために、社会の新たなメンバーに対して行われる。いずれも社会が存立し、そこで個人が生きていくうえで不可欠な働きかけと言える。

社会化はメンバーを一人前にしていく働きかけについての包括的な概念である一方、その中でも社会の規範を内面化させるなど、社会に順応させ均質化していくという意味合いを持っている。しかしながら、近代社会における教育はこの方向に向けてだけ行われるのではなく、一人一人の個人を「自分らしく」生きることができるよう促していく方向性も併せ持っており、これが個性化である。

基本的には逆方向を向いたこれら双方の働きかけは、非行少年への矯正教育においてどのように行われているのであろうか。

まず社会化については、非行少年は規範を内面化して遵守する姿勢が（十分には）できていなかったわけであり、これは社会化の不全ないし失敗と見ることができる。そのため、この不全や失敗を補うべく彼らを再社会化する、すなわち少年院でよく言われる「育て直し」をする必要がある。

非行や犯罪を行った者に対する働きかけとして通常まずイメージされるのは「反省させる」ということであろう。これは矯正教育においても重要な位置を占める。自分が何をしたのか、なぜそれをしたのか、被害者はどのような被害を受け、どのように思ったか、こうしたことを繰り返し考えさせることで非行と向き合わせる。

しかし、これだけで再非行を防げるかといえば、必ずしもそうは言えない。

自分が何をしたか、それによって何が起こったかを考えれば再びその行為をしなくなるだろうというのは、人間や社会についての基本的な決まりごとや法則、傾向性——人はどのようなルールや価値観に従って生きており、そのルールや価値観はなぜあるのか、こういうことをされれば人はどう感じるかといったこと——を理解している場合にのみ成り立つ推測である。

しかし非行少年の中には、こうしたことを学んだり教わったり経験する機会が乏しく、理解していないような者が少なからずいる。つまり社会化が不全だったり、歪んだ形で行われた者たちであり、これを埋めたり改める働きかけをしなければ、いくら考えさせ反省させても再非行の防止にはつながらない。反省の前提として再社会化が必要なのである。

また、適切な社会化を受けることは子どもにとって正当な権利でもある。従って「育て直し」には、権利としての社会化を受けてこなかった者に対する「補償」という意味も見出せよう。

次に個性化について。近代社会において人は皆それぞれ「自分らしく」生きるべきだと考えられている（土井 2003）。「自己実現」は生きる目的のひとつになっていると言ってもよい。一人一人が個性を発揮して生きることは社会の活力や多様性を増すことにつながり、個性化は個人のみならず社会からの要請でもある。

こうした権利は罪を犯した者にまでは認められない、という見方もあるかもしれない。彼らは生存や安全などの基本的なニーズを充たすことはともかく、より高度な欲求である「自己実現」など果たせなくても当然の報いである、という論理である。しかし、罪を犯しても公的な処分が終われば等しく市民であり、権利を制限する根拠は存在しないし、そもそも非行少年は原則として非行の責任を問われる存在ではない。そして彼らは、それまでの発達の過程において、社会化の不全と同様、自分らしく生きるための素地も往々にして作られておらず、これを作ったり伸ばす働きかけも必要である。

ただし、非行少年は既に十分個性的である、という見方もあろう。だからこそ非行に走り、人に危害を加えたのだというのである。非行少年を力の有り余った強い者と見る見方は、ひとつの非行少年観として根強く存在する（伊藤 2015）。そしてこの見方に立てば、矯正教育において必要なのはもっぱら社会化であり、個性化は「余計なお節介」ということになる。

確かにこのようなイメージに合致する非行少年も存在する。しかし非行少年は一様でなく、強くて個性的な非行少年もいれば、弱々しく個性が未発達な非行少年もいる、と言うしかない。ただその「割合」については、後者の方がずっと多い、という印象を筆者は持っている。

一般に抱かれる非行少年のイメージは、非行の内容については暴力的なものに偏り、非行に至ったプロセスについても悪辣だったり粗暴なものに偏りがちである。確かにそういう非行も存在するが、実際には直接の加害‐被害関係は存在しない場合も少なくない（薬物非行や虞犯など）。また非行に至るプロセスも、例えば集団の中で誰もその気がないのに止める者がいなかった結果暴力に走ったり、犯罪に加担していることを知らないまま特殊詐欺の「受け子」になったりといったように、単なる「成り行き」や、騙されたり搾取されていつの間にか罪を犯していたようなケースが多くを占めると言われるようになって久しい（土井 2003 など）。そもそも生育の過程で虐待や暴力の被害を受けている場合も多く、強さよりも弱さによって特徴づけられる非行少年はかなりの割合を占めると思われる。

矯正教育は非行少年一人一人に対して個別に対応する必要があるが、少なくとも「個性的で強い」非行少年像を一般化して矯正教育の方針を立てるべきではなかろう。

4　非行少年の置かれた状況

非行少年に対する社会化が不全や失敗に至り、個性化の土台もできていないのはなぜなのか。また、どのようにそうなってしまったのか。

個別の事情は様々であるが、特に少年院に送致されるような非行性の進んだ少年において顕著なのは、家庭と学校における適切なケアと教育の不足である。

まず家庭においては、多くの場合経済的、文化的に資源が不足しており、生育期に必要なケアやサポートを十分に受けないまま育ってきている。それに加えて虐待を受けていた少年も多い。２０１９年には在院者の35・6パーセントに被虐待経験があり、女子に限ると54・9パーセントに上る（令和2年版『犯罪白書』）。

このような状況で育つ子どもが現在の日本社会で増加傾向にあることはしばしば指摘されるが、彼らの大部分は非行とは無縁に育っていく。それは、家庭環境におけるハンディキャップを学校での教育やケア、地域社会におけるサポート、友人との絆や経験などで補えた結果と見るべきであろう。

犯罪社会学において有力な「ボンド理論」（ハーシ訳書 2010）では、大多数の人が犯罪や非行に走らないのは何らかのボンド（紐帯、絆）によって規範を守る生き方につなぎ止められているからであり、逆に言えばそれを持たない場合は規範に従わなくなる可能性が高まる。厳しい家庭環境に置かれ、なおかつ不運にもそれを補うボンドに恵まれなかった場合、非行という「他罰的」な形か、自傷や自殺など「自罰的」な形のいずれか（または両方）で逸脱行動に走る可能性が高くなる。不良交友や非行集団が居場所になったり、その「絆」を大事にした結果として非行に走るのも同様に説明できよう。

このように経済的、文化的資源を持たず、様々に人と関わったり経験を積むような機会に乏しく、その結果社会化も個性化も進んでいないような状況は「社会的排除」と見ることができる。生育の過程でこうした状況に置かれた者は、支援や福祉の対象とされ、得られなかった機会を補償されたり、その状況から離脱するための援助が得られるはずである。しかし非行少年は、背景は同じでも罪を犯したという一点において異なるため、支援や福祉の対象とはされないことになる。

支援の必要性に関して、この差異はどれだけ重要であろうか。恵まれない環境で生育し、さらに不運があったため非行に走った者に対して、そのことを理由に支援をしないとすれば、こうした境遇から抜け出すことはより困難になる。それは公正という観点において問題であるばかりでなく、社会的にも損失になることを考えれば、支援の重要性は明らかであろう。

5 公教育の抑圧性と批判

恵まれない環境を背景に非行に走った非行少年に対して国家が教育を行い再社会化や更生を図っていく矯正教育は、学校教育と同様に公共性の高い制度である。従って、学校教育についての知見やそこで確立されてきた方法を援用できる余地は大きいと思われる。その意味で、教育学との交流や協力が今まで以上に必要であろう。

しかしその一方で、学校教育が持つ抑圧性や、それが行ってきた人権侵害が批判されるようになって久しい。1980年代以降日本の学校は、体罰をはじめ細かく厳しい校則や生徒指導（1980～90年代には「管理教育」と言われ、近年は「ブラック校則」などとして問題化した）など、生徒に対して日常的に行っていることに厳しい目が向けられるようになった。学問的にも「学校化論」「脱学校論」（イリッチ訳書 1977）に代表されるように、学ぶ者の自由や自律性を奪って支配的な価値を押しつける制度として批判が向けられてきた。

こうした批判は、学校で起きている現象を見れば確かに説得力を感じさせる。教育の名を借りた過剰な管理や抑圧、教育の手段と目的の「本末転倒」を私たちは学校で日常的に経験しており、学校の「常識」と現代の市民的な感覚の乖離は大きくなっている。こうした状況の下、世論においても学問においても学校教育は時代遅れの制度と見なされ、そこに人間や社会を善くしていくことを期待するなど考えにくくなっている。

しかし、このような現象への批判が繰り返し語られる状況は、近代社会で市民が生きていく際に必要なものを身につける際に、いまだにその多くを公教育に負っているという事実から目を逸らさせる。幅広い知識やそれを身につけるためのノウハウ、協調的に生きるのみならず自己実現のためにも必要な習慣や態度といったものは、家庭をはじめ学校以外の場や機会でも習得可能ではあるが、それは家庭が経済的、文化的資源を持っていなければ困難である。資源が乏しい家庭の子どもにとっては学校の持つ意味や比重は今でもきわめて大きい。このことを視野に入れず学校をもっぱら現象面を根拠に批判し、絶望を煽ることは、こうした層の子どもたちを置き去りにすることにつながる。

現象面に厳しい目を向け、そこで生じている問題を批判的に検証することはもちろん重要である。しかしそこにとどまらず、そもそも公教育が何をなすべきであるかをふまえてその可能性を検討することを止めてはならない。

一方、少年院をはじめとする矯正施設は、拘禁という形で学校以上に権力的に被教育者を閉じ込めて強制的に指導する。そのため、教育する側／される側の力関係はより明瞭で、より抑圧的に見えるのだと思われる。これにより、学問的には少年院の抑圧性は自明視され、それが果たす教育的機能について検討することなど考えられないような状況が続いてきた。

しかし、閉ざされた少年院の現象面に目を向けると、単に抑圧的と言って片づけられない多様な側面が見えてくる。その現象面を正しく評価したうえで、少年院や矯正教育に何が可能で、何が可能でないか、何をなすべきかを検討する必要がある。

6　再社会化の責任と分担

非行少年を排除せずに社会の健全なメンバーとして生きていくことを可能にする（再包摂と言ってもよか

ろう）ためには、再社会化と社会復帰に向けた支援が必要である。これは少年やその家族のみならず社会にとっての課題であり、関係するセクターが分担して行っていくべきことであろう。

この分担の体制において、少年院は数カ月から1年程度（場合によってはそれ以上）という限定された期間、矯正教育という形で集中的かつ強力にこの働きかけを行う専門機関ということになる。そして出院後は原則として保護観察という形で更生保護が引き継ぎ（ここに直接的に関与するのは通常、保護司という民間人である）、少年院も必要に応じて関与する。[1] そして大部分の少年が帰住する家庭は、もともと子どもの成育に大きな責任を負っており、非行からの更生と社会復帰についても当然その責任が継続する。しかしながら、多くの少年については非行の直接間接の原因が家庭にあることも事実で、家族との関係改善は少年院での指導において重要な課題のひとつではあるものの、あまり期待できない場合も多いのが現実である。

そしてここに学校も積極的に関わることが必要であろう。少年院に入院した者の学歴は中学卒業（24・5パーセント）と高校中退（40・1パーセント）で約3分の2を占める（2019年）。高校在学中に少年院に送致された者の多くは、それが明らかになった時点で高校を「自主的に」退学する形で学校を去ることを余儀なくされる。多くの高校でそうした働きかけがなされていることは間違いなかろう。そして、出院後に復学したり、あらためて高校に入学する者は少数で、そのまま いけば中学卒業という最終学歴で社会に出ていくことになる。

しかし、高校進学率が95パーセントを超える日本社会において、中学卒の学歴でかつ少年院送致という経歴（これが公にされることはないにせよ、何らかの形で知られたり、少年自身が明らかにすることは多い）をもって生きていくことは大きなハンディキャップになる。少年院出院後に学校への復学、進学を果たした者は5・5パーセントに過ぎず、進学を希望する者と合わせても19・2パーセント（2019年）と少ない。これは少年自身が就学を望まない傾向があることも一因とはいえ、上述の「自主退学」の勧告に見られるように学校、特に高校が非行歴、保護処分歴のある少年を陰に陽に「排除」していることが大きい。

しかし、学校は家族とともに子どもの社会化に大きな責任を負う主体である。だとすれば、非行という社会化の「失敗」ないし「不全」についても同様であり、彼らを再社会化し、更生を促していくことについても積極的に関わるべきではないか。現状では、多くの学校、特に高校は非行少年に対して少なからぬ忌避感を持っており、少年院出院者を受け入れて再社会化を図っていくことにはきわめて消極的である。これは、学校側が非行少年によって様々な被害を受けたという感覚（一種の被害者意識）を持っていたり、暴力などの加害行為を再び行うことへの懸念から、他の生徒を守る必要性を意識することなどによると思われる。

これらには無理からぬ面もあるとはいえ、学校は非行に至る前からこうした少年をしばしば疎外し、ドロップアウト「させて」きたことを考えると、こうした排除を正当化することはできない。彼らを再包摂し、多様な生徒との「共生」の道を探ることも学校の責務であろう。そして少年院も、出院後の少年に対する再社会化の継続を学校教育に委ねることについて前向きに検討し、働きかけていくことが必要である。

7　少年院の教育的性格

上述のような「分担」体制において、少年院の教育はどのような性格を持っているのであろうか。

少年院は教育機関としての性格を学校と共有する一方、対象者を拘禁する矯正施設としての性格は刑務所と共通で、両機関の「中間」に位置づけることができる。三者の性格の違いは質的というより量的なもので、学校も生徒を拘禁こそしないものの種々の拘束を加えるし、刑務所でも教育的な指導がなにがしか行われる。いずれもゴフマンのいう「全制的施設」（ゴッフマン訳書1984）であり、外部社会から隔絶された環境で対象者（被収容者）を形式的な管理の下に置き、仕事（作業）と生活を同じ場で送ることを強いる。

こうした特徴を共有する学校、少年院、刑務所において行われる教育の性質は不動のものではない。拘束や強制の度合いは刑務所、少年院、学校の順に強いが、必ずしも固定しているわけではない。

例えば学校は、刑務所や少年院のように生徒を無条件に従わせる基盤を持たないが、その脆弱さゆえ、生徒に対して時にきわめて強権的に服従させようとすることがある。また学校は三者のうち最も多様であり、教育の形や強制の度合いは幅が広い。逆に矯正施設である刑務所や少年院は、強制的に従わせる基盤を持ち、なおかつ国の定める法によって一元的に統制されているが、それゆえ被収容者に対して自制的に関わる面もある。また刑務所は一義的には教育の場ではなく、被収容者はその人格を「剝ぎ取られる」が、おそらくそれゆえに、所内で教育が行われるわずかな場面では対象者が尊重され、教育的な性格や人間性が際立つこともある。

こうした機関における教育が果たす機能は二つに分けることができる。それはインストルメンタル（道具的、手段的）な機能とコンサマトリー（即時的）な機能である。前者は知識や技能、資格など、未来において効用をもたらすものを身につけさせることであるのに対して、後者は安心感や充実感、居心地の良さなど、現在において充足を感じさせることである。

これら二つの機能を果たすことはしばしば相容れない（例：知識を身につけさせるためには管理的に行った方が効率がよいが、それは即時的な充足を疎外する）が、本来は両立すべきものである。あるいは、コンサマトリーの充足によってインストルメンタル面での指導がより効果を上げ、そのことがコンサマトリーをより充足させるといった循環（例：教師やともに学ぶ仲間との関係が良好であるため勉強に身が入り、そのことが居心地をより良くする）こそがめざされるべきであろう（伊藤2018）。

二つの機能を考えたとき、非行や犯罪への処分として対象者を収容する矯正施設では、学校以上にインストルメンタルが重視され（再非行、再犯をしない態度の涵養などもここに含められよう）、コンサマトリーはより制限される傾向がある。また、学校よりずっと短期間で教育の「結果」を出すことが厳しく求められていることも、コンサマトリーの制限につながる要因であろう。

しかし、では少年院の教育はインストルメンタルに特化してそれをひたすら厳しく追求するのかといえば、必ずしもそうではない。少年院の教育の特徴のひとつとして、少年と担任教官の個別的で密な関係性がある。担任教官は教育者として指導にあたる一方で、親や兄、姉などの肉親や叔父、叔母など親族、ときには親しい友人のような存在として振る舞うこともあり、少年はしばしば、それまで経験したことのない信頼感や温かみを感じるという。教育と保安を同時に担当する教官と少年との関係は特殊なものであるし、教育者としての役割以外はどれも仮構であるといえばその通りであるが、信頼できる大人に恵まれなかった者が多い非行少年にとって、教官との関係や関わりが即時的な充足をもたらしている場合は少なからずあると思われる（このことは女子少年院において特に顕著である）。

また、同じ立場にある少年同士の関係も独特の様相を示す。日本の少年院では少年同士の関係は厳しく統制され、互いの個人情報（年齢、住所、出身校、非行名など）を教える／聞くことは禁じられ、教えてよいのは原則として名前だけとされるほか、私語も基本的には許されていない。

この理由としては、非行的な下位文化の醸成を防いで「更生的風土」を保つこと、出院後に連絡を取り合って再非行するのを防ぐことなどが挙げられる。しかし、こうした統制は社会通念と乖離しており、特に私語の禁止は一見して奇異であるし、少年の人権という観点からも疑問が向けられることが多い。▼2

とはいえ、このように少年同士の関係を厳しく統制することで、矯正施設の収容者間でありがちな「弱肉強食」的な状況は生まれにくくなり、特に弱い少年はそれによって守られるというメリットもある。互いにある程度の距離を置き、限定的な関わりにとどめることでかえって安心できるとすれば、やや特殊な形でコンサマトリーが実現されていると言うこともできよう。そしてそれによって自分の課題に集中することが容易になれば、インストルメンタルな機能が促進されることも考えられる。

8 「バイパス教育」としての矯正教育

少年院に送致された非行少年は、それまでの教育の過程においてインストルメンタル、コンサマトリー両機能について疎外されてきた。そのため将来についての展望を持てず、現在も充足されず、それが非行につながった者たちである。だとすれば、こうした疎外を事後的にでも補償することが再非行を防ぐのみならず、将来的な自己実現の基盤ともなるはずである。

少年院はこれらを実現するための場所として、外部社会の「ノイズ」を排除した環境で短期集中的に補償的、リハビリ的な矯正教育を行う。しかし、これによる再社会化は少年院での数ヵ月から1年前後の教育によって完結するわけではなく、出院後に継続されなければ結実は困難である。実際、少年院では矯正教育と環境ゆえに大きく「変わった」と思われた少年が、出院後に「魔法が解けたように」元に戻って再非行をしてしまった、という話はよくある。

これでは矯正教育は単なる隔離、拘禁でしかなかったことになる。矯正教育がめざすところを実現するためには、少年院で完結させようとするのではなく、社会に戻ってからの継続が不可欠である。そしてそれは極力、同年代の「一般の」少年とともに行われるべきであると私たちは考える。そのため、同年代の者が学ぶ学校、とりわけ義務教育修了後の高校への就学が重要であることを本書の各章で論じている。

かつては、非行少年の社会復帰は「ひっそりと」「人知れず」行われた方がよいと考えられ、当事者（少年と家族や支援者）もそう思っていたような面がある。この背景には、非行歴を知られて偏見や差別を受けることへの懸念があり、それには一定の根拠があるが、この発想は同時に、彼らにその後の人生において否応なく「日陰」を歩かせることにもつながってきた。

しかし、そのように日陰を歩き続ける人生が彼らに相応しいのだろうか。被害者がいる場合の被害者感情などを考えれば微妙な面もあるが、年少時の過ちのために、保護処分が終わっても一生「罰」を受けるようにひっそりと生きなければならないとしたら、それは理不尽である。また、かつての日本社会では、非行や犯罪を犯した人を特定の職種などに受け入れ、一般市民とはインフォーマルに「隔離」して再犯を防ぐような仕組みがあり、保護司をはじめ地域の「名士」がそういった役割を担っていたという指摘があるが（河合 2004）、都市化や地域社会の弱体化などにより、今日そうした仕組みは機能しにくくなっていると見るべきであろう。

むしろ、非行や犯罪歴も含め、様々な過去や事情のある人々も社会のメインストリームに受け入れて「包摂」する社会に変えていくことが必要である。こうした「共生」に必要な知識や態度や価値観を教える場を、一般の子どもや若者と分け続けるべきではない。一時的には少年院に分離して矯正教育を行うが、こうして分けた道をその後もずっと進ませるのではなく、早期にメインストリームの教育の場、すなわち学校に戻すべきである。▼3

その意味で少年院での矯正教育を「バイパス教育」と位置づけたい。つまり、非行という理由で社会のメインのルートを一度離れた少年に、犯した非行に応じた教育と共通教育の両方を少年院で一定期間行ったうえで元に戻し、その後の人生は皆と同じ道を進むという意味での「バイパス」である。

9　子どもとしての「特権」の補償

出院後の社会復帰の道としては従来、早期に就労して自立することが多くの少年によってめざされてきた。これが非行への償いとしても、本人の更生、社会復帰のためにも近道と考えられ、周囲もそれを勧めることが一般的であった。実際にこの形で社会復帰を果たした少年は多い。

しかし、早期の就労をめざした働きかけは非行少年をできるだけ早く「大人」にさせようとするものであることに注意が必要である。そしてこれは、非行によって社会に「迷惑をかけた」少年に子どもとしての「特権」――将来への準備と現在の充足に専念することが許され、そのための環境や資源を与えられること――を認めず、剝奪しようとする社会の意志であるように思える。

しかし、もともと彼らはその「特権」を享受できていなかったため非行に走った。だとすれば「特権」を補償し、正常な子ども期を通過させてこそ、罪を犯さない大人に育っていくと考えるべきではないか。

また、罪を犯しても刑罰を受けないという、保護主義に基づく少年法の規定こそが「特権」であるという見方は根強くある。しかし、他の者と同じ境遇にありながら罪を犯した者が刑罰を免れるとしたらそれは「特権」かもしれないが、他の者が持つものを与えられていなかった者が、それゆえに罪を犯したのだとしたら、まずは他の者が持つものを与えるべきではないか。これを与えずに、刑罰の免除と引き替えに、しばしば不安定だったり危険の多い職業に就くことを促すのだとすれば、戦時下に非行少年を保護の名の下に軍需工場に送り込み、日本の少年矯正史の汚点と言われる「短期錬成」[4]と同じではないだろうか。

少年院での矯正教育を、非行少年に子どもとしての「特権」を補償する営みとしてとらえ直すことを提案したい。

文献

E・デュルケーム（佐々木交賢訳）『教育と社会学』誠信書房、1982

土井隆義『〈非行少年〉の消滅――個性神話と少年犯罪』信山社出版、2003

I・ゴッフマン（石黒毅訳）『アサイラム――施設被収容者の日常世界』誠信書房、1984

広田照幸・古賀正義・伊藤茂樹編『現代日本の少年院教育――質的調査を通して』名古屋大学出版会、2012

T・ハーシ（森田洋司他訳）『非行の原因――家庭・学校・社会へのつながりを求めて』文化書房博文社、2010

I・イリッチ（東洋他訳）『脱学校の社会』東京創元社、1977

伊藤茂樹「少年非行をめぐる社会的状況――子どもと大人の関係から」、『犯罪社会学研究』第40号、2015

伊藤茂樹「『学校問題』の再構築――インストルメンタル／コンサマトリーに着目して」、稲垣恭子・内田良編『変容する社会と教育のゆくえ（教育社会学のフロンティア2）』岩波書店、2018

河合幹雄『安全神話崩壊のパラドックス――治安の法社会学』岩波書店、2004

註

▼1　2015年に改正された少年院法第146条では、「少年院の長は、退院し、若しくは仮退院した者又はその保護者その他相当と認める者から、退院し、又は仮退院した者の交友関係、進路選択その他健全な社会生活を営む上での各般の問題について相談を求められた場合において、相当と認めるときは、少年院の職員にその相談に応じさせることができる」と定め、出院後の関与の継続を積極的に認めることとなった。

▼2　2015年の少年院法改正以後、在院少年の人権についてはより配慮されるようになり、私語の禁止も施設や状況によってその厳しさや運用の仕方は異なる。

▼3　これに関して、第8章で引用したA少年院の教官の語りは比喩として興味深い。この教官によれば、少年院での指導は一度「脱輪」した車を元の道路に戻す作業であり、戻った後の教育は学校が行うべきだという。この見方は「バイパス教育」の趣旨と概ね一致する。

▼4　戦後の少年院の前身にあたる矯正院では、戦時下の1943年から虞犯など非行性の軽微な者も矯正院に収容し、2カ月間錬成を行ったうえで民間の軍需工場に出業させた。平成9年版『犯罪白書』。

第3章　「少年院出院者」をスティグマ化するのは誰か？

仲野由佳理

1　はじめに

矯正教育や社会復帰に向けた支援の数々を目の当たりにしたのは、初めて少年院に足を踏み入れた十数年前のことだ。生活と教育の場を持つ全寮制学校のような雰囲気の中、教科に関する勉強や個々の非行問題に関する指導、生活態度や対人関係に関する教育など、個別指導と集団指導を組み合わせた様々な教育・支援が行われていた。調査の一環で、在院中の少年に何度かインタビューをした。入院した頃の大人や社会への不信感に満ちた表情は、自身の非行問題に向き合い、動揺／苦悩を経験することで涙をみせるようになっていく。そのような彼らの姿に、子どもの可塑性を再認識させられた。

しかし一歩外に出てみれば、「少年院」「少年院出院者」というラベルはネガティヴな意味を持つものとしてスティグマ化されている。少年院経験は、「カラオケに行ったことがあるか」や「タピオカジュースを飲んだことがあるか」とは異なり、排除につながるという特性を持つ。個人がどんなに変わっても、社会が少年に対する見方を変えずに排除の姿勢を崩さなければ、その社会復帰は行き詰まる。そのような

「社会復帰の行き詰まり」が「矯正教育の失敗」という解釈に転じていけば、「少年院（出院者）」に対する印象はますますネガティヴなものになっていく。

これは実に奇妙な事態である。論理的には「少年院出院者」は「様々な課題・問題に対する教育／支援を受けた者」として規定できる。小学校卒業・中学校卒業・高校卒業・大学卒業が各教育課程を修めたことを指すならば、少年院「卒業」も同じく必要な教育を修めた者として位置付けることができるはずだ。だが「少年院」「少年院出院者」をそのようなものとして受け止める人がどれほどいるだろうか。

誰しも非行・犯罪が繰り返される社会を望んでいるわけではないし、被害者に対する「謝罪や弁済／弁償ができない状況」を望んでいるわけでもない。ところが社会復帰がスムーズにいかず寝食もままならない不安定な生活に陥れば、日々の生活に追われてしまい、被害者への謝罪や弁償／弁済の見通しは立たなくなる。経済的・精神的安定を保つ基盤がなければ、自らの加害に対する責任を果たす／果たし続けるのは困難だ。つまり、排除の論理は、被害者への謝罪や弁償／弁済ができる状態から少年を遠ざけるばかりか、少年の居場所が失われることで再非行・再犯リスクが高まるのである。一定期間の収容を経て、彼らが社会に戻っていくのであれば、責任の不履行や再非行・再犯リスクを高める「排除」は合理的な選択ではない。しかし、なぜこれほどまでに「少年院（出院者）」ラベルは信頼性を失い、そのラベルのスティグマ化を阻むことができないのか。そして、そのスティグマ化にはどのような問題があるのだろうか。本章が検討するのは、この課題である。

2　そもそも「非行少年」とはどのような存在なのか

（1）「社会的困窮」の不可視化

負の烙印を意味するスティグマは、そのラベルに対する社会的反作用により形成される。社会がそのラベルをどのように理解するのかが重要であり、「少年院（出院者）」ラベルのスティグマ化においても、まずは「非行少年」をめぐる社会的理解から紐解いていくのがよいだろう。一般的に、戦後の非行少年イメージの変遷については、多くの文献が「四つの波」を用いて説明をしている。戦後の混乱期における「生き延びるための非行」から、高度経済成長期を経て「遊び型非行」「突発型非行」への変遷である。この変化を説明するストーリーは、戦後日本社会が混乱・困窮する中で、少年たちが生きるため（にやむなく）非行・犯罪に関与していたが、戦後復興期・高度経済成長期を経て欧米並みの豊かさに到達する過程で、暴走族などの「反社会的な非行」「遊び型非行」が台頭し、1990年代終わりから2000年代初頭にかけて、1997年神戸連続児童殺傷事件に象徴されるような「突発型非行」へと至った、というものである。以降は少子化とともに非行少年の数は減少の一途を辿っている。

敗戦直後の浮浪児対策と非行の関連性の指摘は、福祉的な保護が必要であるにもかかわらず治安対策として収容される少年たちを大きく問題化するものであった。非行少年は児童福祉の対象として理解することも可能であったが、暴走族の台頭によって「強い非行少年イメージ」へと転換していったといえよう。そして1997年神戸連続児童殺傷事件における「凶悪さ」は、少年法や少年事件に対する社会的関心を集め、厳罰化を一挙に推し進めたと考えられる。彼らは「凶悪」で「悪魔」のようであり、教育や支援による立ち直りが期待できないとさえ思われていたのではないだろうか。

確かに、センセーショナルな少年犯罪は存在したが、それは「非行少年」全体でいえば圧倒的なマイノリティである。むしろ2008年頃から「子どもの貧困」問題が指摘されてきたことを踏まえれば、「困窮による非行・犯罪」という戦後に直面した課題が、再び存在感をあらわにしてきたと考えるのが自然だろう（例えば、伊藤 2015）。

それは非行少年を対象としたフィールドワークでの実感と重なる。筆者は２００４年頃から２０１０年頃まで「援助交際」体験者に対するインタビュー調査を実施した。この調査で出会った少女たちは、支援団体や施設に保護された少年ではなく、テレクラやＷＥＢ上の掲示板をツールとして活動中の「援助交際」体験者である。１９９０年代後半は高校生の「ブランド志向」とセットで報道されており、筆者も華やかなイメージを持っていた。ところがインタビューでは、得たお金を貯蓄する、塾・予備校費用にする、百均で買い物をして少しずつ使うなどの慎ましやかなエピソードが散見されることに驚いたものだ。貯蓄・節約という言葉が頻繁に飛び出す上、ひとり親家庭のある少女などは援助交際で得たお金を生活費に充てていた。１９９０年代終わりの「援助交際」の要因研究では、すでに「相対的な貧困感覚」（福富 1998）という言葉が使われていたが、「ブランド志向」を強調する報道の陰に隠れて「相対的貧困」という問題は見過ごされてきたと考えられる。

近年は、虐待・ＤＶなどの社会的問題や家族の機能不全が、非行や犯罪の背景要因／促進要因として指摘される。１９９６年に共働き世帯数が非共働き世帯数を上回って以降、右肩上がりに共働き世帯が増え続け、２０１７年には１１８８万世帯にも達した（男女共同参画白書（概要版）平成30年版）。ひとり親世帯は、この25年間で母子世帯は１・５倍、父子世帯は１・３倍に増加し、家族のあり方が急速に変化している。急激な変化に対して、家族支援・子育て支援などの社会的支援の整備が間に合わない状況が続けば、そうした支援の網の目からこぼれ落ちた少年が、非行や犯罪に巻き込まれるリスクの高い状態が続いている。諸外国の非行・犯罪対策を見れば、福祉国家ノルウェーは高齢者に対する支援を充実させることで、高齢者犯罪を減少させることに成功している（浜井 2010）。この点からも、支援不足が非行・犯罪リスクを高める、つまり正攻法では解消困難な問題状況への対処として、非行・犯罪という行為が選択されている可能性を指摘できるのである。

(2)自己治療としての「非行・犯罪」

問題状況への対処としての非行・犯罪という選択がなされていると考えるならば、依存をめぐる心理的な要因として提唱されている「自己治療仮説」(Khantzian E. J. 2008 = 2013)が参考になるだろう。自己治療仮説は、依存症は無意識のうちに自分の抱える困難や苦痛の一時的な緩和を求めて特定の物質(薬物、アルコール、ギャンブルなど)を使用することで生じると考える。この考え方を「非行・犯罪」理解に援用すると、次のように考えることが可能だ。貧困や虐待、DVなどの構造的/関係的な課題に対して、少年ができることは非常に少ない。家族の問題を警察や福祉機関に相談するには心的ハードルが高く、どこに/誰に相談すればよいかに関する知識も十分とはいえないだろう。できることは「困難のある空間(家)」から脱することくらいだ。ところが家を飛び出せば、当面の生活をどうするかという新たな問題に直面する。食事はどうするか、寝る場所はどのように確保するのか。アルバイトで得られる金額には限度がある上に、年齢によっては働くことすら難しい場合もある。合法的な手段によって解決が難しいとなった場合、とりあえずの問題解決を非合法な手段によって実現しようとしても不思議ではない。自己治療仮説を援用すれば、非行・犯罪への関与をこのように理解することができる。

これに対して少年院は、矯正教育や社会復帰支援により、問題状況への合法的な対処法を身につけさせようとする。以降の章で説明されるが、特に近年は保護者への支援や出院後の支援・援助にも徐々に力を入れ始めている。自己治療として「非行・犯罪」という手段を用いることがないよう、個人だけではなく個人を取り巻く環境への積極的な働きかけを行っているのである。少年院在院少年とは、そのような教育的空間の中で「立ち直りの道を歩み始めた者」のことであり、出院少年は「立ち直りに必要な（矯正）教育を完了し、支援を受けている者」と位置づけることができる。にもかかわらず、冒頭のように彼らは修了生として社会的信頼を得ることができない。それはなぜなのか。

3　スティグマ化を促進しているのは誰なのか

（1）研究者／専門家が産出する害（Harm）

一般的に「少年院（出院者）」カテゴリーのスティグマ化に影響を与えているのは、テレビや新聞などのマスメディアだ。センセーショナルな見出しとともに特定の事件を取り上げて、少年非行・少年犯罪のイメージの構築に一役買う。しかし、それだけではない。それらの言説を補強するのは、大抵「専門家の言説」であり、その権威性・権力性が問題だ。「専門家の言説」は、問題の解釈をある程度まで狭めてしまう。「専門家の言説は（ある程度）正しい」という思い込みがあるし、「専門家」という肩書きの持つ権威性があるからだ。そこに「研究者／専門家の産出する害（Harm）」がある。

専門家の言説は、発信者の意図とは別に他者に参照され、強化されていくという点でも始末が悪い。例えば、「少年院（施設内処遇）批判」「矯正教育不信」を考えてみればよい。非行・犯罪者処遇をめぐる議論において、施設内処遇の意義はそれほど支持されているわけではない。国際的には施設内処遇から社会内処遇への転換が重視されるようになり、北欧型の社会復帰志向に基づく立ち直り支援へと移行しつつあるからだ。これらの議論は主に刑事施設が対象だが、同じ司法領域の施設である「少年院」も無関係ではない。特に「少年院（出院者）」カテゴリーがもたらす将来的なダメージは甚大であり、それを理由として施設内処遇への批判が生じるのは無理からぬことである。少年院（出院者）がスティグマを生じさせるという批判は、「だからこそ少年院（刑務所）は必要ない」というロジックにつながりやすい。

確かにそこに矛盾はないが、社会内処遇への転換を果たしたとしても、その場が新たにスティグマ化され、そしてその場を放棄するというイタチごっこになる恐れは残る。それでも、スティグマとなった場や空間（少年院・刑務所）から離れるというのは、一つの有効な選択肢であろう。『少年院（出院者）』カテゴリーはスティグマ」であるので、「施設内処遇から社会内処遇にシフト・チェンジするべきだ」は、その点でも矛盾するものではない。しかし、これには「『少年院（出院者）カテゴリー』をスティグマとして認定する」という前提が必要で、それを発信するたびに否応なくスティグマは強化される。

専門家の言説には「専門家の言っていることだから正しい」と思わせるような権力性が内在する。それにもかかわらず、使用する言葉や論理が及ぼす影響に専門家／研究者は無自覚になりがちだ。都島（2013）を例として説明しよう。この論文は、少年院経験を持つ成人男性5名へのインタビュー調査から、少年院に適応する過程で生じる調整を「自己の変容」の「偽装」という言葉を用いて解釈したものだ（都島 2013, 182）。都島の主張は、非行少年の「地元交友関係の断ち切れなさ」と「社会復帰後の生活」の結びつきの強さにあるし、調査対象者の属性に偏りがあることからも、一足飛びに一般化を目指したものではないだろう。しかし「偽装」という言葉に込められた「変容の真偽」という本質主義的視点が、読者の「矯正教育・社会復帰支援」に対する不安・不信を喚起し、「少年院（出院者）」への社会的信頼を損なう言説に巻き取られる恐れがある。論文中には、少年院や矯正教育の意義に対する都島の姿勢は明確に示されていないにもかかわらず。つまり、研究者自身の思惑とは無関係に「少年院経験者に対する害（Harm）の産出」に関与するリスクは常に存在するというわけだ。

これを防ぐべく、いかに注意深くロジックを組んでも、害を産出しないことなどあり得ない。「どの立場に寄り添うか」によって「誰にとっての害（Harm）を産出するか」は変わるからだ。例えば、少年院教育を批判することで生じる出院少年の害に着目する筆者の立場は、少年院の存在を容認しており「司法の権力性に基づく介入がもたらすさまざまなハーム」に無自覚であるという批判の対象となる（平井 2019）。平井の指摘は、主に刑務所処遇を念頭に置いた批判だが、司法の権力性を背景とした個人への強い介入を試みる施設内処遇を称揚している点で、筆者も深刻な害の産出者であるというわけだ。現行の法制度では、薬物依存症をはじめとしたアディクションの一部を犯罪として囲い込む。スリップを繰り返しながら緩やかに回復するモデルに対して、刑事司法はスリップを犯罪として解釈するという点で容認はしない。医療的に説明可能な回復プロセスを犯罪として一刀両断することは、ある意味では暴力的といえよう。そんな彼らを含む「加害経験者」が送る過酷な刑務所生活は、様々な「痛み（Pain）」（Sykes 1958 = 1964）に関与しており、それは無視されるべきものではない。少年院は刑罰の執行機関ではなく、あくまで教育機関ではあるが、社会から隔離されて過ごす時間が何の痛みも伴わないとも思わない。筆者の主張は、そのような「施設内処遇を容認する」ことを前提としているのだから、施設処遇を批判する者に対する害の産出に積極的に関与しているといえよう。「私たち」は誰しも誰かに対する害の産出者になり得る。そのことを自覚しなければならない。

(2)「少年院のあるべき姿」についての対話は可能か

おそらく害を産出しない議論などあり得ない。価値や規範は様々であり、多様な他者の主張は、別の誰かにとっての害を産出することは避けられないからだ。筆者は、少年院・刑務所教育の研究に関与する過程で、前掲のような筆者に対するハーム批判に加えて、「御用研究」批判にもさらされてきた（非行研究会2014）[▼1]。「御用研究」とは、権力や利益のために真理・良心をおろそかにする研究／研究者のことだ。権力や権益に迎合的と指摘されるのと同義といってよいだろう。２０１１年の福島第一原発事故の調査に対しても御用研究批判が沸き起こったが、「権力を持つ側」を研究対象とした場合に生じやすいと考えられる。

さて、少年院をフィールドとする筆者らの研究が、なぜ「御用研究」という批判を受けたのか。それは「批判的議論」に対する考え方の相違が原因だと筆者は考えている。フィールドエントリーした14年前は、少年院はいわば「未開の地」であった。地域によって施設規模や教育課程、地域との協働体制などの特色の違いが顕著で、「少年院」なるものを総合的に理解しているとはいえなかった。学術的・実践的な考察のために「批判的議論」が必要なのは百も承知していたが、無知ゆえに「批判」が「非難」となることを恐れていた。そもそも私たちのチームには誰一人「矯正施設経験者」はおらず、少年院内をスリッパで歩く際の「スリッパ音」が、どれだけ収容された少年に緊張感を与えるのかも、教官にやんわりと注意されるまで気づかなかった。資料の収集・読み込みなど、できる限りの準備をしたが、第一回調査終了後のチーム・ミーティングの冒頭「（音を立てないために）上履きが必要だ」と確認しあった時には、見知らぬ土地に放り出されたように途方に暮れていた。批判も何も、フィールドの文化を理解することで精一杯だった。

そんな私たちにとって幸いだったのは「注意する」という行動で、チームとの対話を試みた教官たちがいたことだった。「お客様だから」と放置する選択肢もあったかもしれない。それでも、注意する・説明するという手間のかかる選択をしてもらえたことで、対話の道が開かれた。それは、教官だけではなく出会った少年たちも同様であった。教官から「研究者」と聞かされていたのに、私たちの姿がだいぶ頼りなく見えたのかもしれない。理由はともあれ、彼らの世界のこと、少年院での生活のことを本当によく語ってくれた。そうしてチームの方向性が「頭ごなしの批判ではなく、まずは彼らの世界を私たちの言葉で理解しよう」へと固まっていったのは自然なことだった。

さらに「少年院」という場所での教官と少年の悪戦苦闘の日々を無視した「正論」は、時に立ち直りの現場を無為に混乱させ、崩壊に至らしめるのではないかという危惧があった。様々な不平等や格差に苦しみ、さらに加害を背負って生きる少年を支援するには、綺麗ごとではすまないことがあまりに多すぎる。[2]それでも新たな加害・被害を生み出さないために現場も必死だ。実務家が潰れてしまえば、そこでの立ち直り支援（矯正教育・社会復帰支援の提供）は頓挫する。立ち直り支援が頓挫すれば、被害者への謝罪意識が深まらないばかりか、弁償・弁済のための経済的基盤は整わず、その機会を失う。もっとも影響を受けるのは、加害によって傷ついた被害者であり、新たに起こる害によって被害を受けるかもしれない人々だ。その点でも、チームは「安全な場所からの批判」よりも、未開の地への理解を深め、立ち直りを少年個人ではなく社会の問題とするために「社会との架橋」を目指した。そのために「未開の地」の実践・構造の機能を明らかにしようと試みた。批判を後回しにしたことで、調査対象に肩入れしすぎている、既存のシステムを称揚する御用研究だという批判が起きたのは無理からぬことだったといえよう。

私たちが「少年院のあるべき姿」を語るのは容易ではない。私たちはその「語り方」を探している。従来のようなAを批判してBの正当性を主張するという「勝ち負けの論理」は求めていない。自己の正当性を主張し、相手の正当性を否定しようと躍起になるのは、対立を激化させるからだ。対立が激化すれば、双方の主張を部分的に受け入れるなどの調整・和解の道筋は断たれる。目指すのは、批判から協働的な対話へのシフト・チェンジである。そして、立ち直りを個人の問題ではなく、社会の問題として語りたいのだ。

当事者（収容者・職員・支援関係者など）のニーズや苦悩を外在化し、社会構造との関連において、批判的に議論することが重要なのではないだろうか[3]。その協働的な対話／議論に多くの人々が参加することで、「少年院（出院者）」ラベルに対する見方にも変化が訪れるのではないかと期待する。

そもそも「少年院からの立ち直り」とは、すでに社会的な課題である。厚生労働省は２０５０年に日本の年金保障制度は、１人の高齢者を１人の65歳未満が支えるという「肩車型」へ移行すると指摘している。働く世代への過剰負担を解消するために、65歳を過ぎても「生きるために働く」人生設計への転換期を迎えているのだ。この危機的な状況のなか、社会の一員となっていく少年への教育や支援を充実させることは急務であろう。少年が複数回の少年院生活あるいは刑務所生活を経験するような人生を歩んでいけば、社会の一員としての役割を果たすこともままならないばかりか、逆に莫大な資金を投入していかなければならない[4]。この意味でも「少年院のあるべき姿」は、社会的な問題として議論していく必要がある。

（3）教育から刑罰へのラベルの張り替え

さて、第1章では、２０２０年に民法上の「成人」が18歳となるのに合わせて、「少年法の対象年齢を18歳未満に引き下げる」という問題に触れた。逆送となるケースを除き、現在は18歳、19歳は「未成年」として家庭裁判所による審判を受け、施設処遇が妥当となれば、少年院等への送致が決定する。これらはいずれも「教育の対象」として保護されることを意味する。しかし、少年法の対象年齢が18歳未満に引き下げられれば、この18歳、19歳の若者は「成人」として「刑罰の対象」へと転じることになる。若者の教育の機会が奪われ、成人として厳しい罰を受ける可能性も出てくるのである。

もちろん「成人」として扱われる場合には、施設収容以前に「執行猶予」があるので、その意味では社会内処遇の拡充といえなくもない。しかし、若年の執行猶予者に対してどのような支援が必要・実施可能かを十分議論しないまま、支援体制を整えないままの変化は、支援や教育の機会からの脱落者を増やすことになりかねない。さらに本章が論じたように教育を修了した「少年院出院者」をスティグマとする日本社会において、刑罰に関連するラベル（刑事裁判経験者、刑事施設経験者等）がどのような意味を帯びることになるか。その困難は想像に難くない。教育から刑罰へのラベルの張り替えは、発達途上の十代の若者が背負うにはあまりに重い変化である。[5]

若者を教育や支援から遠ざけて刑罰に近づけるような改正は、日本社会の将来にとって本当に必要なことなのか疑問が残る。同世代が社会人としての基礎を培う重要な時期に、刑事裁判や刑事施設収容によって、社会生活の中断・教育からの脱落を余儀なくされることは若者の社会参加にとってプラスにはならないだろう。刑事裁判や刑事施設収容は、少年審判や少年院収容よりも、はるかに長い期間を要する。ここでの中断が若年者の将来にとって致命的となりかねない。それは少年院以上の害《ハーム》である。

さて、そのような状況を作らないためには、十代後半で問題が顕在化する（非行・犯罪への関与という形で現れる）のを可能な限り防がなくてはならない。義務教育年代への福祉や教育的支援の充実化に加えて、矯正教育や更生支援のさらなる充実化は、この文脈においても極めて重要な意味を持つ。少年法対象年齢が引き下がれば、もはや一刻の猶予もならない。そして、いずれ社会の一員となる若者から「立ち直り」の機会を奪わないために我々ができることは、セカンド・チャンスに挑む若者を社会的に包摂すること以外にない。日本社会の行く末を考えれば、「少年院（出院者）」のスティグマ化をいかに解除するか、それに取り組むことがさしあたりの最重要課題といえよう。

4 スティグマへの挑戦

さて、本書で書かれる全ては「少年院（出院者）」というスティグマに対する「対抗ナラティヴ」である。少年院で実施されている教育の全てを詳細に論じるものではないが、少年の社会復帰支援に焦点化することで、施設から社会への移行に向けた様々な実践や理念に対する理解を深めることができよう。その過程で在院少年の社会的背景（貧困、虐待、障がいなど）に言及するが、彼らを「弱者」として不当に貶めることを意図しているわけではない。誰しも一人の人間として適切な教育と支援を受ける権利を持つ。それにもかかわらず、どのような状況によって教育と支援を受ける機会を奪われてきたのか、それを補うためにどのような方法を用いてきたのかを説明するためには、彼らの属性に触れることは欠かせないからである。

非行によって明らかとなる「問題」は、世代間連鎖が見られる場合も少なくない。そもそも、虐待や貧困問題で世代間連鎖が指摘されているのだから、虐待や貧困を背景要因とする「非行・犯罪」がそうであっても何ら不自然ではない。合法的ではない問題解決の方法も、それは当該家庭での「普通」になっていれば、それをモデルとして少年が解決方法を学ぶ可能性も十分にある。私たちが「非行・犯罪」という問題に対して考えなければならないのは、この点だ。世代間連鎖をめぐる縦軸の「どこ」で、その問題が「非行や犯罪」というかたちで現象化されたのか、である。「どこ」と「問題」が明らかになれば、既存の「どの」支援・資源を「どのように」用いることで「非行・犯罪」の現象化を食い止めることができるのかを議論することができる。そのうえで、問題が「非行・犯罪」というかたちで現象化するまで、各種の連鎖を断ち切ることができなかったのはなぜなのか。それをいかに解消・緩和するのかという次なる課題に取り組まねばならないだろう。その議論には、「矯正教育を修了した者」をいかなる存在として解釈するかに加え、日本社会の今後を見据えた「少年院のあるべき姿」への言及も必要であろう。この議論を喚起し、その場を設けることは、無自覚に害を産出して「少年院（出院者）」をスティグマ化してきた研究者の責務である、と筆者は考える。

本書は「実務家と研究者の協働」によって編まれている。本来はより多様な他者とともに作り上げるのが目的に叶っていただろう。これが本書の限界ではあるが、多様な立場にある人々が少年院で過ごす少年の姿や、教育の内容、そこで苦悩する実務家の姿をきっかけに「少年院」を再考する機会が得られるならば幸いである。また「少年院」を再考することを通して、「少年院出院者」が教育の修了者として適切な社会的信頼を獲得できることを期待する。

文献

伊藤茂樹「少年非行をめぐる社会的状況――子どもと大人の関係から」『犯罪社会学研究』第40号、2015

福富護（研究代表）『「援助交際」に対する女子高校生の意識と背景要因』財団法人女性のためのアジア平和国民基金、1998

浜井浩一「ノルウェーから見えてくる日本の高齢者犯罪増加の原因」、『季刊刑事弁護』第63号、2010

東京大学非行研究会『非行研１００回のあゆみ』、2014

都島梨紗「少年院における非行少年の変容――少年院教育と非行仲間との連続性に着目して」、『教育社会学研究』第92号、2013

Khantzian, E. J. and Albanese, Mark J., *Understanding Addiction as Self Medication: Finding Hope Behind the Pain*, Rowman & Littlefield Pub Inc., 2008（松本俊彦訳『人はなぜ依存症になるのか――自己治療としてのアディクション』星和書店、2013）

平井秀幸「ナラティヴ犯罪学における近年の展開――規範的コミットメント・ナラティヴ的介入・ナラティヴ的闘争」、『四天王寺大学紀要』第68号、2019

Sykes, Gresham M., *The Society of Captives: A Study of a Maximum Security Prison*, Princeton University Press, 1958（長谷川永・岩井敬介訳『囚人社会』日本評論社、1964）

註

▼1　調査対象への感情移入（肩入れ）問題は、議論の余地があるだろう。例えば社会的に「弱者」を標榜される側への感情移入を、「御用研究」と批判するものは多くはないだろう。私たちが「御用研究」という言葉を用いて批判するのは、調査対象への感情移入の問題ではなく、社会的に「強者」とされる側を対象とすることへの否定的感情によると考えることもできるからだ。しかし、この〈「弱者」-「強者」〉関係もまた社会的に構築されたものと考えれば、そのレッテルそのものの妥当性を検証する必要性が生じるはずだ。

▼2　本書を通読していただければ、格差・不平等に満ちた社会への復帰支援が、理想論だけで整理できないことがおわかりいただけるだろう。また、少年院を出院した後に社会内処遇に移行すればなおさらだ。非行少年を地域で支援する保護司の活動を例としよう。彼らが行うのは月2回の面接だが、文字通りの意味で「月2回の面接」ではない。少年からの相談やトラブルに24時間365日対応し、家族の求めがあれば助言をすることもあるだろう。就労先との仲介役を果たすこともあるだろう。「少年のために」という理念でマルチタスクに挑む保護司は、驚くべきことに、無償の「民間ボランティア」である。支援にかかる労力や費用（軽微なものも含め）がどのように賄われているのか、保護司の業務量・ストレスへのサポート体制はどうであるか、わからないことも多い。「少年のために」という綺麗ごとではすまない現実が、そこに存在することは想像できるだろう。

▼3　多様な価値・立場を持つ他者が対話を行う場を設けることは容易ではない。それぞれの専門性ゆえに、専門用語や理解の仕方の違い、領域の特殊性などに直面することも多いからだ。筆者は、2019年から多職種の交流の場（「多機関連携を語ろう会」）を試験的に実施している。対話構造の整備には課題も多いものの、顔の見えるローカルな関係性が領域間の壁を突破・接合して連携体制を生み出すことができるという実感を持っている。

▼4　法務省「平成29年度フルコスト情報の開示について」（http://www.moj.go.jp/content/001281259.pdf）によれば、被収容者1日当たりのコストは1万2203円（国民1日当たりコスト1992円）で、フルコストは年間2525億円である。施設収容には人件費などの「人にかかるコスト」、物品や庁舎費など「物にかかるコスト」、「事業コスト」などの項目がある。

▼5　日本の施設処遇は、副次的な害を引き起こしやすい構造にある。施設収容者のスティグマ化がもたらす害は、公的に定められた刑罰（「懲役〜年」）を超えて以後の人生に壊滅的な害をもたらしている。これは「刑罰」と「被害者（関係者）の損害回復」が分かち難く結びついていることにも由来すると考えられる。例えば、「世界一囚人に優しい国」

ノルウェーは、刑罰と被害者の損害回復をシステムとして分けている。後者については、メディエーション（調停）が導入されており、被害者と加害者の間で損害の回復に関して協議・合意形成が可能だ。メディエーション・サービスにも、いくつかの種類があり、専門家が関与する和解調停・評議会の他、市民がメディエーターとして参加するものもある（Nylund 2014）。刑罰はあくまで「自由の制限」に対して適用されるものだという考えが徹底されている。

少年院と刑務所

コラム①

伊藤茂樹

「子どもの刑務所」?

皆さんの中には少年院を「子どもの刑務所」のようなところとイメージしている方がいるかもしれない。周りを見回しても少年院に入ったことのある人はほとんどおらず、仮にあってもそれを言う人は少ないはずで、よくわからないのは無理もない。

少年院に収容される非行少年は最近は年間に全国で2000人程度に減少しており、東京大学の入学定員が約3000人なので、少年院に入るのは東大より1・5倍難しい、と言えるかもしれない。なので想像するしかないわけだが、この「子どもの刑務所」というイメージは実態と大きく異なる。少年院

と刑務所の違いは本書のテーマにとって非常に重要なことなので、まず説明して誤解のないようにしておきたい。

国による処分として拘禁する施設

少年院と刑務所の数少ない共通点は、罪を犯した人を国が処分として拘禁する（閉じ込める）施設であることだ。収容されている間は原則として外に出ることはできないため、時々「逃走」を企てる人がおり、それを防ぐことは非常に重要な責務となる。また「赤の他人」同士が24時間365日にわたって集団生活を送るため、規律を守らせ秩序を維持するこ

とも重要である。

このように拘禁施設であることは共通しているが、共通点はそれだけで、他のあらゆる点で少年院と刑務所は違っていると言っても過言ではない。

刑務所＝刑罰の執行の場

皆さんにとっては刑務所の方が少年院よりもまだ少し知識があるだろう。テレビの取材が入ったりドラマの舞台になるようなこともこちらの方が多い。そして実際の刑務所の姿は、こうしたメディアで描かれるのと大きくは違わない。

刑務所の目的は刑罰の執行である。罪を犯した人がその罪の重さに応じて刑罰を受けるところで、死刑と罰金刑、科料以外の刑罰である懲役刑、禁固刑、拘留がここで執行される。このうち懲役刑が圧倒的に多く、大部分の受刑者は平日は朝から夕方まで「刑務作業」（様々な製品の生産や職業訓練、炊事や洗濯など刑務所の運営に必要な作業など）を行い、それ以外の時間は自由に過ごすのが原則である。ただ日本の刑務所は様々な制約が多く、自由時間といってもほとんど自分の居室で過ごすしかないが、拘禁すること自体を刑罰と考える国々では、所内ではかなりの自由が認められる場合もある。日本でも「社会復帰促進センター」という名称の、ＰＦＩ方式により民間事業者を導入した刑務所では、受刑者にＩＣタグをつけさせることで行動の自由をそれなりに認めている。

少年院＝矯正教育の場

一方、少年院は刑罰ではなく「矯正教育」を行うところである。再び非行や犯罪を行わないよう「健全育成」や「改善更生」、そして円滑な社会復帰を図るのが目的で、基本的に教育の場である。在院者の大部分は未成年者であり、院内は教室や体育館、運動場など学校のような空間と、生活の場である寮から成っている。そこで行われるのは教科指導、職業指導、生活指導、体育、特別活動であり、指導の領域は中学校や高校とほぼ変わらない。もちろん各自の非行について振り返らせ、再非行をしないように指導していくことが重要な部分を占めるが、罰を与えて懲らしめるのではない。

少年院ではあらゆることが矯正教育という目的のために組織されているので、自由時間もあるものの、その使い方にも制約やきまりは多い。代表的なものとして私語の禁止がある。矯正教育の目的、特に再非行の防止のために、少年同士は原則として自由に会話することはできない。自由に私語を交わすと、多くの少年が入院前に浸かってきた非行的な文化(価値観やスタイル)が院内に持ち込まれかねないし、私語を通じて互いがどんな非行をしたか、どこに帰るかなどを知ると、出院後に連絡を取って一緒に非行や問題行動を行うおそれがあるというのが理由である。少年同士は名前以外の個人情報を教えてはならないが、刑務所にはこうした規制はなく、一般社会と最も異なる少年院のルールのひとつである。


どちらが厳しいか?


このように、少年院は学校に似ているが制約や拘束は刑務所以上に厳しいとも言える。刑務所では規則や命令に従って刑務作業をしていればあとはあまり干渉されないのに対して、少年院は24時間、教育目的に照らして正しく過ごすことが求められ、どちらが厳しい、苦しいとは一概に言えないところがある。

とはいえ、近年は少年院と刑務所が互いに「近づいて」いるような面もある。2015年に少年院法が改正され、在院者の面会や通信、電話などについて権利が明確に規定されたほか、私語の禁止もかつてのように厳格に守らせるのではなく柔軟に対応することが増えているという。一方刑務所も、2007年に制定された「刑事収容施設及び被収容者等の処遇に関する法律」により、受刑者に改善更生と社会復帰のための指導を受けることを義務づけることが可能になった。少年院でも権利をはっきり定め、刑務所でも教育をきちんとやるということである。

少年院と刑務所は、そこから出た後も違う。少年院送致という保護処分は原則として少年院では完結せず、出るときは「仮退院」という形をとる。「引受人」と「帰住先」を決め、そこで保護観察を受ける形で処分は継続する。従って、仮退院のときは必ず迎えに来た引受人（多くは保護者）に引き渡すので、ドラマなどでよくある、一人で門を出て行くようなことはまずあり得ない。刑務所でも刑期が終わる前に仮釈放が認められれば少年院と同じ形になるが、「満期」までつとめると後は完全に自由なので、出迎えがなければ一人で社会に戻っていくことになる。

少年刑務所＝子どもの刑務所

罪を犯した少年は原則として刑罰ではなく少年院送致などの保護処分を受けるが、14歳以上で重大な非行を行った場合は裁判を経て刑罰を受けることもある。その場合、成人の刑務所ではなく「少年刑務所」という刑務所で刑が執行される（少年院で執行することもあり得る）。「子どもの刑務所」は少年院ではなく、その名の通りの少年刑務所なのである。ただし、全国に六つある少年刑務所には26歳未満（原則）の若年成人の受刑者も収容しており、実際には大部分を成人が占めているが、所内でも少年と成人は原則として分離する。これは成人受刑者から少年への「悪風感染」（悪い影響を受ける）を避けるためである。

少年鑑別所と拘置所＝未決者を収容する場

少年院と刑務所は国による処分の決定後に拘禁して処分を執行する施設だが、決定の前（「未決」という）に収容する施設もある。少年の場合は少年鑑別所、成人の場合は拘置所がそれにあたる。少年鑑別所は、非行少年を家庭裁判所での少年審判に先立って収容し、非行の原因や背景になった要因について調査して審判に生かすための施設で、通常は4週間収容される。

拘置所は逮捕、起訴された被疑者や被告人を処分が確定するまで収容する施設である。また裁判で死刑が確定した被告人も収容し、執行もここで行う。収容されるのはほとんどが成人であるが、刑事裁判を受ける少年が収容されることもある。

閉鎖性の理由と課題

少年院と刑務所、少年鑑別所と拘置所はいずれも国家権力によって市民を拘禁する施設であるため、被収容者の人権と安全を守ることに大きな責任を負っている。とりわけ少年は将来にわたっての「健全育成」が目的であるため、彼らを「守る」ことが何より重要となる。こうした施設が閉鎖的になりがちな第一の理由がここにあるが、それにより、被収容者の権利侵害なども含めて、実態が国民から見えにくくなっていることも事実である。こうした施設がどのような場で、何のために何が行われているかを知らせることは、市民の意見や批判に対して開かれるという意味で重要である。社会と被収容者の両方を守るために、適切な形で開いていくことが求められている。

コラム②

少年院の生活

服部達也

少年院の生活は忙しい！

筆者は永年少年院で勤務し、少年院長を最後に定年退職した後、大学で教えているが、学生から「少年院の生活って皆どうしてるんですか？」とよく聞かれる。読者諸氏はどのようなイメージをお持ちだろうか。

そこで少年院の生活について、「入院から出院まで」と「一日の生活の流れ」の二つの時間軸で時系列的に見てみることにしよう。

入院から出院まで

家庭裁判所で少年院送致処分となった少年は、決定のあった日から1週間以内に、少年鑑別所から少年院に送られてくる。

入院するとまず厳格な「人定」（関係書類を基に、人違いがないか、各書類の記載事項に誤りがないか、質問し確認する）が行われる。その後、着てきた私服から少年院内の生活着に着替え、少年院内での使用が認められた日用品以外の私物は、詳細に記録した上で出院するまで保管（「領置」）される。

さらに健康診断を受け、家族関係やこれまでの生活歴、本件非行（今回の処分に至った非行）の内容やその経緯等に関する面接調査が改めて念入りに行われる。その後に生活必需品（「官給品」）を渡され、男子少年は衛生上の理由から短髪に散髪される。ここまでは通常、入院初日に行われる。

最初の数日は「考査期間」とされ、単独室に収容される。出院に向けての手続きのための面接調査が早くも行われたり、少年院での生活に関する色々なオリエンテーションが始まる。

実はこの考査期間が重要である。入院当初は、多くの少年が少年院送致となったことへの絶望感や不安、処分への不満や家族へのわだかまりを持っており、少年院生活へのモチベーションがなかなか上がらない。従って、いかに意欲を喚起していくかが教官にとっての「勝負どころ」となる。この時期には院長も面接を行うが、これも少年院生活と社会復帰に向けての動機付けとして重要なものである。

このように始まる少年院での教育は、少年ごとに定められた「個人別教育計画」に沿って「生活指導」「職業指導」「教科指導」「体育指導」「特別活動指導」の各領域ごとの教育が所定のプロセスに沿って進んでいく。少年院では「段階処遇」の制度を採っており、少年は入院後にまず「3級」に編入され、改善・進歩の程度（成績の評価）に応じて順次「2級」「1級」と向上していく。少年は個々に段階的に進んでいくのであり、進むにつれて教育内容は濃くなり、種類も増え、段々と忙しくなっていく。

「1級」に進級し、改善更生の度合いが進んでいると認めるに足る成績評価を得て、身元の引受人が決まり、かつ帰住先が「社会内処遇」を受けるにふさわしい環境であると認められれば、院長が地方更生保護委員会に申し出を行い、同委員会の仮退院決定を経て出院させることになる。出院の形態としては「仮退院が原則で、満齢・満期退院は例外」となっている（2019年における少年院出院者の99・4パーセントが仮退院である）。

仮退院にあたっては、その数日前から「出院前教育」のために集団寮から単独室に移る。少年院生活の最後の仕上げとして、出院後の生活への心構えを静かな環境で更に固め、必要書類の記載等を行う。仮退院当日は領置していた私物の返還を受け、出迎えに来た引受人（担当する保護司が同行してくる場合もある）とともに、院長室で院長から仮退院を許可する旨の決定書を渡され、晴れて仮退院となる。

一日の生活の流れ

少年の毎日の生活は、起居動作をする時間帯（食事、就寝、点呼、入浴、運動）、矯正教育の時間帯（生活指導、職業指導、教科指導）、余暇に充てる時間帯（学習、娯楽、運動競技）に分けられる。

午前7時前に「起床音楽」（たいていはゆったりとした曲）により目覚め、7時に「起床」の号令がかかるまで寝床で待機する。起床時間前に目覚めていても勝手に起き出してはいけない。号令後に居室前の廊下に整列して「点呼」を受け、その後は寮の中を分担して清掃し、終われば全員一緒に寮内で朝食を摂る。

集団寮には「役割活動」と呼ばれるものがある。上級生を中心に「清掃係」や「配食係」、「飼育係」（「生命尊重教育」の教材として寮内で生物を飼育している場合）、さらに点呼の際の号令を掛けたりする「週番」や「日直」が決められており、各役割をローテーションで務めることで、リーダーシップや責任感、協調性を養うようにしている。

午前9時頃になると「出寮」して、中庭やグラウンド、体育館等で「朝礼」を行う（一般の学校での朝礼に近いが、内容は少年院ごとに違いがあり、ラジオ体操や合唱を行う少年院もある）。

朝礼が終わると各実科・実習に分かれ、昼食を挟んで夕方まで、各実習場や教室で「生活指導」「職業指導」「教科指導」「体育指導」「特別活動指導」の指導教育や、「修学支援」「就労支援」等、社会復帰支援のための指導教育を受ける。少年院での矯正教育の中心部分である。

日によってはそこに「特別活動指導」として、デイ・キャンプ、運動会、水泳大会、球技大会、剣道大会、合唱コンクール、演奏発表会、演劇祭、成人式、卒業証書授与式、意見発表会、読書感想文発表会等の「行事」が入ってきたり、「社会貢献活動」として少年院周辺の清掃、福祉施設等への支援活動、さらには登山、遠足などで少年院の外に出ることもある。

また、日課の中に面会や医務診察が割って入ることもある。

実科・実習終了後は所属する寮に戻り、担任教官との面接や身辺整理、余暇時間などを過ごす。午後4時30分頃から夕食の準備をして、夕食。その後は寮内でテレビ視聴や自主学習等、思い思いに過ごすが、全員で「集会」を行うこともある。これは、少年たちが寮の集団生活上の問題や課題等を話し合って解決策を見出したりするグループワークである。「点検集会」「反省集会」と呼ぶことが多いが、少年間の集団相互作用を取り入れた教育方法として少年院では古くから取り入れられている。これらの後、午後9時頃にその日最終の人員点呼を受け、就寝となる。

ある程度はイメージしていただけたと思うが、一言でいうと少年院の生活は「全寮制の高校」のそれに近い。少年院での生活は原則として「集団寮」をベースに展開する。寮での集団生活（集団を編成しての教育処遇）が少年院生活の「肝」と言えるが、これが機能する上で必要不可欠なのが、寮生活で少年と時間、空間を共有する「個別担任」教官である。少年は寝食を共にする担任教官との「心と心の触れ合い」、「魂と魂のぶつかり合い」を積み重ねながら変化、成長していく。このような変化、成長が自己肯定感の向上、他者との協調、他者への思いやりにも繋がり、更生への素地となっていくのである。

文献

法務省矯正研修所編『研修教材　少年矯正法』、公益財団法人矯正協会、2016

財団法人矯正協会『矯正教育の方法と展開　現場からの実践理論』、財団法人矯正協会、2006

法務総合研究所『令和元年版犯罪白書』、2019

法務省『令和元年版　再犯防止推進白書』、日経印刷株式会社、2020

第4章　少年院における義務教育――現状と意義

伊藤茂樹

少年院における義務教育の大部分は中学2、3年生の在院者に対する教科指導という形で行われている。少年院全体の中で占める割合は大きなものではなく、改善更生や社会復帰支援との直接的な結びつきが見えにくいこともあってか、あまり目立たない領域ではあるが、実は重要な意味を持っていると思われる。このような義務教育に焦点を当て、その現状と意義について考える。▼1

1　少年院で行われる義務教育

2007年の少年法改正により、少年院送致が可能な非行少年は、従来の14歳以上から「おおむね12歳以上」へと引き下げられた。「おおむね」には1年程度の幅があると解釈されているため、11歳すなわち小学校5年在学中から少年院に収容される可能性がある。これらの少年は当然義務教育期間中である。

これに対応して、少年院には義務教育を行う矯正教育課程が三つ置かれている。

	12歳以下	13歳	14歳	15歳	合計
対象者（新収容者）	2	2	41	37	82
義務教育課程Ⅰ（E1）	1	0	0	0	1
義務教育課程Ⅱ（E2）	1	2	29	30	62
短期義務教育課程（SE）	0	0	12	7	19
男子	2	2	37	29	70
女子	0	0	4	8	12

表1　義務教育課程の在院者と内訳（2019年）

義務教育課程Ⅰ（E1）　義務教育を終了しない者のうち、12歳に達する日以後の最初の3月31日までの間にある者を対象に、小学校の学習指導要領に準拠した教科指導を行う（小学生の長期処遇）

義務教育課程Ⅱ（E2）　義務教育を終了しない者のうち、12歳に達した日以後の最初の3月31日を終了した者を対象に、中学校の学習指導要領に準拠した教科指導を行う（中学生の長期処遇）

短期義務教育課程（SE）　原則として14歳以上で義務教育を終了しない者のうち、その者の持つ問題性が単純又は比較的軽く、早期改善の可能性が大きい者を対象に、中学校の学習指導要領に準拠した、短期間の集中した教科指導を行う（中学生の短期処遇）

これらの課程で矯正教育を受ける者の人数とその内訳は表1の通りである。

義務教育を行う課程の中で量的に多くを占めるE2において、矯正教育の目標は「中学校の教育課程の履修により、学力の向上を図る」とされる。

少年院への入院は、学校教育法第18条が定める義務就学の猶予、免除の対象になり、保護者の申請によりこれが認められるとされている。しかし多くの場合、在籍校の判断により少年院在院中も引き続き在籍し、少年院で義務教育を継続、卒業する措置がとられてきた。このことは2019年

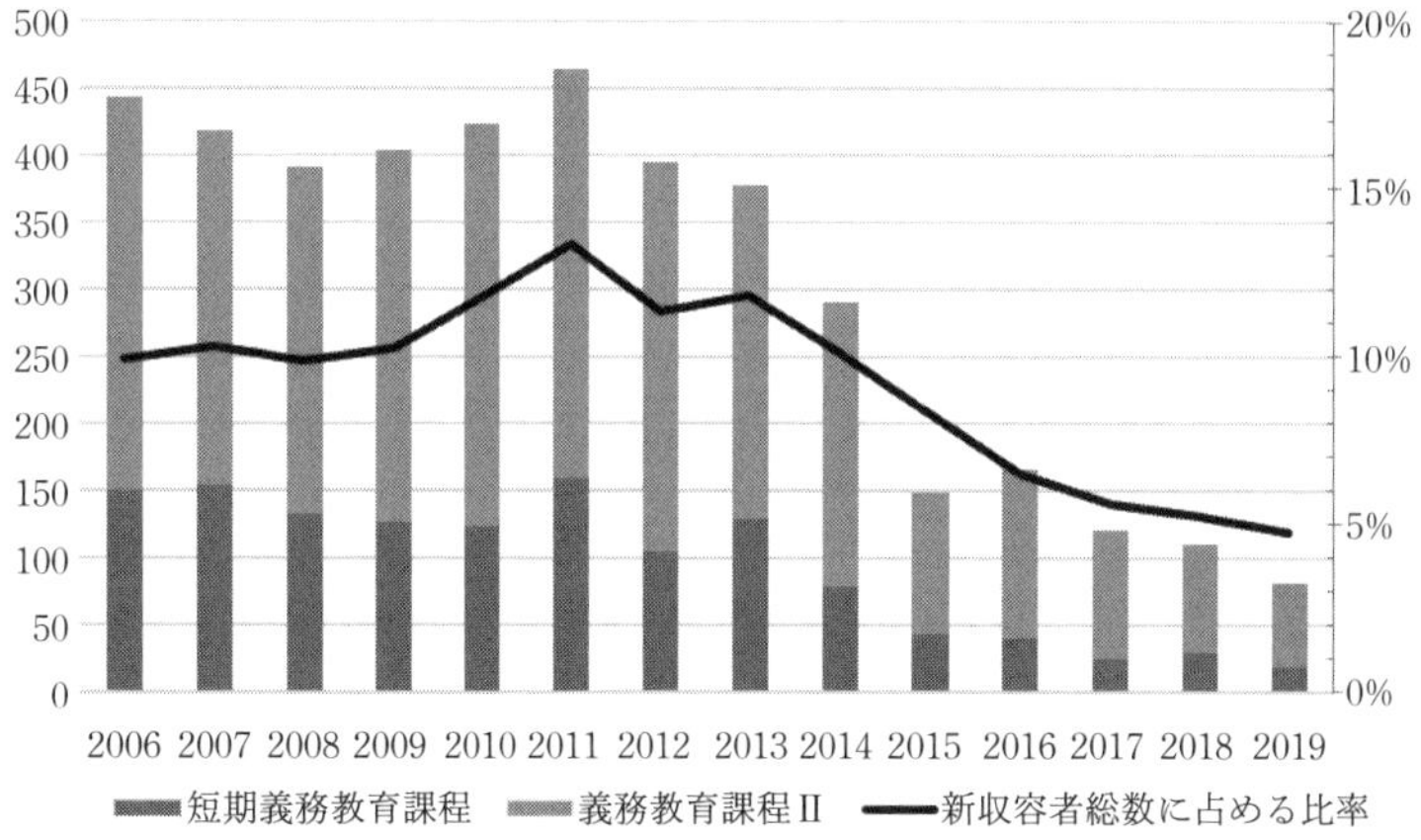

グラフ１　義務教育課程の在院者の推移

7月に文部科学省初等中等教育局長が発出した「『再犯防止推進計画』を受けた児童生徒に係る取組の充実について」と題した通知であらためて確認され、これが原則とされるに至っている。このような生徒が在院中に卒業を迎える場合、在籍校から校長などが出席して卒業証書を授与することが多い。

　こうした実態に鑑みると、義務教育期間中に少年院に送致された場合、義務就学の免除も法的には可能であるものの、原則として少年院で義務教育が継続され、それを前提に少年院は義務教育課程を置いている、と言ってよいだろう。そして、２００７年の下限年齢の引き下げ以降、小学校在学中の者が少年院に送致された例は数件あるものの、義務教育課程Ｉ（Ｅ１）が指定された者は２０１９年に１人いるだけである。少年院での小学校教育については、法的にあり得る以上、慎重な検討を要するのは言うまでもないが、実態に基づく考察は事実上不可能であるのと、量的には今後もきわめて稀であり続けると思われるため、ここでの検討は中学生に関する事柄に限定する。

　ところで、少年院への送致は今世紀に入ってから減少

	E1	E2	ES	合計
赤城少年院	1	9	0	10
愛光女子学園	0	5	1	6
和泉学園	0	21	0	21
広島少年院	0	5	0	5
福岡少年院	0	13	0	13

表2　義務教育課程の人数が多い少年院

傾向が続いており、年少少年の減少はとりわけ著しい。小中学生が送致されて少年院で義務教育を継続するケースは、２０１９年には全国で82人（新収容者）と初めて１００人を割り込んだ（グラフ1）。新収容者総数に占める割合も約5パーセントと、ここ10年ほどの間に半減したが、これは近年ほぼ唯一増加傾向を示す非行である特殊詐欺が低年齢層には少ないことも関係していると思われる。

こうした減少傾向を受けて、三種の義務教育課程（E1、E2、SE）のいずれかを置く少年院のうち、ある程度まとまった数（5人以上）の少年が義務教育を受けている少年院は表2の通りである（２０１９年）。該当者の約3分の2が表にある少数の第一種少年院に在院している一方、残り（特に短期義務教育課程）は多くの少年院にわずかずつ散在し、少人数ないし個別指導に近い形で中学校教育を受けているという状況である。

こうした少人数化は、収容減が続く現在の少年院では特殊なこととは言えず、むしろその中で「典型的」なあり方を示していると見ることもできよう。少年院での教育はかつてのように比較的大人数の非行少年に対して集団的に行うと同時に個別性も確保する、というよりは、少人数の対象に対して個別的に行い、その中で集団性も何とか確保しようとするようなものになっており、義務教育課程においてはその傾向が顕著である。このことは、中学校在学中の非行少年を主に収容する少年院として義務教育を行ってきた赤城少年院や和泉学園においても当てはまるようになっている。

2　教科指導の教育内容

少年院での義務教育は、小中学生に対する教科指導として、学校教育法及び学習指導要領が定める学校教育の内容に「準じて」行われる。あくまで矯正教育の一環として行う義務教育、教科指導である点で、通常の学校におけるそれと同一とは言えない面がある。

中学校では国語、社会、数学、理科、音楽、美術、保健体育、技術・家庭、外国語、道徳、総合的な学習の時間、特別活動の合計で総授業時数が年間1015時間と定められている。しかし少年院でこの通りに時間割を組んだとすれば、様々な矯正教育のプログラムに余裕がなくなったり、少年の心情を安定させることが困難になる。そのため、東日本にあるC少年院の義務教育課程では、午前は月曜から金曜まで毎日、午後は週に2日程度教科の授業を行うといった形で時間割を組んでいるという。中学校と全く同様の時間割でカリキュラムを実施するのではなく、矯正教育課程全体を通じて学力を付与するのである。

具体的には、教科指導として行われる授業以外にもその意義を併せ持つ種々の教育プログラムを「在院者の学習意欲の喚起及び学力の向上に資する働き掛け」として再掲し実施することが認められている。これは矯正教育の五分野として定められているうち、「教科指導」「職業指導」以外の「生活指導」「体育指導」「特別活動指導」において、学校での体育、道徳、総合学習、特別活動などに相当する指導を行う形をとる。例えば、「音楽劇（オペレッタ）の上演に係る働き掛け」を、国語（作詞、脚本）、音楽（歌唱、楽器演奏）、美術（舞台美術）、技術家庭（衣装作り）、特別活動に対応するといった形である（新屋敷 2018）。また体育は「体育指導」でかなりの時間が割かれている一方、技術・家庭は少なくなりがちといった偏りもあるようである（同上書）。週あたりで見ると、授業時間数が一般の中学校より少なくなることは避けられないものの、夏休みなど長期休暇がなく通年で指導をすることで時間数を補えるという面もある。

少年院はもともと、24時間／３６５日にわたって教育的な働きかけをする施設であり、その形態や内容は学校教育以上に多岐にわたる。その中で義務教育の内容に該当するものを選り分け、それとして位置づけているのが義務教育課程であると言うことができよう。

3　義務教育課程における学び

（1）学校での義務教育との異同

形態面の特徴

一般に少年院での矯正教育には、学校教育とは異なる制度面及び形態面の特徴が多くあり、教科指導のあり方にも影響しているが、これらは利点にも制約にもなるものである。

少年院での矯正教育は、寮をはじめとする集団的なセッティングの中で行われ、伝統的に集団指導としての側面が強い一方、非行事実やそこに至った背景や経緯はひとりひとり異なることから、１９７７年に発出されたいわゆる「52年通達」以後個別化を強めてきた経緯があり、両者は「車の両輪」にたとえられる。その中で義務教育は、同年代のすべての子どもに共通した基礎的な内容が中心であり、一般性が高く普遍性を志向する教育と位置づけることができる。

とはいえ、実際の教育の方法や形態は、個々の少年の学習の遅れやそこに至った経緯、抱える障害や困難などに極力配慮、対応する形でかなり個別的に行われている。また保安担当の教官が必ず教室にいるので、秩序維持については「荒れている」学校ほど困難ではないと思われるほか、保安担当教官も必要に応じて授業に参加することが多く、もともと目的としていることではないが、「ティーム・ティーチング」的な形になることが珍しくない。

また、年度ごとに生徒が一斉に入学、進級、卒業する「学年制」をとっている学校とは異なり、少年院で生徒は随時「さみだれ式」に入院し、出院していく。これは、たとえ年齢が同じ生徒でも理解度や到達度のばらつきが拡大するほか、学期や学年という中・長期的なタームで系統的に指導を行うことを困難にする。このことは教科指導をはじめ、連続した授業形式で行われる指導全般にあてはまる「足かせ」としてしばしば指摘され、これを克服ないし回避する指導法を構築する必要性が言われてきた（嶋谷 1987、藤田 2013、和田 2009 など）。これについて一般化可能な方法が確立されているわけではなく、個々の施設や授業、教官がそれぞれの環境に応じて工夫して対処してきたと思われるが、少人数化によってこの問題の「切実さ」はなにがしか減じているようである。

こうした事情を背景に、少年院での教科指導は「型通り」には進行しないのが常である。人数の少なさや学力の低い者の多さ、学力のばらつきの大きさ、保安担当教官の存在など、学校教育とはかなり異なる条件下で行われる。これらは教育上有利にも不利にもなるが、いずれにせよ学校教育のような定型的な授業はあまりなく、そしてそのことこそが少年院での義務教育の特徴をなしていると言えよう。

指導者と少年、少年同士の関係性

教科指導は教員免許を持つ法務教官が務めるのが原則であるが、外部講師が担当することも多い。教官は個々の少年の非行事実や社会的背景など基本的な情報を共有し、寮担任を務めることで各少年の入院以後の経過や現在の状況などについて知悉している。これに対して外部講師は、少年の非行や背景について具体的なことはほとんど知らされず、自分の授業における状況や本人との限られたやり取りを通して得た所感など、ごく限られた情報のみに基づいて関わっていく。教官は学校の教師以上に詳細な情報を把握する一方、外部講師が持つ情報は教師よりずっと少なく、この点で対照的な指導者が分担して行うのも少年院の教科指導の特徴と言えよう。

このように行われる少年院での義務教育においては、指導者と少年、及び少年同士の関係性が重要な意味を持つ。少年院での矯正教育全体、さらには学校を含め集団的に行われる教育一般にそうした傾向はあるが、低年齢少年に対して少人数教育をすることが多い義務教育は特にそうであると言えよう。そこでやや特殊な形になるのが、法務教官ではない外部講師による指導である。彼らは基本的に、個々の少年の具体的な非行や背景については情報を持たない。そのため、知らないという不利を克服したり、逆に知らないということを生かすなど、少年との間に独特の形で関係性を構築して指導をしている。

B少年院での聞き取りより

音楽担当講師　私はここに来る子どもたちはどんなことをして、どんな家庭の子どもかっていうのは一切知らされてないです。しかし彼と二人でやってると（このときB少年院では義務教育課程の少年は一人だけであった）、たぶんおうちはある程度ちゃんとしてるかな、と想像ができるんですね。だからこう言っていても頑張る、「うっ」と力がある子と、ふっと「もう駄目」って逃げていく子といろいろ。たぶん育ち方かなと思うんですが、家庭環境だとか愛情をどれだけ受けたかとか。たぶんそれもやっぱり自分を自分として認めてるかどうか。

いろんな環境の子どもだとか、いろんな育ち方をしてきた子どもたちはいると思うんですけど、それをそのまま受け入れようと。それである程度私も年取ってますから「こんな家庭ではないのかな」だとか理解の仕方で、たぶんP君はいわば普通のご家庭のお子さんかな。お父さんもちゃんと。お母さんはどうか分かんないんだけど、ちゃんとしてるお子さんではないのかなと想像できます。

国語担当講師　それ（少年の背景）は私は知らないほうがいいと思いますね。やっぱり何かの折にふわっと、いろいろ授業中に会話する中でちょっと出てくることもあるんです。でもこんなこともありましたね。ちょっと何かで作文を書かせたときに、どうもその子は先生に対して暴力を振るったことで来たみたいな感じで、そのようなことに触れて、本人がそれを反省して書いて、死にたいみたいなことを書いてるからちょっと気になって、こんな書いてますよと言ってここの先生に見せたこともあるんですけどね。だからそんなようなことで分かったり、あるいはちょっと書かせたときに、家族とのつながりみたいなことに触れて書いていたりする子もいたりして、それでこっちも、あー、そういうことがある、それぞれもひとつのあれかなと思ったり推測するだけで、それについて触れたりはしませんし。

講師は個別の背景を知らないとはいえ、無関心だったり無視したりするわけではない。少人数で個別な少年との関わりの中で背景に思いを至らせるのは自然なことであり、それをむしろ生かしたり配慮する形で指導をしている。

また、先述の通り「さみだれ編入」は少年院での教育の困難さの要因としてしばしば指摘されるが、外部講師との関係にも特有の困難を生じさせる。これは特に出院にあたって生じる。外部講師は出院について事前に知らされないのがふつうで、ある日来てみると一人の少年が出院したため教室におらず、前回が最後になったことに気づくといったことがしばしば起こる。少人数の授業で個別的な関係性が築かれていても、最後の言葉をかける／受け取る機会もないまま出院するのである。

これに対する遺憾の意は少年の側にもあるのではないかと思われる。個別的な関係性が形成され、それが効果を生んでいると思われるにもかかわらず、このような思いをさせてまで唐突に終わらせるのは、少年院での義務教育という特殊な制度ゆえに生じる困難のひとつと言えよう。

音楽担当講師　私が一番残念なのは、頑張ってねっていうのを伝えたいときに、いつ出院。入ってくるときも不定期ですが、出院するときも何もなし。いなくなった、出たのかなとか。ただ、髪の毛がね、ちょっと、あ、もう出院間近だなと。たぶんそうだろうから「私分からないけど、頑張ってね」とか、すごく音楽の面で頑張ったから「頑張って」っていうのを何となく伝えたいっていうところはあるんですけど、伝えられる子と「え？　出てしまった」とか、休みがやっぱり続いたり、行事だとかいわゆる祝日だとかで、二、三回飛ぶことなんかちょっと多いんですね。そうするといなくなってると思うときは「頑張ってね」っていうふうに伝えたいことが伝えられなくて「あー、出てしまったな」とか思うことはありますね。

低年齢の少年に対して行われる義務教育、とりわけ外部講師によってそれを行う際には、非行と「関係なく」人間同士がふれあうという温かさを意図している面が感じられる。しかし、矯正教育が法に基づいた「保護処分の執行」として行われているという事実との間にジレンマが生じる。そしてそこでは、最終的には処分の執行が優先するのである。

外部講師の多くは学校教育での経験が豊富で、多様な背景を持った生徒のことも理解して指導できるような教職経験者が充てられていることが多い。保護処分として行われる矯正教育に固有の事情を理解できるこうした人材によって教科指導が成り立っている。少年院や法務教官が「自己完結的」になりがちであることが指摘されるが（終章参照）、これは在院中に完結させようとすることであり、時間軸における自己完結主義とでも呼ぶことができよう。その一方で、在院中はこのように積極的に外部の協力者の力も借りて処遇を行ってきた歴史があることは興味深い。

ともに授業を受ける少年同士の関係性にも目を向けよう。

少年院という特殊な環境において少人数で受ける授業は、しばしば「協同的な学び」という意味あいを帯びる。これは、同じB少年院の高認（高校卒業程度認定試験）コースのクラスにおいても見受けられたし、矯正施設における教育においてしばしば見られることである。

音楽担当講師　この子は初めてだから基礎から教えなきゃいけないわとなると、一番最初の子に「ちょっと教えてあげて」って頼むんです。この子は教えようと思ったら、やっぱしそれなりの工夫したりいろいろするので、せーので授業するかたちではないので、途中から入ってくるので、「この子に教えてね。頼むから、任せるから」とかって言うと結構本気になって教えてくれたりはするんですね。ここそこ話してる。「俺だって何もできなかった」とかいろんな話をしてると、ここは逃げ道がないっていうのか。だから普通の学校の先生に比べたら楽なんです。正直にそれは申し上げますよ。それはもう（保安担当の）先生が付いてるしね、ちょっと反抗的な態度を取るとやっぱし個室入るし。それは私たちしやすいところとか。でも基本のところがもう本当にばらばらだし、いつ入ってくるか分からないし、そこら辺の雑多な雰囲気っていうのは、普通の学校ではないところなんですね。だからそこら辺のところはそういうふうにすると、正直言って一生懸命教えるんですね。たぶんそういう経験、あんまり人に物を教えるなんていう経験あんまりしてこなかった子どもたちだと思うので、結構。

個別指導に近いような教室の環境においては、生徒は集団の中に「埋没」してやり過ごすようなことはできない。態度や姿勢がどうであれ、指導者は生徒を授業に巻き込むことが不可欠であるが、もしそうした働きかけが功を奏さなければ、動機づけに乏しい生徒だけが教室にいるような状況が生じることもある。ある程度以上の規模の集団指導であれば、参加する気のある生徒だけを相手にしていれば授業は成り立つが、少人数だとやる気のない生徒に正面から向かい合って何とかしなければならず、そのための工夫や働きかけをしないわけにはいかない。

少人数であることは、学力の低さとばらつきに対応するためにはむしろ好都合でもある。また義務教育課程は知的障害、発達障害やその疑いのある者を対象とする支援教育課程（N1〜N5）とは異なるが、実際には発達障害的な特性を示す少年も少なくない。そのため、例えばずっと着席していることが困難な少年がいるなど、授業の前提が成り立ちにくい状況があるという。そうした状況への対応という点でも、少人数化は集団指導が成り立ちにくくなることの問題よりも、どちらかといえばポジティブに受け取られているようである。

4　少年院における義務教育の課題

前節までの知見を踏まえて、少年院における義務教育を取り巻く社会的状況や今後の課題について検討しておきたい。

(1)学校教育との連携、関係

原籍校との関係

少年院送致の処分が科せられ、それが明らかになると、高校生や私立学校の生徒であれば在籍校から「自主退学」が促され、それに従って学籍を失う場合が多い。このことの問題性については学校教育やその研究において真剣に検討すべきであるが、このような現実がすぐに変わることは期待できそうにない。

これに対して公立の義務教育の学校（主として中学校）は、在院中も引き続いての在学を認めることがほとんどである（学籍を抜くことも可能ではあるが、そうなるケースは稀だという）。その結果、在院中に卒業を迎える場合もあれば、出院して復学する場合もあるが、特に後者の場合は原籍校との連絡や連携が重要になる。スムーズな復学に向けて、学習面と生活指導面、さらには学校での受け入れ態勢についても、慎重に環境を調整していくのが一般的である。

在院少年や少年院に対する原籍校の姿勢は様々であり、頻繁にテストや教材が送られてきたり教員が面会に訪れるような場合もあれば、ごく形式的であったり、関わりを持ちたくないように見える場合もあるという。これは当該少年に対する学校の「心証」などに左右されると思われ、少年院送致に至った非行が学校内での加害行為である（被害者が在学している／いた）ような場合は、復学に難色を示すことにも一定の理解はできる。

とはいえ、在学中の生徒が少年院で矯正教育を受けるにあたって、その教育を担う少年院にできるだけ協力していく姿勢を原籍校は見せるべきであろう。原籍校が当該少年に対して「被害感情」のようなものを持っているとしたら、個々の事情は様々あるとしても、それは教育者の姿勢ではない。また卒業前に出院する少年が原籍校に戻れない、戻らない場合には、非行歴、保護処分歴のある「見ず知らず」の少年を受け入れる中学校が他にあることを意味する。その学校のことを考えても、原籍校が当該少年の「被害者」のように振る舞うことは正当化できないはずである。

義務教育終了後の進路

このように中学校での義務教育は少年院で継続されるが、1年前後の在院を経て出院後に復学するにせよ、在院中に卒業を迎えるにせよ、中学校卒業後の進路を決めることがほどなく課題となる。伝統的には就労して経済的自立をめざすのが一般的な進路とされてきたし、現在でもそう考える者が少年、保護者ともに多いのは事実であるが、中学校卒業の学歴で現代の日本社会で生きていくことは困難さを増している。そこで、高校進学を希望する少年、保護者も増えつつある。これは既に高校を中退した者よりも中学生において顕著であり、本人と家族に共通しているという。中学生の在院者にとって、出院後の高校進学は主要な選択肢のひとつになっており、それをいかに実現するかが課題になっているのである。

彼らの学力は低い場合が多いが、年齢が低いぶん、それを「取り返せる」余地も相対的に大きい。ただし、中学生で少年院送致されているという事実は、非行性や家庭環境に深刻な面がある場合も多く、そのぶん学力や今後の可能性のばらつきが大きい。

経済面の問題も重要である。高校に進学すれば3年間は就労による収入が見込めず、なおかつ学費などの費用がかかるがそれに耐えられるか、どのように費用を負担し、どのように軽減するかを考える必要がある。こうした点について、本人と保護者の意向を聞き、調整する役割を少年院が担うようになっている。

２０１６年施行の再犯防止推進法を受けて翌年策定された再犯防止推進計画において、学校と連携した修学支援の充実がうたわれたこともあり、在院者、出院者の進学は以前より積極的に奨励され、支援策が拡充されるようになってきている。２０１７年には法務省矯正局が『修学支援ハンドブック』を発行してすべての在院者に配布し、修学の方法や機会について広く周知するとともに、「修学支援デスク」を設置して個別的な情報提供にも力を入れるようになった。

学校教育当局と協働した修学支援の充実も図られ始めている。２０１９年6月には、法務省矯正局と保護局が文部科学省初等中等教育局に対して、保護観察や少年院送致となった少年の修学支援のために学校と保護観察所、矯正施設が連携を強化することについて依頼を行い、これを受けて文部科学省も都道府県教育委員会等に対して、修学支援のための連携強化に関する通知を発出した。

このような流れを受けて、少年院送致をはじめ保護処分を受けた少年の修学について、学校側、特に中学校は本腰を入れて連携協力するようになり、在院中に教員が面会に来ることが増えたとも言われる。こうして少年院と、かつては「けんもほろろ」の対応をすることも少なくなかったという学校との関係は、少年の社会復帰、再非行防止のために連携し協働する関係が構築され始めている。宮口幸治『ケーキの切れない非行少年たち』（新潮新書、2019）が広く読まれるなど、非行少年の認知機能や学力の問題に関心が向けられ始めたという状況もあり、彼らの修学については少しずつ「追い風」が吹き始めているのかもしれない。

(2)少年院における義務教育の意義

上述の修学支援の充実については、高校への復学や進学、高卒認定試験の受験（第8章参照）に言及されることが多く、それらは当然重要であるが、それに先立つ前提として、市民として必要な基礎的教養を全国民に身につけさせる義務教育は、非行少年であっても、というよりむしろ非行少年であるからこそ、修了まで国家がしっかりと保障する必要がある。

また高校進学率が98パーセント程度を占める現在、中学校は事実上高校進学を前提とした「準備教育」となっているが、非行少年や少年院送致を受けた者では高校に進学、卒業せずに社会に出る者が多く、現実にはこれが最後の学校教育となる者が少なくない。このことを考慮すれば、「完成教育」としてその内容を確実に修得させることは不可欠であろう。高校への進学、卒業への道を開いていくことは重要であるが、それに先立って義務教育を実質化しなければならない。

ここで実質化すべきは、義務教育の内容のみならず、学習の必要性や重要性の認識、学習する態度、習慣などをつけさせることも含む。たとえすぐには高校に進学しなかったとしても、将来的に学習や教育を継続ないし再開することが可能なように備えるのである。

このように修学支援への注力が始まっているが、少年院や法務教官には、在院者に対する教科指導の必要性の認識が必ずしも高いとは言えないという状況があったと言われるし、それは今日でも残っているかもしれない（新屋敷 2018, p. 263）。知的能力や意欲の面で高校進学が難しかったり、そもそも勉学に「不向き」である非行少年に対しては教科指導の有用性は低く、より実効性のある指導、とりわけ職業指導が重要であるという見方は、社会一般では言うに及ばず、少年矯正の現場でも根強いように見える。

この見方は、土木・建築系の就労によって将来的に安定した職業生活を送れる可能性が高かった時代にはそれなりの妥当性があったかもしれない。職業生活を通じて、社会で生きていくのに必要な実践的な知識や常識を身につけることも可能であっただろう。しかし今日、そうした可能性は低下していると言わざるを得ない。現業系の職種においてもパソコン操作などの技能が当然のように求められる現在、義務教育の内容を十分に習得したうえで高校卒業程度の学力を持つことは、社会に出るにあたっての前提条件になっていると言ってよかろう。

また、教科教育課程の目的は「学力の向上」とされているが、それだけでよいのかを考える必要もある。学力の定義は様々であるが、一般的にはテストで測れるようなものが想定されることが多い。しかし、すべての市民に対する基礎教育である義務教育の目的は、基礎的な教養や学ぶ習慣、考える姿勢など、狭義の「学力」という表現には収まらない、あるいは馴染まないようなものまで含むはずである。そこには、社会の一員としての資質を担保すること（社会化）と、個人が自分らしく生きていくうえで必要な種々の素養を身につける権利を保障すること（個性化）の両面が含まれる（第2章参照）。

非行事実を前提に行われる矯正教育である以上、この二つのうち社会化の側面が強くなることには必然性があろう。しかし、可塑性が高く、非行も環境の影響が大きい少年、特に低年齢少年に対しては、権利保障や個性化の側面の重要性を低く見積もるべきではない。

また、広義の「学力」は生活指導をはじめ矯正教育全体で伸ばすべきものであり、教科指導は狭義の学力に限定する、という見方もあるかもしれないが、こうした見方は教科の学習を通じて学べる、身につけられるものを過小評価していると言わざるを得ない。

実際の義務教育課程や教科指導では、計測可能な「学力」の向上にとどまらず、教科学習の可能性をより広くとらえた指導が行われていると見てよいだろう。「学力」という概念は実際にはかなり広くとらえられ、生きていくための基礎教養といった意味で用いられているように思える。

しかし、こうした意義づけをより明確に打ち出す必要がある。従来少年院での義務教育は、その期間中はそれを継続するのが当然だからという、どちらかといえば消極的な意味づけしかなされてこなかったように見える。また義務教育終了者については、学力を欠くことで改善更生や社会復帰に支障があると見なされる場合（少年院法第26条）、学力の向上が円滑な社会復帰に特に資すると認められる場合（同第26条2項）に教科指導を行うとされており、やはり消極的に見える。

改善更生や社会復帰支援は少年院の主たる目的であり、教科指導はそれに資するものでなければならない。しかしそれのみならず、良識ある一市民として社会に参画し、自己実現を図っていくための基礎教養と、生涯にわたって学び続ける習慣を身につける機会は、すべての市民に保障されるべき権利である。劣悪な環境や被害的な経験によって学習の機会を十分に得られなかった非行少年にそれを保障することは社会の責務であり、これを具現化するものとして、少年院における義務教育や教科指導をより積極的に位置づけ、充実させていくべきであろう。

▼註

▼1　本章での記述の一部は、義務教育課程を置くB少年院で教科指導を担当する外部講師への聞き取りと、同じく義務教育課程を置く東日本のC少年院での聞き取りに基づいている。

文献

藤田知美「少年院における教科教育」、『特殊教育学研究』第51巻3号、2014

宮口幸治『ケーキの切れない非行少年たち』新潮新書、2019

嶋谷宗泰「少年院における教科教育——その歩みと現状と課題」、『刑政』第98巻11号、1987

新屋敷元「少年院における教科指導の在り方に関する研究」、『矯正研修所紀要』第33号、2018

和田実「赤城少年院における教科教育とその指導」、『刑政』第１２０巻10号、2009

矢作由美子「少年院における修学支援の現状と課題——ＩＣＴの活用の実践と考察」、『教育研究所紀要』第27号、2018

第5章　少年院の中の高校教育──「つながりを断ち切らない」社会復帰モデル

仲野由佳理

1　はじめに

２０２０年6月25日、法務省と文部科学省が少年院に在院する少年に対する高校通信制入学に関する検討会を設置したという報道があったことはご存知だろうか。この検討会では、広域通信制高校のカリキュラムの受講に加え、少年院での矯正教育の一部を単位認定するなど、高校卒業に向けて少年院が積極的な役割を果たすための方策が検討されるという。本書の多くの章で触れられていることだが、長らく少年の社会復帰では「中卒」「高校中退」という少年の学歴問題が指摘されてきた。それが少年の社会復帰において重要な意味を持つからだ。例えば、第8章で高校卒業程度認定試験（高認）について説明しているが、それはあくまでも「認定」であって「高校卒業」のキャリアそのものではない。就職で「高認」を「高校卒業」と同程度に扱うかどうかは、企業の裁量に任される。「中卒」よりは道が開けるかもしれないが、その道は「状況次第」というなんとも頼りない道筋だったのである。

報道をみると新しい試みが始まったように思えるが、実のところ、少年院の中での高校教育の提供は

「今始まった」新たなものではない。少年院処遇の歴史を紐解けば、昭和30年代には「少年院での高校教育の提供」という難題に取り組み、それを実現させてきた実績があるのだ。そこには、教育を受ける権利の保護を目指した教育者と、「つながりを断ち切らない社会復帰」を目指した矯正職員の悪戦苦闘の物語が存在する。本章は、義務教育として提供される教科教育（第4章）や多くの少年院が導入する「高校卒業程度認定資格試験」（第8章）ではなく、苦難の末に切り開かれた「少年院での高校教育（高校通信制課程）の提供」という、もう一つの修学支援をめぐる物語を紹介したい。

2　通信制教育拡充という追い風

少年院で高校通信制教育が初めて導入されたのは1961年のことである。場所は富山少年学院、1976年に廃庁となった富山県の少年院であった。この1961年が高校通信制教育にとってどのような時期であったかを振り返っておこう。日本における通信制教育は「教育の民主化」をキャッチフレーズとして1948年3月15日にスタートしている。通信制教育30周年を記念して編纂された『高校通信制教育三十年――回顧・現状・展望』によれば、富山少年学院で高校教育を実施するための教室として「教場」が設置された1961年は、「充実時代」に当たる。

(1)多様なニーズへの対応を目指した通信制教育の方針

この「充実時代」とは、通信制高校へと在籍する生徒数を拡大するために様々な取り組みが行われた時期だ。その後、栃木県にある喜連川少年院が、少年院で二番目となる高校通信制導入を試みた１９７４年頃も、高校進学率の増加にともない通信制在籍者が増加していた時期だ。つまり、在籍者数のさらなる増加に向けた通信制教育の拡充という追い風があったというわけだ。「高等学校定時制通信制教育改善調査研究協力者会議」（１９７２年８月29日発足、文部省）の中間発表では、「生徒の勤労や生活の実態に応じて教育課程は弾力的に編成されるよう工夫」するよう提言されたが、この背景には主婦層や高齢者、障がい者の在籍者数増加に伴うニーズの多様化がある。この対応策として、都立上野高校通信制には子連れスクーリングのための養護室が設けられていたというのだから驚きだ（全国高校通信制教育研究会 1978, p. 97）。高校通信制教育は、柔軟で弾力的な運用を通して、教育の機会均等に貢献してきたといえるだろう。

こうした高校通信制教育のありかたは、少年院での高校教育の実施に関しても大きな影響を及ぼした。少年院は他県からも収容者を受け入れる「広域収容」である。そのため、多様な地域から収容される少年に対する一時的な修学を、出院後の生活にどのように結びつけるかが大きな課題であった。せっかく少年院で通信制高校へ編入学しても、出院までに卒業できなければ、社会への移行後も修学継続が可能かを改めて検討しなければならない。近隣に帰住するならば、引き続き同校に通い続けることは可能だが、他県に帰住する場合はそうもいかない。少年院で修学を継続したとしても、出院によって退学せざるを得ないならば、この高校教育の提供の意義は半減する。この難題に対して、再び「高校通信制教育の拡充」という追い風が功を奏した。１９６１年に学校教育法が一部改正（昭和36年10月31日法律第１６６号）され、通信制高校をめぐる状況に大きな変化をもたらした。もちろん、この改正は「少年院での修学」を念頭に置いたわけではなかった。しかし、結果として、この変化が少年院での高校教育の提供に王手をかけることとなった（小島 1978, pp. 45–46）。具体的には、この改正により「技能連携制度」が発足、通信制高校のみでの卒業を認可、広域通信制教育の実施が可能となったのだ。

(2)突破口となった制度的変化

では、どのような意味で「少年院での高校教育の提供に王手をかける」ことになったのか。第一に、技能連携制度は「高等学校の定時制の課程又は通信制の課程に在学する生徒が、技能教育のための施設で当該施設の所在地の都道府県の教育委員会の指定するものにおいて教育を受けているときは、校長は、文部科学大臣の定めるところにより、当該施設における学習を当該高等学校における教科の一部の履修とみなすことができる」(学校教育法第55条)と規定する。少年院を「技能教育のための施設」として位置付けることで、少年院での学習を履修として認めることができるというわけだ。拘禁中の少年にとって在院中のスクーリングをどこで行うかはネックだが、少年院内でスクーリングを実施できるならば、この問題をクリアできる。少年院内にスクーリングのための教場を設置すればよいのだ。富山少年学院の教場である「福沢学級」は、少年院を「職域学級」とみなすことで誕生した(高田 1978)。

第二は「通信制高校のみでの卒業認可」である。そもそも通信制教育は、高校教育の一部を「通信による教育」で行うところからスタートしている。そのため、高校教育の全てを通信で行うことはできず、当初は通信制教育のみでの卒業は認められていなかった。さらに修業年限も1961年当時は「四年以上」であったため、どこかの段階では日中の通学を行わねばならず、生活基盤の立て直しを図る少年にとっては高いハードルとなっていた。1961年の学校教育法一部改正は、少なくとも「通信制教育のみ」で卒業が可能となったという点で、就労継続との両立可能性を高め、社会復帰の可能な選択肢の一つになったと考えられる。

第三の広域通信制教育とは、全国もしくは三つ以上の都道府県を対象に生徒を募集する通信制教育のことである。在院少年は、在院中は「少年院の所在する地域」の教育・支援を受けるが、出院後は「帰住先の地域」の教育・支援に接続を図る。少年院が協働する通信制高校が、高校の所在する都道府県および付近の都道府県のみから生徒を募集する「狭域通信制高校」であった場合、少年の帰住先が生徒募集・通学可能な範囲から除外されていた場合、改めて別の高校への編入学を試みなければならない。隣県に限らず広域収容を採用する少年院にとっては実に頭の痛い問題だ。これに対して広域通信制の採用校であれば、少年の帰住先・所在地にとらわれずに修学継続の道を開くことができる。もっとも、帰住先と本校の物理的な距離が修学継続を阻む場合もあるだろう。その場合は、分校あるいは協力校での通学継続が可能だ。

1961年の学校教育法一部改正は、「在院期間だけの限定された学び」を、出院後も継続して「高校卒業」というキャリアを目指せる学びへと変化させたという点で、少年矯正の歴史的にも重大な出来事であったと位置付けることができよう。

(3)矯正教育内部での「学校教育の提供」に対する胎動

そして、おそらく少年矯正にとっても「学校教育の提供」は悲願であったのではないか、と筆者は考える。昭和20年代の「実験施設の指定」や、1961年「少年院特殊化構想試案」、1971年「少年院における教育訓練要領案」など、少年矯正の歴史には教育内容の充実化に受けた内発的な胎動が散見される(緑川 2007)。そこで検討されるテーマに、義務教育をはじめとする教科教育の充実化も含まれてきたからだ。かなり早い時期から、少年矯正の現場には、更生／立ち直りに対する学校教育の効果に対して、高い関心を寄せていたのではないだろうか。

もちろん、高校教育は義務教育には含まれないので、中学校教育(義務教育課程)のように「必ずやらねばならないもの」ではない。しかし、通信制教育が高校進学率上昇に応えるように発展してきたように、実態としての「義務教育化」は矯正教育にも少なからず影響を与えたことだろう。これは、日本の就労構造が「新卒一括採用方式」を採用するなかで大きな意味を持つからだ。この「新卒一括採用方式」は、1879年より旧財閥系企業を中心に始まったとされる（リクルートワークス研究所 2010）。学歴の程度によって待遇が決定される以上、入社時の学歴が「中卒」「高卒」「大卒」のいずれかであるかは重要だ。被害者への謝罪、弁償・弁済の責務を負う少年にとって、更生のために少年院で時間を費やしたがゆえに、さらに「学歴差」というハンディキャップを背負うのでは本末転倒だ。学校教育をめぐる社会的変化を踏まえ、少年院で何を行うべきかを柔軟に変化させる必要がある。そのことに異を唱えるものは少ないだろう。

ところが、少年院での高校教育の提供という道筋は、広く開かれることはなかった。ここ数年、冒頭で述べたような「高卒」を視野に入れた修学支援をめぐる検討は行われているものの、富山少年学院が1961年、喜連川少年院が1974年に導入して以降、それに続くことはできなかった。もちろん、学校教育法の一部改正によって、少年院での高校教育の提供に関する「全ての問題」が取り除かれたわけではなかっただろう。それでも二つの少年院が導入に成功したのに、「なぜ、他の少年院が続かなかったのか」という疑問が生じる。その理由として筆者が着目するのは、司法と教育の連携体制がどのように築かれたのか、という点である。いうまでもなく「少年院での高校教育の実現には、少年院所在地の地域・通信制高校との理解と協力が必要不可欠」である。この難関を乗り越えずして「少年院での高校教育の提供」は実現しない。制度が整ったところで、連携先となる通信制高校が見つからなければ、そして学校が協力してくれなければ意味のない話である。特に「少年院」という施設の性質からして、後者のほうが難題だ。

3 「人のつながり」が「機関のつながり」へ

では、成功した二つの少年院では、どのようにして連携が始まったのだろうか。ここでは、それぞれの「始まりの物語」をみていこう。結論を先取りすれば、二つの少年院に共通するのは、「人のつながり」が「機関のつながり」へと発展したことである。一つ一つの課題を克服した後に道が拓けたというよりは、「道を拓く」ことを先に決めた後に直面する課題を解決していったというわけだ。少々「力技」「荒技」のようにも思えるが、司法と教育という文化の異なるもの同士の協働には、目指すべきゴールを共有するという方法が案外合っているのかもしれない。異質な文化を尊重することは、その文化での「常識」に則った行動をとることと同義ではないからだ。例えば、海外旅行に出かけて、出かけた国のあり方を尊重したいと思っても、知らずに常識はずれの行動をとってしまうことは多々ある。仲良くなりたい、何かを共に成し遂げたいと願っていたとしても、理解不足の行動によって一瞬で台無しになることもあるだろう。別の道を辿ったとしてもゴールは共有しているという信頼さえあれば、知らずに相手の「常識」を犯すことがあっても、困難な道を切り開くチャンスは生まれる。やや強引かもしれないが、そうした人と人とのつながりを土台として、少年院での高校教育の道は、こじ開けられたというべきだろう。

(1) 富山少年学院「福沢学級」の誕生

では、まずは富山少年学院の始まりの物語に着目しよう。この富山少年学院は、発足の経緯からして学校教育との縁が深かった。当時を振り返った論考を紐解くと、しばしば「草野寛正」という名前が登場する（例えば、小島 1978、加藤 1978 など）。この草野寛正という人物は、富山県下の少年保護関係者の間で「不幸な少年達を収容する施設を設けるべき」という意見が出ていた1947年頃、富山区司法保護委員会の常務委員および金沢少年審判所の嘱託少年保護司の会長の立場にあった。1947年当時、草野を含む関係者は一つの大きな悩みを抱えていた。せっかく金沢に少年審判所（現在の家庭裁判所）が設置されたものの、「管轄区域内の富山県下に非行少年を収容する少年保護施設がなかったことが少年保護制度運営上の大きな隘路になってい」たからだ（菊池 1965, p. 8）。そこで、草野をはじめとした少年保護関係者は、少年を保護する施設の設置に奔走することとなる。

富山少年学院の前身である「少年保護団体・富山少年学園」の創設に関わったのは、草野に加えて、金沢少年審判所初代所長・中村利一、富山地方検察庁の千秋検事正、後の浪速少年院長・栗山誠司、私立不二越工業高等学校教頭の菊池省三が主であった（菊池 1978）。菊池は元々学校教員であったが、草野の紹介で前掲の千秋検事正から少年保護司を依頼され、少年保護団体の創設にも関わることになった。その後、菊池は富山少年学院初代院長に就任した。

富山県下に非行少年を保護する施設を設置するというプロジェクトは、決して順調に進んだわけではない。地域住民による少年院反対運動が起きるなど、地域の理解を得ることは容易ではなかったようだ。開拓行政を担当していた打尾忠治は、少年保護施設の建設場所の選定に向けた草野らの動きを把握していたが、同時に複数の建設候補地で村民が反対運動を起こしているという情報を摑んでいた（打尾 1978, p. 82）。建設予定地であった東黒牧地内で、黒牧開拓農協組合長であった青木の回想が興味深い。青木は「誰も非行少年を特別に保護矯正する施設が有用であることは百も承知のはずだが、その施設が自分の近隣にやってくるとなれば警戒せざるを得ないのも人情であろう」（青木 1965, p. 30）と少年院設置に反対の立場だった。草野たちは反対派を熱心に説得して回ったが、さらに打尾は「瀬戸村長並びに五十嵐村議長の協力を得」て、村民の説得を試みたという。結果、どうにか富山少年学院の設置にこぎつけた。富山少年学院が設置されてみれば、少年院設置地区が（いわゆる）「僻地」であったので国の施設があることで交通整備が進んだ、少年院の職員という雇用の場が提供されたなどのメリットは大きかったという。[1] 青木も「個人的には拙宅が出火したとき、いちはやく学院の消防隊が駆けつけ、被害を軽減してもらった」というエピソードを紹介している。この青木の回想は「少年学院とは地域共同体を形成して、十数年の風雪を共に耐え」たという強い連帯意識で結ばれている（青木 1965, p. 31）。[2] 1948年に少年保護団体として「富山少年学園」は誕生した。その後、1949年1月1日付で富山少年学園は国に移管され、瀬戸少年院の分院・富山少年学院として再スタートを切ることとなった。

さて、多くの回想録に登場する「草野寛正」とは何者だったのか。[3] 地域住民に対して粘り強い交渉を仕掛けるには、少年保護領域内での立場だけではなく、地元民に対して相応の立場と信頼関係が必要だったはずだ。実はこの草野寛正という人物、地元の県立雄峰高校の校長というもう一つの顔を持つ。草野は、少年保護にも熱心に関わりながらも大きな野望を胸に抱いていた。それが少年院に保護される少年に対して公教育を施すというものである。創設当時の回想には「雄峰高校は働きながら学ぶ青少年の学校で夜間の定時制課程（後に昼間定時制も設置された）と通信制課程の高校である。私は富山少年学院後援会の理事長をしていたので、早くから学院に収容されている少年達に高校教育を実施したいものだと思って、その機会を待っていた」（草野 1978, p. 80）とある。草野は教育の機会均等は、少年院の内外に関わらず保障されるべきと考えていた。それは「如何なる事情や理由があるにせよ、いつまでもこれらの少年にくらい運命を背負わせることなく、将来への明るい希望を失わせてはならない」（草野 1978, p. 80）という記述からもうかがえる。

学校教育法の一部改正が行われた1961年秋、機は熟したとみて、草野は学校長として県教育委員会に対して4月から富山少年学院での高校通信制教育の実施認可を申し入れた。この草野の行動力には驚くばかりだが、当初は県教委が難色を示し、すぐには認可に至らなかった。草野の回想には「職を賭しても私の信念を通す覚悟で喧嘩腰《原文ママ》?で要請した。それでも県教委の答えはあまりにも冷たかった。『全国でどこにも少年院で高校教育をやっているところはない』とか、『矯正施設に収容されている者に高校教育など到底考えられない』とか、『受講料はどうなるのか』など、言を左右にして容易に通じそうにもなかった。しかし、私は憲法や教育委員会の精神を盾《たて》に忍耐強く交渉を重ねた結果（中略）多くの疑問を抱きながらも渋々了承したのである」（草野 1978, p. 81）とある。

草野にとって、少年保護と教育の提供は両輪だったのであろう。前掲のように、草野は初代富山少年学院の院長となる菊池を少年保護の世界に招き入れたが、それも教育と司法の連携に向けた布石だったと考えるのは行き過ぎだろうか。「少年保護司」であると当時に「雄峰高校校長」でもあった草野にとって、在院少年たちを「学校長」として迎え入れた時には万感の想いであったことだろう。そのことは、以下の記述からもうかがえる。

> 雄峰高校のバッヂを胸に、同校の入学式や卒業式、大運動会等には臆するところもなく、他の多くの生徒と一緒になって参加している状況を目撃して、私は感激で一杯であった。見よ、彼等のマナーは堂々としているではないか。彼等の眼には希望の輝きが溢れ出ているではないか。（中略）このようにして、在院中に単位を収得して雄峰高校を卒業し大学へ進学した者、大学を卒業した者、在院中に収得した単位を元にして退院後も勉学を継続する者等、ともかくも成果を上げることができた。
>
> （草野 1978, p. 81）

富山少年学院に設置されたスクーリング教場は、少年院所在地から「福沢学級」と名付けられた。[19]

62年4月18日、富山新聞「富山少年学院に高校通信制教育学級〝社会に帰る教養を〟向学に燃える二十人で」という見出しで報じられた。当時の院長である井上謙二郎氏の「高校卒の資格うんぬんではなく向学心から生まれる教養を育てるのが狙い」という談話が紹介されており、院外の教育機会の提供への期待がにじむ。開設初年度の1962年の受講者は1年生23名、1964年には3学年で35名になった。1972年までは概ね30人程度が受講し、1976年の閉庁まで20名弱と推移して、その役割を終えている。19管内から23名、管外から8名、合計31名の少年が高校を卒業し、うち14名は雄峰高校を卒業した（寺田編1978, p. 124）。

少年院から学校へという一つのルートが出来上がったことで、少年たちの進路も多様化したことだろう。また、福沢学級を巡って新たな矯正施設のあり方が模索される機運さえあった。例えば、8代目院長の高田正敏は、この福沢学級を拠点とした「開かれた矯正」構想を抱いていたようだ。「将来事実上地域学級として、学院の通教生の他、地域の通教生も登校して面接授業を受ける等社会との接触も考えていた」（高田1978, p. 21）。かなり踏み込んだ構想だが、「少年院」と「地域社会」を区分し、少年をどのように移動させるかという視点（いわば「移動モデル」）とは異なる新たな社会復帰構想だ。それは、「地域」に「少年院」を一つの拠点として存在させ、その境界線を特定の関係だけを通すフィルターとして捉える。それにより、少年院から社会への「移動」ではなく、外部から少年院への越境により少年院の内部に社会により近い中間地帯を作るというわけだ。いうならば「少年院にいながらにして社会復帰を試みるモデル」である。もし、この「いながらにしての社会復帰モデル」が実現されたとしたら、どのような実践であっただろうか。今となっては空想するだけだが、教育の場のもつ可能性の高さがうかがえる。

(2)喜連川少年院「高校通信制課程」への展開

では、現在日本で唯一の高校通信制課程を有する喜連川少年院ではどうだっただろうか。喜連川少年院での始まりの物語は、在院少年の「学びたい」という声がきっかけだったようだ（下野新聞「非行乗り越え高校へ　十人そろって〝入学〟喜連川少年院・宇高、通信制の門開く」〔1974年5月〕）。総務省統計資料によれば、少年院での高校教育履修の必要性が検討された1973年には高校進学率はほぼ9割に達していた。社会生活への復帰を現実的に考える少年ほど、高校教育の重要性を痛感していたに違いない。この少年達の声に応えて立ち上がったのが、喜連川少年院の職員である。

しかし、職員が立ち上がったからといって話が円滑に進むかといえばそうではない。富山少年学院の例でわかるように、高校通信制課程の実施にあたっては連携先となる学校の理解と協力を得ることが何より重要だ。受け入れ先が見つからなければ、少年院がどれほど望んだとしても実現の日を迎えることはない。少年院での高校教育という提案を、通信制高校の側はどのように受け止めたのだろうか。打診のために来校した少年院職員へ対応した高校通信制主事の渡邊教諭は、当時をこう振り返っている。「昭和49年の年が明けてまもなくの日曜日（通信制高校ではスクーリングのため登校日）喜連川少年院の担当教官がお見えになり、当院の少年達に通信制高校教育を取り入れたい旨のお申し出を受け」た。ところが、「数年前から実施していた県南の某洋裁学校との技能連携教育がようやく軌道に乗ったところ」で、実務的な面から少年院への教場の設置には様々な「問題点」があるだろうと考えた。つまり、当初は少年院側の提案に二の足を踏んだということだ。

現場職員の戸惑いに対し、先に設置に向けた具体的な検討に入るという決定を下したのは、当時、宇都宮高校の校長であった雨宮義人氏だ。富山少年学院の例とは異なり、雨宮にはそれ以前まで少年保護・司法への関わりはなかったようだ。ところが少年への『社会復帰』への援助と『教育への機会』を提供することの重要性を考慮」し、学校長として決定を下す（渡邊 1987, p. 31）。職員にとってこの決定は悩ましいものだったようだ。渡邊は「本校側としては、この申請を受け入れることはかなりの負担を負う」、「予算その他の面で解決すべき問題が多く」、とても前向きに捉えることができなかったという（渡邊 1977, p. 41）。本校教諭が少年院に出張することや、女性の教諭が問題なく授業をできるだろうかなど、不安の方が大きかったようだ。

一方で、先に「設置を検討する」という決定が下された以上、動き出さないわけにはいかない。そこで、まずは懸案事項への対応策を検討すべく、職員数名で喜連川少年院の視察に出かけたという。実際にみる少年院は「むしろ学校に近い設備」であるし、少年の「真面目な生活や学習態度が好感」を持てると感じ、「なんとかなりそうだ」という実感を得られたそうだ（渡邊 1977, p. 41）。喜連川少年院の職員にとっても、通信制課程の実現に向けて、この訪問を正念場と捉えていたに違いない。実は、喜連川少年院は、宇都宮高校を含む複数の通信制高校に打診をしていたが、そのなかで宇都宮高校だけが前向きな返答をしたとある。この時の様子は、喜連川少年院の学院史にもこう記されている。「少年院の実情を視察したうえで学校側の態度を明らかにしたい、ということで、学校長以下関係職員が当院を来訪し、施設・職員の状況、在院者の素質、教育の内容等の理解につとめた」（喜連川少年院 1974, p. 72）。

この時、もし雨宮の決定がなかったとしたらどうだっただろうか。通信制主事の渡邊が抱いた戸惑いは大きかったであろうし、予算や人材という運営上の課題は依然として残されていたのだから、導入に向けた話し合いは難航したかもしれない。あるいは導入すらできなかったかもしれない。その点でも、社会復帰への援助、教育の機会均等という点から通信制教育導入に向けた検討を開始させるという決定は重要であったと考えられる。そして、職員の戸惑いや不安に対して「少年院」という場を自分たちの目で確かめるよう促したことの意味も大きいだろう。そして「昭和48年9月から県内の高校通信制課程実施校である栃木県立宇都宮高等学校及び栃木県教育委員会に対して右課程の履修を申請した」とある（『喜連川少年院教科教育課程（高等学校）実施概況 昭和52年6月1日』）。そして、1974年2月に喜連川少年院、宇都宮高校、県教育委員会の三者協議会、県教育委員会から通信制実施の認可、同年4月28日付で矯正局から高等学校通信制課程の設置が認可された（石川ほか2002）。つまり、1973年秋に履修を申請してから、1974年2月に関係者間の協議を行い、同年5月1日の入学式に間に合わせた。

資料を時系列で追っていくと、喜連川少年院での高校通信制課程の設置認可までトントン拍子で進んだように見える。実際には、導入に当たっていくつかの懸案事項の検討・対応策が話し合われたはずだが、それらに関する具体的な資料は残されていない。しかし、スクーリング教場の開設に関する資料には、富山少年学院と県立雄峰高校の連携例を参考とした旨が記されている（喜連川少年院1974）。そうした前例は詳細を詰めていく段階で有用だったであろう。また、雨宮は『田中正造の人と生涯』を執筆するなど、田中正造研究者でもあった。さらに教育関係者らと定期的に勉強会を開催したり、また教育委員会での勤務経験もあったようだ。そのような人のつながりが、早期の実現に向けてポジティヴに作用したと考えることもできるだろう。

さて、記念すべき教場生の第一回入学式は、新聞各社が報じているが、雨宮自身は家庭の事情で出席することができなかった。しかし、教場生となる在院者に送った祝辞が残っている。

学業を続けようと決心したことは見事であると思います。次には、決心したことを終わりまでやりとげるならばさらに見事です。しかし、そう思いながら思うように行えない愚かな悲しいものを私どもは背負っているようです。そのことを自覚し、心に決めたということは、自分で自分のすすむ道を決めたことなのですから、自分で自分を励ましていくより仕方がないのです。毎日、毎日今日の決心をくりかえし、どうか終わりまで続けてください。（中略）諸君も同じ県立宇都宮高等学校の同窓となることです。私どもと同じ努力を望みます。

（喜連川少年院 1987, pp. 29-30）

祝辞に込められた「私ども」「同窓」という言葉から、本校生・教場生の区別なく「宇都宮高校の生徒」として受け入れようとする姿勢が読み取れる。通常、少年院生活を経て中断・途絶えた社会的関係は、退院後の生活の中で少年自身が結び直す。しかし「同窓」という言葉は、少年がたった一人で社会復帰するのではなく、学問をフックとした「同窓」関係に支えられて社会復帰するという道を開いたのではないかと推測できる。

4　教場で彼らは何を学んでいたのか

ここまで、二つの少年院での「始まりの物語」を概観してきた。教育は誰のためのものなのかをめぐる教育者の想いに牽引される形で、「人のつながり」が「機関のつながり」へと発展したことがお分かりいただけるだろう。こうした開始された少年院における高校通信制課程（スクーリング教場）は、富山少年学院では１９７６年の廃庁とともに、その役割を終えることとなった。現在（２０２０年８月）は、喜連川少年院が唯一の高校通信制課程の実施庁である。時代の変化と共に実施方法を変更しながら継続されてきた高校通信制課程での学びとはどのようなものだったのだろうか。

（1）矯正教育と自主自学の両立

第一に、矯正教育と自主自学の精神の両立がある。喜連川少年院内に教場が設置され、そこでスクーリング（出張スクーリング）が開始された時のことを、前掲の渡邊は以下のように回想する。

> 出張スクーリングが始まったばかりの頃は、生徒達の表情も緊張していて冗談も通用せずあまりの行儀良さに驚ろ《原文ママ》いたものですが、いつの間にかすっかり打ちとけて、本校で行われるスクーリングと差がなくなりました。
> （渡邊 1977, p. 41）

拘禁生活を送る矯正施設のなかに、学校教育を実施する場が出現したのだから、どちらのルールに則るべきか、少年たちはさぞかし戸惑いを覚えたことだろう。学校教育からドロップアウトした経験を持つ少年ならば、与えられた学び直しの機会に複雑な思いを持っていたかもしれない。矯正施設と社会生活という境界線を越境してやってくる高校教員とは、授業の時間だけの関係であるが、授業を通して少年たちが次第に心を開いていった様子がうかがえる。

また、矯正施設という特殊な環境下にいることで、集中した学びの機会となっていることがうかがえる。筆者は調査の一環として、いくつかの少年院で教科指導や自主学習の場面を見たことがあるが、少年の様子は「熱心」の一言に尽きる。ノートの取り方には個性があるが、手が休まることがない。悩むと指導者や職員にどんどん質問していく様子など、その活発さには驚かされる。喜連川少年院の教場での学びの様子も、遠目から観察したことがある。机にかじりつくように問題を解く少年、黒板前に立つ高校教員に積極的に質問する少年など、集中して取り組む様子が見られた。悩んでいた問題が解けたのか、時折パッと笑顔を見せる少年の姿は、年相応のものだった。

拘禁施設である少年院と、学校教育の間には文化を含む様々な違いがある。特に、自主性をいかにして培うかという点は、拘禁施設であるがゆえの自由の制約（私語の禁止、行動の制限など）によって阻まれる。両者の方針をすり合わせる作業が必要だが、導入当初から、喜連川少年院と宇都宮高校の間では、定期的な連絡会議が行われ、方針や教場の運営方法について議論を交わしていたようだ。様々な点が議論されているが、例えば、在院中の学習のあり方について、少年院での学習支援は「学校側からみればそれは過保護の状態」であり「ある段階において、徐々に自主的、自律的な自学自習の勉強に切り替え、出院後の履修継続の準備をさせてはどうか」というわけである（鈴木 1980, pp. 34–35）。１９７９年までの実施状況を踏まえれば、「出院者の概ね30パーセント強の者が高等学校教育から脱落しているものと考えられ」、その原因として「大別して『過保護教育』と『基礎学力の欠損』の二点」（皆塚 1981, p. 75）が挙げられている。つまり、「自主的学習態度の育成が置き去り」になり、「出院後の環境の変化による挫折が大きなウェイトを占めているのではないか」というわけである（皆塚 1981, p. 75）。なかなか手厳しい指摘であるが、第7章で指摘されているように、ともすれば矯正教育は「自己完結型」に陥りやすく、その発想から手をかけ過ぎるきらいがある。出院後の社会生活を視野に入れた教員からの指摘は、「出院後の社会生活」という新たな観点を少年院職員に提供したことだろう。

(2)矯正効果の検証の場

第二に、こうした自学自習という自律の精神は、本校スクーリングをどのようなものとして位置付けるかにも影響を与えたようだ。つまり、社会復帰にむけた「矯正効果の検証」（渡邊 1977, p. 42）である。その一つの形式が「単独登校」である。

少年院では、出院後の通信制課程による継続を容易にすることと、矯正効果の検証を目的として一級上生の単独登校によるスクーリングを実施しています。日曜日に電車賃と昼食代、それに非常連絡用の若干の電話代を手に登校します。登校時と下校時には本校の担任教諭が少年院の教科担当者に電話しますが、それ以外は全く生徒の自主行動にまかせています。

（渡邊 1977, p. 42）

矯正教育が抱える決定的な問題は、在院中に獲得した意識や行動が社会内で継続されるかを確かめる術がないことだ。在院生活は、社会のあらゆる雑音が遮断されており、少年は保護・管理された空間で様々なスキル・知識を身につけ、思考実験的な試行錯誤を行う。しかし、一度社会復帰を果たせば、再び、複雑な人間関係や不平等・格差のなかで自律的な意志決定を行わなければならなくなる。保護・管理された空間とは異なる「しがらみ」や「価値」に絡みとられた選択は、再非行・再犯の誘因になることがある。本校スクーリングは、在院中に社会生活の「ゆらぎ」を経験できるという点で、矯正教育の成果を確認する場となっていたのかもしれない。

例えば、昭和50年代に喜連川少年院に勤務していた法務教官の手記には、このようなエピソードが紹介されている。少年たちがスクーリングのために訪れた本校での出来事だ。同じくスクーリングにきた女子学生にとって「派手な服装ではなく地味な私服を着て通う少年たちを見て真面目な高校生に見えた」ようで、「女子学生が少年に話しかけてくることがあった」のだという。

そのようなことがあると少年たちも困って（中略）職員に相談に来たのである。（中略）そこで少年たちには仕事の関係で付き合う時間が無いので断るように言ったのであるが、それなら手紙でもと言われてなんとも困った。それでも少年たちは、自分が少年院の生徒であると言えず適当にごまかしていた。（中略）少年院では生活の中で嘘をつかないように指導しているのが今回は何とも矛盾した感じであった。少年たちも嘘がこんな気持ちよく無いことがよくわかったかもしれない。

（２０１７年４月17日に書かれた手記▼4）

十代の少年らしい微笑ましいエピソードであるが、在院経験を持つ少年にとっては「少年院在院の事実を隠したまま、相手を傷つけずに誘いを断る」という危機場面でもある。対応を誤ってトラブルに発展させるわけにはいかないが、真実を語るわけにもいかない。このような葛藤状況は、出院後の社会生活で多くの少年が経験する。例えば、就労面接で履歴書に生じた空白期間（在院期間）を問われる、地元に帰って知人らと再会した時に不在理由を問われるなどだ。こうした危機場面に備えて、「こうした状況に陥った時にどうするか」の思考実験を繰り返したり、１９９０年代以降はＳＳＴ（社会適応訓練）の主要課題の一つとしても取り上げられている。在院中にできるだけの準備をして危機場面に挑むわけだが、「実際に危機場面に直面する」という経験を通した試行錯誤に勝るものはないだろう。うまく対応できなかった時に相談する相手が、自分の背景を知っているかどうかは重要だからだ。

この本校スクーリングは、教場の設置当初は出院前に1～2回程度行われており、一時は「最低5回」へと増加した（鈴木 1980, p. 35）。しかし少年院への収容可能年齢の改正など厳罰化の流れのなかで、いつしか社会的に理解を得ることが難しくなった（塩谷 2007, pp. 106–107）。現在、本校生との交流は体育祭などの一部の行事に限定されている。

(3)社会への理解を深める

第三に、社会を理解するための教養の醸成という点がある。前掲の福沢学級設置当時の富山初年院長・井上謙二郎の談話（「高校卒の資格らんぬんではなく向学心から生まれる教養を育てるのが狙い」）が手掛かりとなろう。義務教育年代での学びをもとに、高校教育はより専門的で社会的な知識・技能を身につける。それは、社会に内在的な格差や不平等に向き合ってきた／向き合い続ける少年にこそ必要である。

そもそも高校教育の目的（学校教育法第50条）は、「中学校における教育の基礎の上に、心身の発達及び進路に応じて、高度な普通教育や専門教育を施すこと」であり、その目標として①「義務教育として行われる普通教育の成果を更に発展拡充させて、豊かな人間性、創造性及び健やかな身体を養い、国家及び社会の形成者として必要な資質を養うこと」、②「社会において果たさなければならない使命の自覚に基づき、個性に応じて将来の進路を決定させ、一般的な教養を高め、専門的な知識、技術及び技能を習得させること」、③「個性の確立に努めるとともに、社会について、広く深い理解と健全な批判力を養い、社会の発展に寄与する態度を養うこと」（学校教育法第51条）と規定されている。在院少年は学校教育からのドロップアウトを経験している者も多く、それにより基本的な語彙力・論理力・演算能力を身につける機会が十分ではなかった可能性がある。

このことは、加害の意味や社会的影響、被害者に及ぼした影響を時間軸上で考える、多角的に理解するための知識や想像力が十分ではないことを示唆する。例えば、非行少年は時間的展望の狭さが指摘されるが（例えば、河野 1998）、非行や犯罪への関与が将来的にどのような意味を持ち得るか、被害者のライフステージにどのような影響を与えるか、長期的な視点で物事を捉えることを難しくする。また、少年自身が社会生活の基盤を築く上で当面必要となる支援や、就労・結婚・育児等のライフステージの変化に応じて使用できる支援など、社会保障制度に関する理解を深めることも必要だろう。特に、日本の社会保障制度は基本的に自己申告に基づくので、社会生活の維持に必要な諸手続きを本人が行わなければならない。そのため支援を活用できるかは、「制度を知っているかどうか」に左右されやすい。知識不足が生活再建を難しくすることもあるのだ。

学校教育が提供するものは「学力」だけではない。基本的な学力を基盤として、社会生活を成り立たせるための知識や技能の獲得を目指す、さらに仲間関係での相互援助的な学びの機会が社会生活を営む上で必要な社会性を伸ばすという効果もあったことだろう。

5　おわりに――つながりを維持して社会復帰する

収容の有無にかかわらず教育の機会均等をいかにして保障するか。少年院におけるスクーリング教場の設置は、この難題に対する一つの解であっただろう。しかし、喜連川少年院での導入以後、公立通信制高校との連携の道は事実上「断たれた」。考えられる理由はいくつかある。「教場でのスクーリング」をスクーリングとして認めるか、この点について都道府県教育委員会ごとに方針が異なるからだ。さらに、少年院の所在地近隣で連携可能な通信制高校があるかどうかも異なる。特に、出院後の修学継続という点からみれば、連携先は私立高校よりは公立高校が良い。授業料や教科書・参考書代などの教材費は、経済的に困難を抱える少年の足枷になるからだ。喜連川少年院の場合、在院中は通信制教育課程にかかる費用を公費でまかなう。退院後に履修継続する場合でも、全日制高校と同じく高等学校就学支援金を受給することができる。日々の学習継続に必要な参考書代などの負担があるにせよ、働きながら通える「通信制高校」

であることに加え、比較的経済的負担の小さい「公立の学校」であるということが連携体制の継続に大きなメリットになっていたことは間違いない。これが私立高校との連携であれば、経済的負担から断念するケースは増えるだろう。

また、喜連川少年院の実践からは、少年院入院・出院と高校入学・卒業の時期がシームレスではないという難題にも直面している。少年司法の仕組みと学校教育の仕組みは、別の論理で動いているので、出院してから転入学するまでに数ヵ月の時差が生じることがあり、それがモチベーションの維持を難しくするという指摘である。あと数ヵ月で卒業という段階で出院を迎えた場合も同様である。保護者のもとへ帰住する少年であれば、衣食住に関して保護者の援助を受けながら残された数ヵ月を通学することも可能だろう。しかし、在院少年の全てが保護者のもとに帰住するわけではないし、帰住できてもすぐに就労を開始しなければならない場合もある。少年院から社会生活へという急激な環境の変化に加え、衣食住の援助を受けられないとしたら、残り数ヵ月であっても通学どころではなくなる可能性もある。少年院での高校教育は、在籍する学校の進級・卒業に関係なく、司法の決定によって生活環境の変化を迎えることを前提とした不安定な学びといえよう。

それでもなお、少年院の高校教育の提供には可能性がある。社会を理解する新たな視点や知識・スキルを身につける、在院中に社会生活を体験する（矯正効果の検証）という点に加えて、既出の「履歴書の空白」を少年院在院者としてではなく「通信制高校の生徒」として埋めることができるからだ。少年院在院によって、少年の多くは「社会の中での地位・身分」から切り離されてしまう。そのため、在院期間は「～少年院在院者」として過ごすことになる。もちろん、少年院自体が教育施設として確固たる地位を築くことができれば、それは「矯正教育修了者」の証左になる。しかし第3章で述べたように、一般的には「少年院在院者」カテゴリーの地位回復には相当の時間が掛かるだろう。だとすれば履歴書の空白を埋める別の地位が必要だ。通信制教育との連携は、その地位を少年に与え続けてきたと考えられる。

一方、通信制高校の教員は「少年院」という境界を越境する存在となる。少年が当該高校の生徒となることで、（少年院在院中でも）「当校の生徒」として接することが可能となり、出院後も引き続き「当校の生徒」という関係を継続できる。さらに、卒業すれば「当校の卒業生」といった具合に。少年院在院しながらにして、「学校」という第二のつながりの中で立ち直りを目指すことができる。少年の立ち直りは「出院時」に完了するわけではない。むしろ社会生活に移行してから長い時間をかけて成し遂げていくものである。保護司や保護観察官の支援を受けるにせよ「つながり」は多い方がよい。

富山少年学院と喜連川少年院は、いずれも人のつながりや交流が組織間の連携の土台となった好例といえる。少年院における高校教育の提供に関する次なる課題は、司法（法務省）と教育（文部科学省）の根本的な制度連携が可能かどうかという点にあるだろう。例えば、前掲の少年司法の仕組みと学校教育の仕組みの不連続性に対しては、少年の出院時期をコントロールするなどの思い切った方策が必要かもしれない。いたずらに拘禁生活を長引かせることで生じるデメリットもあろうが、少年のニーズに応じた柔軟な対応も必要だろう。

この点については、２０２１年度から少年院での高校教育の実施が本格的に試行されるというニュースが報じられている。懸案であった入学時期についても柔軟対応が目指されており、オンライン教育や少年院と高校での単位読み替えなど踏み込んだ内容となっている。これらのノウハウが確立されることで、刑務所での高校教育のあり方も再考できるだろうし、若年受刑者に対する大学教育の提供という道も開けるかもしれない。本書の複数の章で述べているように、特に若年層の非行少年・犯罪者の立ち直りには「教育」は不可欠だ。第11章で説明するように、更生／立ち直りは、貧困や暴力、格差・不平等などの構造的な問題を抱える「社会」において目指される。そのような様々な問題を抱える「社会」での生活再建を目指す施設内処遇では、贖罪に向き合い、自らに課せられた権利と義務を正しく理解し、合法的な生活を送る知識とスキルを身につける。それは「教育」という営みなくしては達成できない。新たな害（被害・加害）の発生を防ぐために、投資的に義務教育以上の教育を提供する、その社会的意義を多角的に検討する作業が必要であろう。

付記

本章は、仲野由佳理「少年院在院中の通信制高校への就学がもたらしたもの——高校通信制課程に関する歴史的検討」、（『刑政』第131巻8号、2020）を大幅に加筆・修正したものである。

調査にあたっては多くの関係者の皆様にご協力・ご尽力いただいた。矯正教育の歴史を探っていく過程では、廃庁になった少年院の資料をはじめとして、多くの資料が保管期限を過ぎたため資料収集には苦労した。「研究者泣かせ」の歴史研究であったが、ご協力いただいた皆様のおかげで形にすることができた。記して謝意を表したい。

文献

青木浩雲「十五周年に思う」、『十五春秋』、富山少年学院後援会、1969
ベネッセ総合教育研究所『学校外教育活動に関する調査——幼児から高校生のいる家庭を対象に２０１７』、2017
石川和貴・後藤亘・加藤裕樹「少年院における高校通信制課程の歩みと現状」、『日本矯正教育学会大会発表論文集』第38号、2002
石川和貴・後藤亘・加藤裕樹「少年院における高校通信制課程の歩みと現状」、『矯正教育研究』第48号、2003
打尾忠治「富山少年学院創設当時を追想して」、寺田孝昭編『富山少年学院のあゆみ』、1978
皆塚和昭「高校通信教育の現状と課題」、『矯正教育研究』第24号、1981
加藤修一「福沢の想い出」、寺田孝昭編『富山少年学院のあゆみ』、1978
喜連川少年院「『栃木県立宇都宮高等学校通信制スクーリング教場』の開設について」、『刑政』第85巻8号、1974

菊池省三「草創時代の思い出」、『十五春秋』富山少年学院後援会、1969
菊池省三「思い出あれこれ」、寺田孝昭編『富山少年学院のあゆみ』、1978
越村正弘「富山少年学院における高等学校通信教育学級」、『中部矯正』第2巻1号、1970
小島隆岳「福沢学級について」、寺田孝昭編『富山少年学院のあゆみ』、1978
河野荘子「非行少年の『語り』から見た時間的展望――バイク窃盗を主訴に来談した高校生の事例を通して」、『青年心理学研究』第10号、1998
草野寛正「富山少年学院に高校教育を実施した思い出」、寺田孝昭編『富山少年学院のあゆみ』、1978
皆塚和昭「高校通信教育の現状と課題」、『矯正教育研究』第24号、1981
緑川徹「少年院の現代史――昭和52年通達まで」、『比較法制研究』第30号、2007
塩谷宗「学校教育の現場から　喜連川少年院における通信教育」、『刑政』第118巻12号、2007
鈴木光高「矯正施設内の高校教育――喜連川少年院における教科指導」、『刑政』第91巻5号、1980
高田正敏「福沢学級」、寺田孝昭編『富山少年学院のあゆみ』、1978
全国高等学校通信制教育研究会『高校通信制教育三十年史――回顧・現状・展望』日本放送出版協会、1973
栃木県教育委員会『栃木県教育100年のあゆみ』栃木県教育委員会事務局総務企画室、1973
富山県教育委員会編「雄峰高等学校長　草野寛正氏」、『富山教育』4月号、1953
渡邊潔「喜連川教場の思い出」、『喜連川少年院二十年史』、1987
渡邊潔「矯正施設の高校通信教育」、『刑政』第88巻7号、1977
リクルートワークス研究所「『新卒採用』の潮流と課題――今後の大卒新卒採用のあり方を検討する」、株式会社リクルートワークス研究所（『新卒一括採用』に関する研究会）、2010

▼註

▼1　富山少年学院と地域の関係については、元富山少年学院職員（現・湖南学院篤志面接員）からも伺うことができた。少年院職員は地元からの採用者が多く、少年院と地域社会の間には強固な関係が築かれていたようだ。少年院が交通の便の良いとは言えない場所に所在していたことも、協力関係を築く上ではポジティヴに作用したようである。

▼2　青木の回想だが、この背景には行政的な動きがあったようだ。打尾は少年保護施設の設置に関して富山県知事の協力要請があったこと、村民を説得するために村民福祉の観点から、道路開拓や社会保険診療所の設置、小学校校舎の改

築認可の促進を提案したようだ（打尾 1978）。

▼3 草野寛正は、明治38年生まれで7歳の時に寺に奉公に出されたようだ。12歳の時に横須賀市にある妙覚寺に小僧に行ったものの、あまりの難行苦行に飛び出したという。その後上京し仏道修行の傍ら、苦学して大学を卒業。教職の道を歩み、定年後に大法寺住職となる。その間、保護司、更生保護施設（富山養得園）の理事長など更生保護の領域で多くの役割を担い、富山県の更生保護発展の草分け的な存在だった（１９８５年12月5日『富山新聞』「保護司に捧げた半生」）。決して順風満帆とは言えない子ども時代を送ったからこそ、苦しい境遇にある子どもたちに心を寄せたのかもしれない。１９５３年発行の『富山教育』（富山県教育委員会発行）という雑誌には、非行少年と同居生活を送る、「遊ぶ場を与えずして不良化防止を叫んだとて糠に釘」と、境内に子どもたちのための野球場を作ったなど、熱心な教育者としての姿が描かれている（富山県教育委員会 1953, 31）。

▼4 手記は昭和50年代に喜連川少年院に勤務していた元法務教官が、２０１７年に当時の回想録としてまとめたものである。

第6章　少年院における父親教室——その意義と課題

今井聖

1　はじめに——「父親になる」想像と体験的な学びの機会をめぐって

もし私が父親になったら、と考えることがある。いずれ親になるかもしれないし、なりたいとも思う。そのような想像をするとき、私は未来に期待し楽しみに思う一方で、少なからぬ不安を覚える。というのも正直な話、父親としての役割を十全にまっとうできるのか、自分で自分が心許なく思えてしまうからだ。もちろん、パートナーに負けず劣らず、子どもの世話をして父親としての役割を果たしたい。その意欲はあるし、努力したい。しかし、いざ自分の赤子を前にしたときには、大いに戸惑ってしまいそうだ。私には、子育てのための知識も経験も、圧倒的に不足しているという自覚がある。

いきなり筆者自身の独白めいた話に付き合わせてしまい恐縮だが、このような「父親になる」ことに対する不安は、これから父親になりうる人たちにとって、多かれ少なかれ共通しているのではないだろうか。そして、そうした不安を感じてしまうことの理由のひとつには、子育てについて具体的に学んだ経験の欠如を指摘することができるだろう。少なくとも、私の場合は、近所付き合いや親族関係において赤ちゃんと接する機会が全くなかったわけではないが、責任を持って赤ちゃんの世話をした経験はないに等しく、また、学校教育などの場において実践的な知識を学んだこともない。

そのような人が子どもを持つ親の立場となったとき、どのような経験をするだろうか。ある社会学者は、自らの「父親になった」経験を回顧し、育児に関わる困難や苦労について、次のように具体的なエピソードを述べている。「おむつかえでは、かえる前に下に新しいおむつを敷くということも知らなかった。うんちのひろがったおむつを前に、ただおろおろするばかりだった。お風呂入れも慣れるまでたいへんだった。背中を洗うためにひっくり返す、というのがなかなかできなかった。首も据わっていないので支えるのも難しく、お湯の中に落としてしまったらどうしようと緊張して余計に力が入ってしまった」（工藤 2016, pp. 1-2）。こうした経験の語りに接すると、私もきっとそうなるだろう、あるいはさらに無力かもしれないと、やはり不安を覚えるのである。

とはいえもちろん、多くの人は、少なからず不安を抱きながら親となり、必要に迫られることで試行錯誤しながら育児に取り組み、それぞれの子育てを実践し、なんとか達成していくものなのだろう。先の社会学者は、次のようにも述べる。「少し変な言い方かもしれないが、父親は育児をすることで、父親になる（なっていく）と考えられる。『父親である』と『父親になる』とは異なる。子どもを授かったことで父親であることはできるが、それだけでは、父親になっていない」（工藤 2016, p. 11）。言い換えれば、「父親は父親の役割をはたすことで父になっていく」（工藤 2016, p. 12）ということである。

ここで、社会的な文脈にも目を向けておきたい。かつて20世紀の終わりに、当時の厚生省が作成したポスター（1999年）の「育児をしない男を、父とは呼ばない。」というキャッチフレーズが話題になった。以後、今日に至るまで、「父親の子育て」に関する政策的な取り組みが重ねられてきた。2010年の育児・介護休業法の改正・施行に合わせてはじまった厚生労働省の「イクメンプロジェクト」は、そうした

「父親の子育て」政策の中でも、代表的なものである。そこでいわれる「イクメン」とは、「子育てを楽しみ、自分自身も成長する男性のこと。または、将来そんな人生を送ろうと考えている男性のこと」とされるが、現代日本における理想的な男性・父親像のひとつを明示的に示すものだといえよう。

こうした動向や変革は、学校教育で扱われる知識のありようにも、同様に見いだすことができる。とりわけ近年の学習指導要領や家庭科の教科書においては、父親も、母親と同等に、育児の主体として位置づけられるようになった（小崎 2017, pp. 126–131）。

しかしながら、先に筆者自身の経験としても述べたように、学校教育のなかで、子育ての具体的なやり方やスキルが伝えられる機会は、未だほとんど用意されていないといえる。もちろん、なかには、家庭科の授業の一環として等、体験活動を実践している学校も存在するようではあるが、そうした実践を取り入れている学校は稀だろう。結果的に、現代日本を生きる多くの人にとって、子育てをすることに関わる実践的な学びは、自身が子どもを授かり親になることが現実化した段階において、はじめて意識されることになっているのではないか。育児についての学びのあり方は、それでよいのだろうか。

前置きがやや長くなったが、本章では、これまで述べてきたような「父親の子育て」というテーマを、男子少年院で行われてきた父親教室（育児教室）の実践の振り返りを通して考えたい。後に詳しく述べるように、男子少年院における父親教室は、１９９９年の福岡少年院での実践にはじまり、今日に至るまで複数の施設において取り組まれてきた。そうした中、筆者も、２０１９年にある男子少年院（以下、B少年院）で行われた父親教室の実践を参与観察する機会を得ることができた。そこで以下ではまず、男子少年院における父親教室がいかなるかたちで展開してきたのかを整理し、その上で、B少年院の父親教室実践についての観察記録やインタビュー調査をもとに、その意義と課題について考察する。最後に、B少年院をはじめ、男子少年院で育児教室が行われてきたことの意味や今後の可能性を、より広い社会的な動向を踏まえて論じてみたい。

2　少年院における父親教室の展開

先述の通り、男子少年院における父親教室のはじまりは、1999年度に福岡少年院で開講された育児教室に見ることができる。

福岡少年院では、1997年度に職業補導の一種目として介護サービス科が開設された。その背景には、非行少年の特質の変化などによる「心の教育」の推進が求められていたことや、福祉に関わる職業補導種目には少年の将来を見据えたときの意義だけではなく、生命尊重教育の一環としての教育効果の期待があったようである（武富・竹内・諸石 2003, p. 56）。その上で、平成10年度本省計画による職業補導備品および教育備品の整備において、育児教育用教材整備該当庁に指定されたことを受けて、1999年4月から、生命尊重教育の一環として、「育児福祉実践教室」が開講されるに至った（武富・竹内・諸石 2003, p. 56）。したがって、福岡少年院における育児教室は、当初より、「介護」と「育児」を併せて体験的・実践的に学べる機会となることが意図されていたといえるだろう。

加えて興味深いのは、福岡少年院が開設準備の段階で、当時在院していた全少年（123名）を対象にして、少年たちが育児や介護についてどの程度の興味関心を持っており、どのようなイメージを抱いているのかを把握するためのアンケート調査を実施していたことである。その結果、在院者の多く（約8割）から男性の育児参加に賛意を示す回答や、育児教室や介護教室への積極的な参加意思を示す回答が得られ、特に出院準備教育過程にある多くの少年が、育児・介護教育への積極的な参加意思を有していることがわかったという。そうしたアンケート結果を踏まえて、福岡少年院では、すべての在院生に「育児福祉実践教室」を受講させる方針が採られた。指導対象とされる少年は、出院準備教育の段階にある者とされ、教育課程上は生活指導領域の情操教育として位置づけられることになったのである（古河 2000／武富・竹内・諸石 2003）。この福岡少年院における育児教室は、全国的に見ても先駆的な取り組みであったという点だけではなく、以後プログラムが継続的に実施されたこともあり、この施設の内外の法務教官たちからモデルケースとして参照されてきたという点でも、重要な意義を持ったといえよう。

また、多摩少年院の「父親教育」（のち「父親プログラム」）も、もうひとつのリーディングケースとして無視できない。2001年1月にやはり出院準備教育の一環として開始され、翌年には受講の対象が出院準備教育の段階にある全少年に広げられたという（池田 2006）。プログラムには、妊娠・出産・育児についての教育や妊婦体験のみならず、高齢者介護や命の尊厳をテーマとする教育も含まれ、その指導目的は「少年に夫・父親としての責任感や態度を自覚させるとともに、自分の父母との関係等、家族の在り方等についての考えを深めさせること」（池田 2006, p. 443）とされた。

多摩少年院における「父親教育」には、年長少年を収容対象としていることとも関連して、出院準備教育の一環として、育児や父親としての意識・態度の涵養が重要視されていたという特徴がある。なお、池田（2006）は育児教育（父親・母親教育）講座の意義・目的を①生命尊重、②共感性・感受性、③ビジョン（将来の見通し）の設定、という三つのキーワードで整理しているが、年長少年を収容し、近い将来に父親になりうる（あるいはすでになっている）少年の割合が相対的に高い多摩少年院においては、出院後の人生設計（「ビジョンの設定」）への「父親教室」の寄与が、とりわけ期待されていたといえるだろう。

より近年の事例としては、2012年度に四国少年院ではじまった父親教室と、2014年3月に奈良少年院ではじまった「育児体験プログラム」がある。これらは、福岡少年院などの先駆的なケースをモデルとして実現したものである。奈良少年院での実践は、２０１５年に『読売新聞』でも次のように取り上げられた。

「ちゃんと支えんと危ない」。教官の声に、２人の入所者《ママ》は慌てて赤ちゃんの人形の頭を支えた。首が据わらない人形を抱きかかえ、湯おけでゆっくり体を洗った。奈良少年院（奈良市）で今年３月に始まった育児体験プログラムだ。体の水滴を落とそうと人形を揺すると、今度は、「脳しんとうを起こすで」と教官の声が飛んだ。

　少年院に入るのが２回目以上の入所者《ママ》が大半を占める同少年院は今年３月、家族の絆や命の大切さを学ばせようと、助産師の支援を受けて育児体験を導入。５日間のプログラムで今年度は計４回を予定する。

　人形は新生児とほぼ同じ約３キロ。おむつ交換や絵本読みなどを行い、体験した入所者《ママ》（20）は「こんなに大変なんて」と驚き、別の入所者《ママ》（22）は「弟のおむつを換えたのを思い出した。相手の立場で考えることが大事とわかった」と話した。同少年院の西川勝稔・首席専門官は「人形相手でも接すると笑顔になる。そこに弱者をいたわる気持ちが芽生えると思う」と語る。

（「少年院『命の授業』　育児体験や捨て犬世話　各地で導入　再非行防止へ絆学ぶ」、『読売新聞（大阪本社版）』２０１５年５月26日付夕刊）

『読売新聞』に掲載されたこの記事は――管見の限り、全国紙に掲載されたこのような記事は初めてのものであったようであるが――、男子少年院においても「育児体験プログラム」のような特色ある実践が取り組まれていること、またそれがどのような様子であるのかを、具体的に教えてくれるものであった。

この記事でも伝えられているように、奈良少年院のプログラムは、助産師の支援を受けて導入されたものであるという。四国少年院の「父親教室」もまた、地元助産師会の協力のもとで行われてきた。そうした専門機関との連携が、院内で行われる実践のさらなる充実のため、ひいては、いずれ社会や地域に戻っていく少年たちに対する教育的支援のさらなる拡充や質の向上にとって重要であることは、いまやいうまでもないかもしれない。

しかしながら、そうした実践について、第三者的立場からその意義や課題を検討しようとする試みは、これまでなされてこなかったというのも、また事実だろう。そこで次節では、筆者が実際に観察することができた父親教室実践の記録をもとに、そこでは何が行われ、どのような相互行為が生じていたのかを記述的に明らかにしたい。その上で、実践の関係者たちと、参与観察した研究者たちによって座談会形式で行われたインタビュー記録も参照しながら、男子少年院において行われる父親教室の実践には、どのような意義や課題があるのか、また今後いかに展開していくことができるのかについて、考えてみたい。

3　少年院における父親教室の観察

本節では、2019年に筆者を含む研究グループで行ったB少年院での参与観察調査をもとに、少年院における父親教室が実際どのように実践されているのかを検討してみたい。

B少年院での父親教室プログラムは、通常、4人程度の少年に対し、地元助産師会から派遣される2人の外部講師が教示・指導を担当し、複数の法務教官がその様子を見守り、補助するかたちとなっている。プログラムは90分程度で1回完結型で行われ、講義形式の座学と体験の時間で構成されている。具体的には、以下で見るように、①妊娠・出産を中心とする性教育指導、②妊婦体験、③沐浴指導、という三つの指導内容を柱としている。

筆者らが観察した日も、受講した少年は4人であった。以下ではまず、そこでの指導や講師と少年たちのやりとりはどのようになされていたのか、筆者の観察記録に基づいてその概要を記すことにしたい。

①妊娠・出産を中心とする性教育指導

はじめに講師から自己紹介があった後、妊娠や出産期における女性の身体の変化、赤ちゃんの生まれ方などについての講義がなされた。講師たちは、身体の仕組みが見やすい模型や図画を使用し、少年たちにも十分にわかりやすく、平易な言葉で説明していた。少年たちは皆、真剣に講義を聴いている様子で、なかには講師の問いかけに対して積極的に応答し、発言する少年もいた。

②妊婦体験

座学が終わると、全体で教室の後方に移動して、重りの入ったジャケットを着用し、妊婦の身体状況を体験する時間となった。

少年たちはマットの上に膝をついて座るなどし、講師や教官の手を借りながら、ジャケットを装着した。「うわー」「重いー」などと声を上げる少年もいたが、講師や教官らによって「どう、重いだろう」と問われ、頷いている少年もいた。反応は様々だが、和やかな雰囲気で体験がはじまった。

ジャケットをつけたまま、マットの上で寝る体勢をとってみることを指示された少年たちは、仰向けになったり横向きになってその重さや動きにくさを確かめている様子。講師たちは、そうした少年たちに「ねー、妊娠するとこんなに大変なんですよねー」などと声をかけていた。

さらに、教室近くの階段を昇降してみる体験も取り組まれた。少年たちはジャケットを装着し、お腹が出ている状態であるために、自分の足元を見づらい状態である。「うわー大変だ」と発話する少年もいた。講師たちはここでも、「お腹が重いと大変だよねー」などと声をかけており、終始、和やかなムードのなかで体験が行われていた。

③沐浴指導

妊婦体験が終わり、少年たちが各自の机と椅子の位置に戻ると、赤ちゃん人形や、プラスチック製の赤ちゃん用お風呂などを使用しての、沐浴指導が行われた。

少年たちは、机の上の赤ちゃん人形を抱き上げるように指示されると、両手で赤ちゃん人形を抱き上げる。その際、講師からは、優しく、そっと抱き上げてあげるように、という指示があった。少年たちは、特に戸惑う様子もなく抱き上げる。なかには、手慣れた様子で人形を抱き抱える少年もいて、講師は「上手だねー」と、その少年の抱き方を褒めていた。

その後、赤ちゃん人形のからだを、お湯で洗ってあげる動作を学ぶ。講師は、少年たちに、やや冗談めかしながら、「気持ちいいーって、嬉しそうな顔してるねー」と、何回か声をかけていた。少年たちもそうした声がけを受けて、赤ちゃん人形の顔を覗きこみ、あたかも本物の赤ちゃんの表情を気にするかのようにふるまっていた。

さて、この日の父親教室プログラムは、のちに実施した教官や講師の先生たちへのインタビュー調査によれば——筆者を含んだ複数の調査者たちが教室後方で様子を見ていたという点では日常的とはいい難い状況であったとはいえ——、基本的には普段通りであったと考えられるようである。それでは、そうした実践に、どのような特徴が見てとれるだろうか。

まずもっていえるのは、上述したように三つの内容を柱とするB少年院の父親教室プログラムが、限られた時間の中でバランスの取れたかたちで、出産・育児に関する教示 - 学習の時間をデザインしているということだろう。この点に関連して述べておくべきなのは、B少年院の父親教室が、どのような少年を受講対象としているかということだ。

B少年院の父親教室において、主として受講の対象とされるのは、「特定生活指導」の中での性非行防止指導の対象となる少年たちと、子どもを持つ少年やこれから子どもが生まれる予定のある少年たちである。いうまでもなく、両者は、その教育的ニーズにおいてそれぞれに異なっているが、あえてそれらの少年たちを区分せず、いわば両者の教育的ニーズをともに満たすことを企図して授業がデザインされていることに、B少年院の父親教室プログラムの特徴を見ることができる。

また、実際に観察してはじめて知ることができたのは、特に上記②や③の体験的な学習場面において、講師や教官たちによる頻繁な声がけがなされていたことだ。授業の進行や活動の展開に合わせてなされるそうした声がけは、単にその場のコミュニケーションの要素であるというよりはむしろ、少年たちがその都度「どのようなことに意識を向けるべきであるのか」、より端的にいえば、「何を感じ、表現し、学ぶべきであるのか」を、やりとりの中において伝える、メタメッセージとして機能しているといえるだろう。筆者らは、この日の父親教室についての少年たちの感想文などを読んではいないものの、たとえばそうした場における少年たちの反省的な語り（「妊婦の大変さがわかった」など）も、講師や教官たちの導きに従いながら、つくりだされているにちがいない。

付言しておけば、そうした指導者たちの授業中の声がけにおけるメタメッセージ的機能についてのここでの議論は、少年たちの学びが「実は制限されている」とか、「本心はわからない」といった、アイロニカルな指摘を行うためのものではない。たしかに、講師や教官といった指導的立場にある大人たちの声がけは、少年たちにとって「どのようなことに意識を向けるべきであるのか」を伝達している点で、規範的な意味をもつものだろう。しかしその上で、少年たちが、指導者たちの声がけに応じながら「適切」な感想を述べたり、誠実な姿を見せながら体験活動に取り組んだりすることができている（そしておそらくは、感想文もきちんと書けている）という事態が観察できること、それこそが決定的に重要であるといえるだろう。社会学者ジェフ・クルターの議論を参照しながら稲葉（2012）が論じていたように、少年たちの「更生」とはその実、実践を通じて公的に確かめられている社会的現象であり、少年院はそのための言説実践の場でもある。そのように考えたとき、父親教室とは、特に妊娠した女性や赤ちゃんといった他者に対して、また、自らの過去や未来と密接に関わるものとしての「育児」に対して、少年たちがどのような態度を示すことができるのかという観点から、彼らの「内面」を確かめるための有用な機会であるといえよう。

筆者の観察記録をもとに最後に触れておきたいのは、B少年院での父親教室が、実に和やかな雰囲気で行われていたこと、それに関わるやりとりについてである。もちろん、少年院が、しばしばイメージされうるような「閉鎖的で自由がない」場ではなく、「教育的雰囲気」を有する場であることはこれまでも論じられてきたことだが（後藤 2013）、院内で取り組まれている矯正教育の具体的な実践を自分の目で見る機会をあまり多く持てずにいた筆者にとって新鮮であったのは、参与していた教官によって、そして少年からも、何度か「冗談」が述べられていたことだ。上述した沐浴指導の時間途中に、ある少年が丁寧な手つきで赤ちゃん人形のからだを洗いながら、「俺も洗ってもらいたいわ」と冗談交じりに述べる場面もあったが、手際よく赤ちゃん人形のからだを洗う少年の様子を側で見ていた教官が、「うまいなー。実は5人くらい育てましたーとか」と「冗談」を言って場を和ませていたのが印象的であった。

というのも、この日の父親教室には、すでに実子を有しており、虐待防止の教育的意図を主眼として、受講対象とされた少年も含まれていたからである。そうであるとしても、そのような教官の発話を誰が聞いても「冗談」だとわかるのは、対象少年たちの年齢に照らして考えれば、すでに子どもを「5人くらい育て」た可能性はないということが、即座に理解可能だからだろう。その意味で、この種の「冗談」はひとつの反実仮想である。その「冗談」が、誰が聞いても笑える話でありうるのは、実際にそうである可能性がないはずの事実描写であるからだといえるだろう。

教官の「冗談」をこのように考えてみると、実は、実践的にも重要な示唆を得ることができると思われる。日常的な場面において、私たちが誰かとやりとりするときには通常、その人が「どんな人」なのか、言い換えれば、どのような経歴を持つ人であるのかを気に留めながら、会話がなされているだろう。だが、矯正教育の場における教育的なやりとりは、しばしばそうではない。外部の講師として少年と関わる人は、個別の少年たちについての具体的な情報を知らないままに、教育実践に取り組まなければならないのだ。それでは、B少年院での父親教室を担当する外部講師たちは、少年たちに関する情報の制限とどのように折り合いをつけながら実践を組み立てているのだろうか。次節ではインタビューでの語りをもとに検討を加えることで、少年院で行われる父親教室にどのような課題が残されているかという点を考えたい。

4 講師の語りから見る父親教室の意義と課題

ここで取り上げるのは、前節で述べたB少年院での父親教室の観察調査の後、同日中に行った、二人の講師へのインタビューにおける語りの一部である。

まずは、妊婦体験や沐浴指導中の少年たちの様子に関して、これまでに印象に残ったことは何かという、調査者たちからの質問への講師たちの応答を見たい。

講師1　とにかくどの子も、みんな赤ちゃん〔の人形を〕抱っこすると表情がふわっと緩むので、それが何せ説得力が私にとってはあって。こういうふうにやる意味ってあるのかなって感じているところなんですけど、本当にいっぱいここに模様が入ってる子もなんか抱っこしたら、にこっと笑ったり。最初すごく見るからにちょっとつーんとした感じの子でも、やっぱりやっていく中で表情が緩んできたりとかするので、そういう子は言葉で何か言ってくることはあまりなくても、感じてるものがあるのかなと思いながらやってはいるんですけど。

講師2　あと妊婦ジャケットのときに階段の上り下りをして、上がって下りてくるときにちょっと顔がにこっとしてる。重い、重いよいってたら、笑顔になってるから。

講師1　確かにそうですね。

（B少年院インタビュー　2019年1月、〔　〕内は筆者による補足）

ここでの講師たちの語りにおいて、少年たちが表出している「表情」は、単に少年たちの「内面」に言及するための資源となっているだけではなく、講師たちにとっての少年院で父親教室をやることの「意味」を説明するための資源にもなっている。言い換えれば、父親教室において示される、少年たちのその場に適した振る舞いは、B少年院での父親教室の有効性を考える上での、重要な参照点となっているのである。

また、上記の語りに続いて、B少年院での父親教室が性非行防止と「父親の子育て」という二様に異なる教育的ニーズを有する少年たちを対象にしていることが話題となった。今後の課題について検討する上でも重要であると思われるため、以下に取り上げておきたい。

講師1　本当は性教育とかも、今はいろいろやっぱり変わってきていて、一般的な性教育の内容とかももう少し、本当はやっぱり月経の仕組みとか、もう少し科学的にきちんと理解をするとか、すごくぼやかしてたところをきちんと伝える、ということのほうが大事なんじゃないんかと思っている部分もありますし、ここでそれがふさわしいかどうか、ちょっとまだ私もわからないですけど、本当はもうちょっと伝えるべきことってあるのかなとか、特に性非行、さっきも言われたとおり性非行の子と父親っていう子となると、やっぱりちょっとこっちも心持ちが違うので、持っていき方にすごく実際は迷うというか。
　でも実際に今回の子は性非行の子ですとか、今回の子はこういう子ですみたいな情報は、あまり詳しくは聞くことはないので、現状ではあんまり内容的に変えることはないんですけど、なかなかやっぱりこちらとしても、もう少しいいものにしていくには、いろいろと手を付けるところがあるんじゃないかな、とは思ってはいるところです。

講師2　90分では無理。

講師1　そうですね。90分ではちょっと難しいのかな。

調査者　またこれで詰め込むと、今度はそれに付いていけなくなってしまってっていうことですよね。

講師1　そうですね。ちょっと難しいのかなとも思いますし。

調査者　体験の時間が少なくなってしまうのも、おそらくそれはそれで、体験のインパクトみたいなところが薄れてしまってももったいないっていう。

講師1　というのがすごくあると思うので。

（B少年院インタビュー　２０１９年１月）

ここで講師1が指摘していることのひとつは、性教育の内容をさらに充実化していくことの重要性である。

しかし同時に、「ここ（少年院）でそれがふさわしいか」どうか、はっきりとした考えがあるわけでもないとも述べられている。その理由として言及されているのが、「性非行の子」と「父親」という二様に異なる、少年たちの教育的ニーズの問題である。「父親」としてのニーズにも対応しようとすれば、性教育の内容に集中しすぎるわけにもいかないのである。

なおここで、B少年院における父親教室のさらなる充実化にとっての第一義的な制約として捉えられているのが、時間的な制約であることは見やすい。これまで見てきたように、B少年院での父親教室は、90分という限られた時間の中で、性非行防止と育児教育という本来相当に距離のある教育課題を含みながら構成されている。それが極めて無駄なく、かつバランスのとれた指導内容から構成されているのは観察からも確かめられたことであるが、そうしたプログラム計画の土台であるところの矯正教育課程の見直しも含めて、ここで見たような実践を少年院での教育にさらに取り込んでいくための方向性が探究されてもよいだろう。

さらに、そうした制約についての言及からも示唆されていたのは、外部講師にとって、個別の少年に関する具体的情報が不足しており、それゆえに個別の教育的ニーズへのきめ細かな対応が困難になっている可能性である。今後の社会の中で、少年院が外部機関とのさらなる連携を図り、協働的なありようを模索していく上では、個別の少年についての適切な情報共有の仕方も、検討されるべき課題のひとつになりうるのではないだろうか。

5　おわりに

筆者自身の育児についての学ぶ機会の不足という反省から議論をはじめた本章では、「父親の子育て」に関わる新たな政策的動向と時期を同じくして、少年院の中で展開されてきた父親教室の実践について検討してきた。特に、筆者たちの調査研究チームでは、少年院内で行われている父親教室に研究関心を持って接近し、実際に参与観察やインタビュー調査を実施して、そうした調査データをもとに議論を展開する、おそらくは初めての試みとして、学術的知見の提示を目指した。

第3節および第4節で論じたように、B少年院における父親教室の観察調査からは、実践の意義や課題を具体的に検討することが可能になった。外部講師やサポート役の法務教官による、少年それぞれの過去にも配慮しながらなされる働きかけには、彼らが現在いかに振る舞うべきであるのかを教示し、未来へと導いていくための実践的工夫を見ることができた。と同時に、少年院という制度的な制約の少なくない場においても、少年たちの一様ではない教育的ニーズに対応した教育実践を組織しようとする際に、それぞれの少年についての情報共有の難しさが、そのまま実践的な壁にもなりうるという課題も示唆された。

B少年院での父親教室の観察調査に参加することが叶った後で、筆者は、ある地域の助産院が主催する、一般の両親学級を何度か見学する機会を得た。そうした場において教えられていた内容は、B少年院での父親教室の実践ともそれほど変わらぬものであった。妊娠や出産に関する生物学的な解説がなされ、重りの入ったジャケットを用いた妊婦体験や、赤ちゃん人形を用いた沐浴指導が行われていたのだ。ただそのいずれの日でも参加していたのは、数カ月後には親になる予定の夫婦や母親たちであった。逆に言えば、一人で参加している父親は、そこにはいなかった。

現代の日本社会において、父親の育児参加が重視されてきていることは確かである。しかし他方で、学校教育の場における育児に関する実践的な知識の教示－学習は、未だ十分に行われているとはいいがたい現状がある。ところで、文部科学省が２０１７年度に公立高校生を対象にして初めて実施した調査によれば、２０１５年度から２０１６年度にかけて高校が把握した、妊娠した生徒数は２０９８人に上っていた。男子高校生は調査の対象にもされなかった。10代で妊娠や出産を経験し、母親となった生徒たちの学校で学ぶ権利の保障が重要であることは論を俟たないが、出産や育児といったライフイベントを女性だけの問題にしてしまわないためにも、男性（父親）の存在への注視が求められるだろう。

少年院で行われてきた父親教室は当初より、在院する少年たちのニーズに即して模索的に実践され、今日まで展開してきた。そこにおける性や子どもについての教示－学習は、彼らの生活や人生と密接に結びついたものであり続けてきたのであり、その意味で少年院における父親教室には、学校教育の先を行きながら、新たな男性像を社会全体に向けて提示してきた側面をも、見出すことができるのである。そして、そのことの社会的意義は、少年院の存在価値が問われている現在、改めて認識されなければならないといえるだろう。

文献

稲葉浩一「『更生』の構造――非行少年の語る『自己』と『社会』に着目して」、『現代日本の少年院教育――質的調査を通して』名古屋大学出版会、2012
工藤保則「生活の一部としての〈オトコの育児〉」、工藤保則・西川知亨・山田容編『〈オトコの育児〉の社会学――家族をめぐる喜びととまどい』ミネルヴァ書房、2016
後藤弘子「少年院における矯正教育の課題と展望」、広田照幸・後藤弘子編『少年院教育はどのように行われているか――

調査からみえてくるもの』矯正協会、2013
武富秀仁・竹内祥泰・諸石由美子「育児福祉実践教室の現状と課題」、『矯正教育研究』第48号、2003
池田一「育児教育（父親・母親教育）講座」、矯正協会編『矯正教育の方法と展開――現場からの実践理論』矯正協会、2006
小崎恭弘「家庭科教育における父親の子育て支援」、小崎恭弘・田辺昌吾・松本しのぶ編『《別冊発達33》家族・働き方・社会を変える父親への子育て支援――少子化対策の切り札』ミネルヴァ書房、2017

コラム③

少年院における成績と評価

伊藤茂樹

矯正教育の根幹に関わる「評価」

教育の場である少年院では、学校と同じように一人一人の少年に成績をつけて評価を行う。刑務所でも受刑態度を評価し、それに応じて外部との通信（手紙のやり取りなど）の回数や、私物を使える範囲を広げるといった優遇措置を与えるが、これはあくまで「受刑態度」の評価であってその人の全体を評価するわけではない。そのため、いわゆる「演技」であっても問題ないし、出所後の更生の可能性ともほぼ無関係である。極論すれば、刑務所は受刑者の人間性というような次元には踏み込まないのである。

これに対して少年院では、それぞれの少年に矯正教育の効果がどのくらい生じているかを測り、それに応じてその後の処遇や出院の時期などを決めていく。そのため、絶えずその時点（まで）の少年の状況について評価を行い、成績をつけ、記録し、少年に告知する。これは国が保護処分を行う非行少年に関わる公式の評価であり、少年院法（第35条）に定められた重要な手続きである。このように、少年院における評価は矯正教育の根幹に関わっている。

「段階処遇」における評価

少年院の矯正教育は「段階処遇」という形をとっている。少年は入院以後、評価に応じて「進級」し、

「出院（仮退院）」に至るのであり、成績によってそれが認められたり、認められなかったりする。具体的には、入院したときは全員「3級」から始まり、以後は原則として月に1回行われる評価によって2級、1級へと進級し、各段階で教育の内容や目標も変わっていく。稀には下の級に「降格」されることもある。

矯正教育は少年一人一人について作成された「個人別矯正教育計画」に沿って行われる。この内容は、行った非行やその原因・背景、抱えている問題性や課題などに応じて異なるが、大まかな流れとしては、3級（「新入時」と言われる）では少年院の決まりや行動のしかたを身につけることから始まり、自分の非行や問題点について自覚することなどが目標となる。2級では非行の反省と課題の自覚や克服、今後の更生への見通しを立てること、1級では社会で再非行をせずにやっていくための準備や生活設計の具体化などが課題となる。各段階で行われる教育の内容や働きかけ方、集団生活において与えられる役割や立場などもこれに応じて変化していく。このようなプロセスの中で少年が今どこまで来ており、これからどのように進んでいかなければならないのかを判断し、指し示すものとして評価がある。

内面と行動の「変容」

少年はその時々に課せられている課題に沿って評価され、成績がつけられるが、具体的な評価の対象、何を評価するかも学校とはかなり異なる。学校での評価は教科ごとに、内容の理解度や到達度が主に試験やレポートといった客観的な文書資料をもとに評価される。私たちが成績という言葉でイメージするのはまずこういったものだろう。

しかし少年院での評価はこれとはかなり異なる。少年院では教科指導も行われるものの、矯正教育の目的は知識や技能の習得よりも、改善更生や社会復帰のために内面と行動を変容させることであり、評価もこうした観点から行われる。学校（小、中、高校）でも近年は「観点別評価」として、知識や理解のみならず「関心・意欲・態度」といった事柄が評価の対象とされるが、少年院での評価はもともとこのような次元が中心になるのである。

また、学校では教育の内容は学年と教科ごとに定められ、それに従ってすべての生徒がほぼ同じ内容を学ぶ。修業年限も決まっており、ほとんどの生徒が同時に入学して同時に卒業していく。これに対して少年院では、入院も出院も少年によって異なり、決まった修業年限があるわけでもない。標準的な在院期間はあるものの、そのときが来れば出院できるというのではなく、更生の進み具合によって延びることもよくある。むしろ、早く出院できるように指導し頑張らせるのが少年院であると言ってもいいだろう。評価はその決定の根拠になる。社会から見ても、罪を犯した少年の更生がどのように進んでいるか、いないのかは重要な関心事である。

評価はどのように行われるのか

さて、このような事柄についての評価はどのように行われるのか。ペーパーテストで測れるような客観的な基準はほとんど存在しないため、恣意的に行われたり評価者の感情が入るのを抑止し、評価の妥当性、信頼性を担保することが重要な課題となる。

評価は複数者の視点からいくつもの根拠を持ち寄り、検討と協議を行ったうえで決定される。一般的な手順としては、少年一人一人につく個別担任教官と、これを含めた数人の寮担任教官は、日々行われる行動観察や面接の記録、少年が書く日記や作文などの記録をもとに、その月の評価についての原案を作成する。これが「第一次評価」となり、それを持ち寄って「予備審査」が行われる。さらにその結果が少年院全体での「処遇審査会」に上げられ、協議を経て評価が決定される。

評価の項目は「共通項目」と「個人別項目」から成り、前者は「矯正教育への取組」「規範意識」「基本的生活態度」「対人関係」である。それぞれについてAからEの五段階で評価され、これを総合して「総合評価」がやはり五段階でつけられる。

教官は常日頃、少年一人一人について行動観察を積み重ねている。授業などの場面における言動のみならず、寮生活におけるちょっとした動作や表情の動きなどが、更生の進み方という観点から観察、記録され、複数の教官で共有される。それを通じて少年の現在の状態や時系列的な変化が客観化され、評価につながる。少年院で少年は「演技」をしているのではないかとよく言われるが、仮にそうだったとしても、それを否定したり排除するのではなく、できるだけ可視化し、いかに本当の変容や更生につなげていくかを考えて指導につなげている。

こうして決定された評価は必ず少年本人と保護者に告知される。少年には単に結果を告げるだけでなく、その評価になった理由や改善すべき点、課題なども個別担任教官から説明されるのであり、評価は指導と一体になっている。

少年と教官双方への評価

教育における評価は、教育される者に対する評価であると同時に、実は教育する者をも評価している。低い成績は教育の不調や失敗の結果であり、それは教育者への低評価にもなる。しかも、学校では「相対評価」(上位／下位という形で生徒集団の中での相対的位置を示す)が主であるのに対して、少年院での評価は「絶対評価」(個人がどれだけ目標を達成したかを示す)であり、成果が出なければ全く評価されないこともあり得る。これは矯正教育が成果を上げていないことも示しており、教育する側もその評価を甘んじて受けなければならない。少年院における評価は、少年と教官双方に厳しい目を向けるものなのである。

文献
古賀正義「成績評価の役割と機能——教育的視点から」、広田照幸・古賀正義・伊藤茂樹編『現代日本の少年院教育——質的調査を通して』名古屋大学出版会、2014
大川力・妙円薗章・渕上康幸・嶋谷宗泰・門本泉「少年院における成績評価に関する研究(その1)」、『中央研究所紀要』第8号、1998
——「少年院における成績評価に関する研究(その2)」、『中央研究所紀要』第9号、1999

コラム④

面会と保護者への働きかけ

服部達也

面会は矯正教育のための「具材の宝庫」

少年院での面会は、在院少年の改善更生及び円滑な社会復帰を図る上で必要かつ相当な「外部交通」の手段の一つとして少年院法に位置付けられている。

もちろん、面会は直接的な意思連絡であるため、許可される相手の範囲は制限され（権利として面会が許される者と少年院長の裁量により許される者がある）、例外的な事情がない限り面会の場には職員が立会《りっかい》して、必要があれば発言を制止したり面会を一時停止し、場合によっては面会を終わらせることもできる。

では、面会が「改善更生及び円滑な社会復帰を図る上で必要」とは具体的にどういうことなのか見ていこう。

まず、家族から隔離され各種の自由を大なり小なり制限されている少年にとっては、限られた時間でも家族等と交流することで気持ちが潤い、「ああ、家族からまだ見放されてはいないんだ！」と喜びや安心感を得ることができる。

この喜びと安心感が明日への活力・希望にもなるし、少年院での教育処遇に対して前向きに取り組んでいこうという意欲にもつながっていく。

保護者や関係者にとっては、少年の成長ぶりに刮目して、出院後の引き受けへの安心感や責任感・使命感を醸成することにもなるだろう。

ところで、成長途上にある少年の多くは、保護者と面と向かった時に自分の素直な気持ち、考えを正確に吐露することが苦手である（だからこそ家族との関係がぎくしゃくし、少年院に収容されるに至ったというケースが大半である）。

そこで、面会に立ち会う職員の出番となる。

面会に立会する職員の役割には、まず突発的な事案発生の防止という保安的なものがある。それとともに、在院少年と面会者の心情の交流がスムーズに行くように適切に誘導したり、交通整理をすることで限られた時間の面会を有益なものにしていくという教育的なものもある。

職員にとって面会への立会は、教育処遇していく上で必要な情報を入手・収集できる絶好の機会である。

筆者は永年少年院で勤務したが、面会立会業務ほど少年を指導する上で必要な知識、経験の蓄積の場となったものはないと思っている。

多種多様な関係性にある家族らと在院少年の交流場面に立会し、沈滞した会話を打開するために介入したり、これまで少年に振り回されてきた親族の怒りに対して「楯」となって少年を守った結果、鉄拳を食らった経験が法務教官としてのスキルアップにつながったと思っているし、「人間の関係性」というものを理解する上でのトレーニングの場だったようにも思う。

面会は矯正教育・処遇のための「具材の宝庫」といえる。

「パートナーシップ」に基づく保護者への働きかけ

さて、面会では主要な「プレイヤー」となる保護者についてもう少し考えてみる。

法律上の「保護者」の位置付け、役割としては、

①少年の権利擁護者（付添人選任権、少年審判への出席・意見陳述等）
②少年の健全育成の上での責任者（少年事件の家庭裁判所への通告義務、調査や審判のための家庭裁判所への出廷義務等）
③少年の成長発達権の保障に向けた様々な役割

を果たすべき者
が挙げられる。

このうち、少年院との関係でいえば、③だろう。少年院は少年の健全育成を図っていく行政機関であるが、そうすると保護者はその健全育成、社会復帰支援の担い手であり、そのために少年院の職員と共に手を携え努力していかなければならない重要な「パートナー」ということになる。

そのため少年院は、保護者への情報提供や面接を通じて少年の処遇について理解を得るとともに、教育行事に積極的に参加してもらうことで、保護者との間にパートナーシップを作っていく努力をしている。

具体的には、「保護者ハンドブック」（少年院における矯正教育、社会復帰支援、生活の概要や入院から出院までの一連の手続きの流れ等の説明を記載した小冊子）を配布したり、入院から間もない頃と出院前に「保護者

写真 1-3　少年院の家庭寮の一例

会」を開催するとともに、運動会や各種の「保護者参加型プログラム」（親子で実施するワークショップ等）、保護者を対象とした家族間のコミュニケーションの在り方や親子問題に関する「保護者講習会」などを実施している。

とりわけ、保護者会は保護者と少年院の各担当職員が対面して交流する機会であるから、どの施設でも重きを置いている（筆者が少年院長の時、新入時保護者会の冒頭の挨拶では、「私たち少年院の職員は国の職員ですが皆さん保護者の方と決して対立する立場ではなく、子どもさんを幸せにするという共通目標を持った大事なパートナーです」と切り出していた）。

そして、この保護者への働きかけの一環として重要なのが「宿泊面会」である。

これは、どの少年院にも設置されている「家庭寮」（面会者用の宿泊設備を持った独立の建物――掲載写真参照）に在院少年と保護者を同宿させ、食事、入浴、就寝等を共にすることで、互いの関係を見つめ直す機会にしてもらうとともに、出院後の関係の再構築のための話し合いの機会を持つことを目的として実施されている。通常の面会よりもはるかに長時間、職員の立会なしで互いに向き合えるため、家族関係に大きな問題を抱えているケースほど教育・処遇効果がある。

少年院法には「少年の健全育成の上での責任者」としての保護者の役割にも着目して、「少年院長は必要があると認めるときには保護者に対し、在院少年の監護に関する責任を自覚させ、指導、助言その他の適当な措置を執ることができる」と規定されている。少年の健全育成のために、保護者とのパートナーシップを大切にしつつ、少年院の使命を果たしていくことの決意の表れかもしれない。

文献

法務省矯正研修所編『研修教材　少年矯正法』、公益財団法人矯正協会、2016

西日本新聞社会部『ルポ・罪と更生』、法律文化社、2014

中村すえこ『女子少年院の少女たち』、さくら舎、2020

守山正・後藤弘子編著『ビギナーズ少年法　第2版補訂版』、成文堂、2016

コラム⑤

問題改善に向けた集中的な指導——特定生活指導

仲野由佳理

学校教育との特徴的な違い

矯正教育と学校教育には似通った点が少なくないが、特に似ているのが指導領域だ。矯正教育の指導領域は、①生活指導、②教科指導、③職業指導、④体育指導、⑤特別活動指導の五つがある。学校では「職業指導」という言葉には馴染みがないが、職業訓練教育やキャリア教育と置き換えれば、なんとなくのイメージはつかめるだろう。とはいえ、領域が似ているといっても少年院と学校では役割が大きく異なり、その主たる目的は「改善更生」「社会復帰」である。社会的な期待や役割の違いは、当然、教育内容にも反映されるわけで、そうした改善を目的とするがゆえに、矯正教育は「生活指導」の領域に重点を置いている。例えば、生活習慣の改善を目指す基本的生活訓練に始まり、非行に関する問題性への指導（問題行動指導）、治療的指導、被害者心情理解指導、保護関係調整指導等、多岐にわたる。このなかでも、学校教育ではほとんど実施されないものとして「特定生活指導」がある。

特定生活指導の内容

特定生活指導は、「特定の事情を有する在院者に対し、その改善に向けて行われる指導」である。被害者の視点を取り入れた教育、薬物非行防止指導、性非行防止指導、暴力防止指導、家族関係指導、交友関係指導などがこれにあたり、主には個々の少年が行った非行の内容や性質に対応した指導ということになる。こういった特定の非行や問題行動に焦点化した指導は、学校で行うとすれば夏休みの前などが一般的で、存在感は大きくない。筆者自身、学生に「問題性に関わる教育、指導でどのようなものを経験したか」と問うても、「外部講師が来て、危険性とか色々講演してくれたような気がする」という曖昧な返事が返ってくる程度である。むしろ、記憶に残る指導を受けた人の方が少数派ではないだろうか。

学校教育の場合は、社会的役割からして「してくれたような気がする」でもよいだろう。しかし、なんらかの問題に関与したため少年院で生活を送る少年たちが、問題性への指導を「してくれたような気がする」程度で退院しては困る。少年院には「再非行・再犯を抑止する」という目的があるのだから。そこで特定生活指導では、具体的な意識や行動変容に働きかける科学的な方法を採用している。

例えば、薬物非行防止指導では、J.MARPPという認知行動療法に基づくプログラムが使用される。このJ.MARPPは、精神科医の松本俊彦氏が2006年に開発した薬物依存症治療プログラム(SMARPP)をもとに、現役の法務教官らが中心となって少年院向けに改編したものである。また、SSTやアンガーマネジメント、アサーション・トレーニング、マインドフルネスなどの心理教育の技法も取り入れる。これらの技法は学校現場への応用可能性が模索されており、文部科学省発行の『生徒指導提要』でも生徒指導上、参考にすべき技法として紹介されている。

「葛藤」を活用した指導

少年院における問題性への働きかけは、「記憶に残ればいい」ではなく「記憶に残らなければならない」という切迫感を持って行われる。エビデンスに基づく技法を導入するだけではなく、指導者である法務教官や外部講師の熱意も段違いだ。もちろん、非行や犯罪から距離を置きたいという少年にとっても、そこでの学びは「実際に生活を変えるため」の足がかりとなるという点で、動機づけも明確だ。

ところが、その切実さや熱意ゆえに、指導の内容に関して「葛藤」が生じる場面もある。それは「理想」と「現実」を接合しようとするからこそ生じる葛藤である。

例えば、薬物非行防止指導を例に考えてみよう。そこでの主な目的は、薬物を使用しない選択をし続ける、薬物から距離を置くことである。しかし、それは難しい課題だ。薬物を勧められてもはっきり断れると頭では思っていても、その場面にいる「自分」が実際に「断る」という行動をとることは難しい。筆者は、10年ほど前に援助交際体験者へのインタビュー調査をしていたが、そこで薬物使用経験のある少女に出会ったことがある。「ダイエットになる」という誘い文句はもちろん、すでに使用している知人らを目の前にして「私には必要ない」とはっきり断るのは、10代の少年少女にとって友人関係を損なう可能性があり、リスクの高い行為である。考えてみてほしい。同性の集団で「仲間外れにされる」ことがどれほどの恐怖をともなうか。大人は「薬物を使用しないことのほうが何倍も大事なこと」と言うかもしれない。しかし、仲間外れにされ、たった一人で送る学校生活を想像した上でも、一片の迷いもなく同じことが言えるだろうか。「その場にいたら断るなんて無理」と語った少女の、諦めにも似た表情を今もよく覚えている。

少年院で行う特定生活指導は、こうした「少年のリアルな悩み」に耳を傾け、様々な状況や相手との力関係を調整しながら、「実際に望ましい行動選択ができるよう」に働きかけるものだ。心理的負荷の低い状況から次第に難易度を上げて、少年が目指す「望ましい行動」へ向けて思考実験や役割演技を繰り返し行う。その試行錯誤の過程で生じる「葛藤」を「我慢する」「ねじ伏せる」といったことはしない。葛藤を丁寧に細解くことで「もう二度とやらない」という精神論的な「理想」から、「どうしたらやらないで生活できるか」という方法や考え方、すなわち「現実」的な思考を獲得していくのである。

社会内処遇への引き継ぎ

とはいえ、少年院における「特定生活指導」にも弱点はある。その試行錯誤は、社会から隔絶された場所で行われており、あくまでも「思考実験」に留まることだ。例えば、社会復帰を果たした後、年上の非行仲間数名とばったり出会い、周囲を囲まれ威圧される。そして目の前に薬物を出されて決断を迫られるといった場面は、少年の「日常」ではありがちなものだ。断れば暴力を加えられるかもしれない、でも再使用はしたくない。この究極的な場面で少年が決断をするとき、その基準は「再非行せずにいられるかどうか」ではなく、「この場面を切り抜けられるかどうか」に切り替わってしまうのである。

こうした「弱点」があってもなお、特定生活指導に意味があるのは、試行錯誤の結果として「困難な状況を回避する別の手段」を少年自身が考えることになるからだ。生き抜く知恵は、困難な環境のなかでのみ必要なものではなく、困難な環境そのものを回避するためにも使われる。例えば、帰住先を変更する、身近な支援者の協力を得るなどだ。その意味では、特定生活指導は少年の抱える諸問題から立ち直るための「前哨戦」であり、社会に生活の場を移してからが「本番」である。その点でも、社会内処遇との連携をより一層強めることが求められる。

写真１　特定生活指導の一風景

第７章　少年院の社会復帰支援について――実務家の立場から

服部達也

１　はじめに

現在、我が国の少年院では、２０１５年に全面改正された少年院法第44条で新たに規定された「社会復帰支援」の条項に基づいて、「修学支援」「就労支援」「福祉的支援」が関係機関と連携・協働しつつ展開されている。ところで少年院が関係機関と連携して社会復帰のために各種支援を行うというフレームワークは、上記の少年院法改正の際に「無の状態」から創設されたものではなく、少年院の機能の充実のために関係制度の変更や改定が行われてきた歴史のなかに、その萌芽をみることができる。

本章では、まずその点を説明したうえで、現在行われている社会復帰支援の内容を概観しながら、その意義や実施上の課題について述べる。そして、多機関連携の現状と今後の課題、展望についても若干の考察を加えたいと思う。

本章では、社会復帰支援に関連する制度や法律上の位置付けなど、読者によってはあまり馴染みがなく、内容によってはいささか難解と感じられるものもあるかもしれないが、社会復帰支援がどのような法的根拠のもとに展開されているのかを理解することは、少年矯正に何ができて何ができないかを知る上でも非常に重要な作業であることから、分かりにくい点があったとしても御容赦のうえ、読み進めていただきたい。

2 少年院における社会復帰支援のフレーム構築の経緯

そもそも社会復帰支援が展開されるに至った経緯は、2009年に発覚した「広島少年院不適正処遇事案」[1]に端を発する。それを受けて2010年に「少年矯正を考える有識者会議提言——社会に開かれ、信頼の輪に支えられる少年院・少年鑑別所へ」が発表された。この提言において「社会復帰支援の強化」という項目が立てられ、「少年院は、社会における様々な分野の専門機関・専門家や企業等の協働・連携を通じ、個々の在院者に応じた就労支援、修学支援その他の社会復帰支援の一層の充実を図るべきである」として、少年院での社会復帰支援の推進が謳われたのである。[2]

なお、ここで留意しておくべきことは、少年院における（関係機関と連携しての）社会復帰支援という概念の始まりは、1977年に発出された法務省矯正局依命通達「少年院の運営について」（いわゆる「運営改善通達」）にあることだ。

当時、少年院で更生支援・矯正教育を完結させようとして硬直化した処遇のあり方に対して、自己完結的すぎるという批判が向けられ、少年院送致を決定する立場にある家庭裁判所等の関係機関は不信感を抱くに至った。つまり、本当の意味での「更生」、「立ち直り」は、社会生活を送る社会内処遇の場でこそ試される。社会内処遇との接続という視点を置き去りにする自己完結型処遇が、果たして少年の利益になるのか、というわけである。

一般論として、少年院での教育・処遇にあたる法務教官には熱意と責任感が旺盛な者が多いが、それが強い使命感となり過ぎるあまり「絶対に少年院の中の教育で更生させるんだ」、「少年院の中でできることを全てやってしまいたい。その上で自信を持って社会復帰させたい」という「自己完結主義」に陥るおそれがあることも時として指摘される。

そして、その傾向がとりわけ顕著だったのが「運営改善通達」が発出される1977年以前の時代であり、上記の思いが強すぎた結果、少年院の処遇・教育内容及び収容期間が硬直化した。家庭裁判所の目には少年院が「抱え込み」過ぎて魅力的に映らず、「少年院の処遇・教育は効果的なのか？」との不信感を抱き、少年院への送致をためらったり消極的に考える方向に向かっていった。その結果、少年院送致人員(収容少年の数)が激減して、少年院の存立が危機に瀕した。

一連の出来事に対する反省から、関係機関との「有機的一体化」を旗印として、「処遇の個別化」の推進とともに、収容期間の弾力化、つまり早期の社会復帰につなげる施策の導入が図られた、というわけだ。こうした歴史的経緯が、関係機関と連携した処遇と社会復帰という原則として、現在につながっていると理解できる。

さて、社会復帰支援の推進をはじめとして、今後の少年院運営における指針が「少年矯正を考える有識者会議提言」の中で明文化されたことを基盤として、その後、少年院法が65年ぶりに全面改正されるに至った。その第44条で「少年院は、在院者の円滑な社会復帰を図るため、出院後に自立した生活を営む上での困難を要する在院者に対しては、その意向を尊重しつつ、次に掲げる支援を行うものとする」と規定された。社会復帰支援が少年院の業務として法律上、明確に位置付けられることになったのである。

支援の種類や内容としては、①修学支援、②就労支援、③福祉的支援の三つがあげられるが、特筆すべきは福祉的支援が規定されたことであろう。従来、医療措置課程（対象は心身の故障がある者）や特殊教育課程（対象は知的能力の制約のある者と情緒的に未成熟な者）を有する少年院において、個々の少年の必要性に応じて福祉機関等に援助を要請して連携を行っていた。しかしながら、連携に際して各機関と共有可能なフレームワークの構築には至っておらず、その前提となる法的根拠も明確ではなかった。このような課題を抱えていたものの、青少年を取り巻く社会情勢や家庭環境の変化にともない、貧困や虐待等の社会病理が少年の不適応行動や問題行動の背景としてクローズアップされるようになると、少年院全般において福祉的支援の必要性が認識されるようになった。また、「障害者自立支援法」の施行（２００６年）に見られるように、様々な領域の福祉的支援のスタンダードが地域社会での自立のための支援へと変化してきたこともあり、少年院における福祉的支援においても、そのフレーム構築が必要となってきたと考えられる。

3　少年院における社会復帰支援の内容

では、現在の社会復帰支援の具体的内容とはどのようなものなのだろうか。ここでは、少年院での社会復帰支援の根拠規定である少年院法第44条の内容である「修学支援」「就労支援」「福祉的支援」の事項別に、その実施状況を概観してみたい。

(1)修学支援

少年院法の全面改正以前も、中学生を収容する少年院においては、在籍中学校への復学や、収容中に卒業時期を迎える者への在籍中学校からの卒業証書交付に向けての調整、高校進学・受験手続に関する在籍中学校との連携等の修学援助を実施してきた。また、高等学校の通信制課程が設置されている少年院では、当該高等学校と通信制教育の実施に向けて協働してきた。

そして、現在の少年院における修学支援の中で重点的に展開されているのが、高校進学や高校卒業資格取得のための支援である。

少年院に収容される少年のうち、教育程度が中学卒業または高校中退の者が過半数を占める（2019年の少年院入院者のうち、中学卒業の者が男子では24・7パーセント、女子では21・1パーセント、高校中退の者が男子では40・1パーセント、女子では40・6パーセントとなっている）。彼らの最終学歴は「中学校卒業」であり、その後の就労や各種資格取得のうえで、さらには人生を切り開いていくにあたって、大きな阻害要因になっていると考えられる。

このことから、現在全国の少年院では、出院後に高校への進学・復学意欲を喚起するべく、全在院少年に対して、教育業界の専門業者の協力のもとに作成した「修学情報ハンドブック」を配布している。あわせて、特に「重点指導施設」に指定された少年院を中心に、少年院在院中に「高校卒業程度認定試験」を受験する者への受験支援の一環として、地元の大学生や教職経験者を外部講師とした学習支援を実施している。[▼3]また、新しい取り組みとして、広域通信制高校との連携や、少年院の所在する地域の自治体および民間NPO法人との三者連携・協働による学習指導なども始まっている（第8章参照）。

（2）就労支援

就労支援においては、まず昨今の若年層の就労を取り巻く社会状況に関する正しい知識の習得を目指す。

また、就労に関して適切なアドバイスを受け入れる素地を整えるために、少年院内でキャリアコンサルタント等の「就労支援スタッフ」による指導・援助や、ハローワーク職員による就職相談を実施している。この就職相談や指導は、ハローワーク職員が少年院を訪問して行う場合と、少年院職員が少年とともにハローワークを訪問して行う場合がある。また、少年の就労先を確保するための施策として、協力雇用主制度の利用や「職親プロジェクト」等との連携も積極的に行っている。

また、職業指導・職業訓練の種目の中で、就労支援として特に有効と目されるものとしては、特定の施設で実施されている「介護職員初任者研修」等の介護サービス業務関係の資格取得や、大型車両運転免許取得のための訓練コースの受講など、各種検定試験合格へ向けたサポートがある。また、将来的にサービス業や接客業に従事することを希望する者への業務スキルの習得・向上を図るためのパソコン指導等も行われている。特に最近は、出院後の職場への定着を図るための支援策の一つとして、警察当局の協力のもと、少年院内で原動機付き自転車の運転免許(原付運転免許)を取得できるようになった施設もある。[4]

なぜ職場への定着に向けて原付運転免許が重要なのかといえば、少年の帰住する地域によっては、自動車免許がなければ職場への通勤が難しい場合がある。通勤は毎日のことであるがゆえに、日々実感する「通いにくい」「面倒くさい」気持ちは、就労継続へ向けた動機づけを簡単に切り崩してしまう。「原付」という通勤手段は、自動車よりも金額的に手が届きやすいうえに、少年にとっても身近な乗り物であることは自明であろう。

このように一見「小さなこと」「些細なこと」に思えることでも、少年の円滑な社会生活には困難が生じるということを認識いただければと思う。

(3)福祉的支援

少年院法で規定する福祉的支援の内容を具体的にみると以下の通りである。まず、①適切な医療又は療養を受けるために出院後に通院可能な医療機関を確保したり、福祉サービス等を受けるために必要な療育手帳や精神障害者保健福祉手帳の発給に必要な手続きや調整を行うための支援、②出院後に通院等、必要な医療を受ける可能性のある医療機関を訪問させる、福祉的サービス等を受けるために必要な手続きを行うため公的機関等を訪問させる、入所を予定している福祉施設等を見学又は体験入所させる等の支援、③薬物、アルコール等への依存からのリハビリのための自助団体等の施設を見学又は当該施設に体験入所させる等の支援といったものになる。

これら福祉的支援の充実に向けて、特にニーズが高いと認められる二つの少年院に精神保健福祉士を、22の少年院に社会福祉士を、それぞれ非常勤職員として配置している（2021年度）。少年院に配置された社会福祉士の主たる業務内容としては、①支援対象少年への福祉的支援を進める上での関係福祉機関・関係自治体とのコーディネーター的役割、②支援対象少年及び保護者への福祉的視点からのフォローアップ及びアセスメント、といったものである。

ところで従来少年院での福祉的支援といえば、その対象を、純然たる疾病や障害があり、それに対して福祉的支援・サービスを要する者に限定して解釈・運用していたところがある。しかし、情緒障害や発達障害が疑われる、いわゆる「ボーダーライン」の少年が増加してきていることや、家庭における貧困、虐待等が非行の大きな背景であることが認められるケースが多いことを勘案すると、福祉的支援の対象を前記のようにことさら狭義に解するべきではないと考えられる。今後、少年院での福祉的支援の対象の範囲を拡充していく取り組みが肝要である。

4　社会復帰支援における多機関連携の現状と課題

（1）多機関連携の現状

　ここまでみてきた各種の社会復帰支援の展開を真に実効性のあるものにしていくためには、何よりも外部の関係各機関との連携が不可欠である。例えば修学支援においては、前述の通り、対象在院者の在籍中学校・高校や教育委員会との間で、日頃からの情報共有はもとより、有機的な連携の大前提となる「相互理解」が可能になるよう、必要な情報を少年院側から積極的に発信していくことが必要である。

　この点に関して、令和元年度には、法務省矯正局及び同保護局から文部科学省初等中等教育局に、保護観察及び少年院送致となった少年の修学支援に向けた、学校等と保護観察所及び矯正施設との連携強化に関する依頼を行っている。矯正局・保護局作成の「保護観察・少年院送致となった生徒の復学・進学に向けた支援について」（令和元年6月）には、復学支援に向けた連携事例集が含まれている。これを手引書として、文部科学省を通じて各都道府県教育委員会に送付・周知を図るとともに、文部科学省も初等中等教育局長名で各都道府県教育委員会等宛てに修学支援に向けた少年院と学校との連携強化に関する取り組みの充実に関する通知を発出している（令和元年6月12日「保護観察及び少年院送致となった少年の修学支援に向けた学校等と保護観察所及び矯正施設との連携強化について（依頼）」）。

　また、高等学校卒業程度認定試験受験対象少年への重点指導については、外部の人材を活用しているところであるが、有為な外部指導者を確保できるように日頃から近辺の大学等の機関と良好な関係を作り維持しておくことが必要であり、そのためのネットワーク作りにも普段から労を惜しまずに取り組んでおくことが不可欠である。

就労支援については、資格や免許取得のために関係機関と日頃から「顔の見える関係作り」に努めるとともに、近隣の事業所等での「インターンシップ体験」実施について、協力事業所等を更に積極的に開拓していく必要がある。この点でも、連携できる機関を従来のものに留めず、新規に機関や組織を掘り起こしていこうという姿勢が大切である。

そして、多機関連携が最も不可欠な領域はやはり福祉的支援に関連するところである。前述のように、少年院による福祉的支援の対象を、純然たる疾病や障害を持つ者に限らず広く社会支援を要する少年とその保護者・家族と捉えれば、要支援対象者の居住する自治体の福祉行政の関係部署やケースワーカー、児童相談所、「相談センター」等も含めた医療関係機関との連携も少年院側から積極的に働きかけていくことが今後益々必要になってくるであろう。その際には、ケースによっては少年院が各機関連携の中で中核的な役割を担うことも必要であろう。あるいは、既存の支援ネットワークのフレームワークの中に少年院を組み込んでもらうことも、円滑な情報共有という点では実効性のある取り組みといえよう（例えば、少年本人又はその同胞が虐待経験者あるいは当事者である場合の児童福祉の制度である「要保護児童対策地域協議会」への参加など）[5]。

ところで上記のような多機関連携に関して、全面改正後の少年院法は、「少年院の長は、在院者の処遇にあたり必要があると認めるときは、家庭裁判所、少年鑑別所、地方更生保護委員会又は保護観察所その他の関係行政機関、学校、病院、児童の福祉に関する機関、民間の篤志家その他の者に対し、協力を求めることができる」と規定している（第18条）。この条文中の「その他の関係行政機関」とは公共職業安定所や都道府県警察、「児童の福祉に関する行政機関」とは児童相談所と国や地方自治体設置の児童福祉施設を指す。さらに「児童福祉施設」には助産施設、乳児院、母子生活支援施設、保育所、児童厚生施設、児童養護施設、障害児入所施設、児童発達支援センター、情緒障害児短期治療施設、児童自立支援施設、児童家庭支援センターが含まれている。

以上が少年院の社会復帰支援、とりわけ福祉的支援における多機関連携に関する法的根拠であるが、注視すべきは、上記の条文においては「民間の篤志家その他の者」も規定されていることだ。すなわち、少年院における種々の社会復帰支援の展開及びそのための多機関連携におけるパートナーについては、行政機関、官公署職員に限らないことが明示されている。

今後、少年たちを取り巻く社会状勢の更なる混迷化、複雑化に伴い、柔軟性と実効性のある社会復帰支援を進めていくうえでは、これまでの枠に留まらず、必要に応じて弾力的に民間リソースとの連携や活用を図っていくことも視野に入れていかねばならないであろう。一例として、現在、何庁かの少年矯正施設では、各電話会社と連携して適切なＳＮＳ使用に関する講習会を施設内で開催し、指導を実施していることを紹介しておきたい。このように社会復帰支援における多機関連携のうえでのフレームワークの裾野を拡げることこそが、「再犯防止推進法」（２０１６年成立・施行）及びこれに基づく「再犯防止推進計画」の重要なポイントである「関係機関連携による（再犯防止のための）『息の長い支援』の実現」につながっていくと思われる。

(2)出院者への支援の在り方

ここまで少年院における社会復帰支援の内容等を概観したが、改めて考えてみたとき、社会復帰支援の究極の目的とは、出院後に待ち受ける数々の困難要因に負けることなく、自立の上で必要不可欠な「居場所と出番」を確保できるようにしてあげるということに尽きる。そうであるならば、この支援は少年院での在院期間中のみ実施すればよいというものではなく、むしろ在院中から継続し出院後も引き続き受けることのできる、シームレスな支援であらねばならない。

まさしく「少年院だけでの自己完結型」の支援ではなく、少年院在院時から連携を開始する各連携機関においても、出院後の的確な支援が可能となるよう「少年院と関係他機関との有機的一体化」を目指さなければならないだろう。

ところで、新少年院法第１４６条「退院者等からの相談への対応（協力）」業務という事項に、「少年院長は、退院し、若しくは仮退院した者又はその保護者その他相当と認める者から、退院し、又は仮退院した者の交友関係、進路選択その他健全な社会生活を営む上での各般の問題について、相談を求められた場合において、相当と認めるときは、少年院の職員にその相談に応じさせることができる」と規定されている。この条文は、一義的には出院者本人からの直接的な相談依頼がなされることを想定しており、事実、各少年院では在院者が出院する際には、施設の電話番号が掲載された「社会復帰支援ハンドブック」を持ち帰らせ、本人が出院した少年院に対して社会復帰後の生活での種々の悩みや困りごとの相談を寄せやすいよう配慮している。

しかしながら、上記のとおり、同条文の規定においては単に出院者及びその保護者のみならず、社会復帰支援に関わる関係者を「その他相当と認める者」という括りの中で想定していると理解することも可能である。また、社会復帰支援実施上の懸案や問題点、支障に関して、出院後の支援を担当する機関・担当者が、在院時から連携してきた少年院と引き続き支援のための連携を図れるよう、「健全な社会生活を営む上での各般の問題」に該当するという解釈・運用も可能であり、これを積極的に図っていくことが望まれる。そうであってこそ、少年院と関係機関との出院後も切れ目のない連携が躊躇なく展開していける。

実際に、これまでの実務においては、実子への虐待事犯により少年院送致となった少年が、少年院内で家族関係の再統合のためのプログラムを少年院配置の社会福祉士から受け、出院後の生活支援等のためのカンファレンスを少年院と関係各福祉機関が在院時から実施していた例がある。この例では、出院後も帰住先担当の児童相談所からの依頼に基づき、少年院の社会福祉士が引き続きプログラムの実施等を行ったという経緯がある。▼6 このように出院後も関係機関との綿密で断絶のない支援実施を担保できるよう、少年院法146条の規定を積極的に活用していくことも、特に福祉的支援の領域においては十分に考えていかねばならない。

(3)社会福祉士の拡充

さて、前節で紹介した出院後も支援を継続した福祉的支援の実例でも明らかなように、少年院での福祉的支援の中核であり、その円滑な実施の可否を握るキーパーソンは、施設に配置されている社会福祉士である。しかしながら、少年院の社会福祉士の配置状況は、前掲のとおり全国でまだ22庁に留まっている。昨今、福祉的支援のニーズの高い少年の増加は顕著であり、「生きづらさ」を大きく抱えた少年及びその保護者が数多く存在することを考えると、専門的知識を有し、各種福祉的支援、サービス受給のための手続きにも精通した専門家でありアドバイザリー・スタッフでもある社会福祉士の配置の更なる拡大が望まれる。

また、少年院における社会福祉士の本来の業務としては、①療育手帳や精神保健福祉手帳の申請、更新手続き、②自立支援医療の手続き、③障害基礎年金の申請、④障害福祉サービス利用に関する手続き、⑤各種事業所、自治体関係者への情報提供、などが挙げられるが、社会福祉士の業務をこのような事務手続きのみに限定的に捉えるべきではない。むしろ「福祉的支援」全般に関する深い知識と、支援対象者及び保護者等への、科学的根拠に裏付けられたアプローチに関するスキルを併せ持ち、それを確実に実践できる頼りがいのあるスペシャリストと位置付けた上で、直接指導・処遇に当たる法務教官との協働により効果を上げる、施設にとって不可欠な存在と認識するべきである。

そして、福祉的支援の推進の上で常に指摘されるのは、「刑事司法・矯正保護」と「社会福祉」との理念や文化の違いである。

刑事司法の目指す到達点は「再犯・再非行を行わない社会復帰・社会生活の実現」であり、「そのための教育・処遇の実施」である。一方「社会福祉」の目指す到達点は「その人なりの社会での共生」であり、「そのための支援・寄り添い」である。そこからしばしば、相互理解の困難さや情報共有のあり方といったことが論議されるが、施設配置の社会福祉士の存在がその点での「調整弁」的役割を果たすことも期待される。福祉的支援における「多機関連携」と「他機関連携」にあって、コーディネーター的機能を発揮できるのが施設に配置される社会福祉士であると言えよう。

5　おわりに

これらを併せ考えると、やはり施設配置の社会福祉士の拡充は喫緊の課題であると言えるが、施設側において銘記しておかねばならないのは、配置されている社会福祉士が「ジェネラリスト・ソーシャルワーカー」としての本領を遺憾なく発揮できるように、施設がそのために必要な「フォーマット」を整備していくよう配意することである。

ジェネラリスト・ソーシャルワーカーとは、文字通り「ジェネラリスト・ソーシャルワーク」を実践するソーシャルワーカーを指す。個人と地域を一体のものとして捉えるという視点に立ち、これは1970〜1980年代にかけてのシステム理論やエコロジカル・パースペクティヴ、エコシステム等の基礎概念が統合されている。その具体的な方法論については割愛するが、筆者が強調したいのは、ジェネラリスト・ソーシャルワークは、ニーズの多様化・深刻化に応じることを目的としてマルチパーソン援助システムを採用する点である。多機関・多職種の専門家や準専門家、ボランティア等が一体となる連携・支援は、本章で述べてきた一体的・包括的な連携構築の重要性と重なるだろう。そして、そのような連携・支援が可能となるかどうかは、制度的な問題だけではなく、「少年院の長」の運用・解釈にもよるところが大きい。

少年院長自らが機関連携のうえでのそれぞれの存在価値を尊重、理解し、その姿勢を示していくことが肝要である。

文献

法務省矯正局編『新しい少年院法と少年鑑別所法』公益財団法人矯正協会、2014
少年矯正を考える有識者会議「少年矯正を考える有識者会議提言——社会に開かれ、信頼の輪に支えられる少年院・少年鑑別所へ」、2010
法務省矯正局少年矯正課『少年院における矯正教育の現在』財団法人矯正協会、2009
財団法人矯正協会『矯正教育の方法と展開——現場からの実務理論』財団法人矯正協会、2006
財団法人矯正協会 法務省矯正局編『子ども・若者が変わるとき——育ち・立ち直りを支え導く少年院・少年鑑別所の実践』公益財団法人矯正協会、2018
広田照幸・古賀正義・伊藤茂樹編『現代日本の少年院教育——質的調査を通じて』名古屋大学出版会、2012

広田照幸・後藤弘子編『少年院教育はどのように行われているか』公益財団法人矯正協会、2013
岡田行雄編著『非行少年のためにつながろう！――少年事件における連携を考える』現代人文社、2017
日本司法福祉学会編『司法福祉』生活書院、2017
日本生活指導学会編著『自立支援とは何だろう――福祉・教育・司法・看護をまたぐ地域生活指導の現場から考える』高文研、2019
三浦恵子「『当事者性』という観点から保護観察処遇と更生保護を考える」、日本社会病理学会編『現代の社会病理』第34号、2019
服部達也「少年院における社会福祉士と連携した社会復帰支援の在り方について――四国少年院での「福祉的支援」の実例紹介を中心とした考察の試み」、日本社会病理学会編『現代の社会病理』第33号、2018
服部達也「虐待事犯により少年院送致となった少年・家族への少年院における福祉的支援の実践例に基づく家族関係再構築、包摂的支援の在り方への考察」、『社会安全・警察学』第5号、2019

註

▼1 広島少年院（広島県東広島市）において、幹部職員を含む職員5名が在院者50名余りに対し、合計１００件余りの暴行等の不適正処遇を長期間にわたって行っていたことが判明し、当該職員が「特別公務員暴行陵虐罪」により逮捕、起訴、実刑を含む有罪判決を受けている。

▼2 同提言中、「第5　具体的提言」の「2　少年の再非行を防止し、健全な成長発達を支えるための有効な処遇の展開」の「(2) 協働態勢による重層的なかかわりの推進」の中の「オ　各種社会復帰支援の強化」という項目において少年院での社会復帰支援の推進に関して記述されている。

▼3 新潟少年学院（新潟県長岡市）において地元の新潟大学生を同試験に特化した受験指導のための協力者として招へいしたことを皮切りに、２０１９年時点で全国の13庁の少年院が、外部協力者招へいのための予算措置等がなされた上で「高等学校卒業程度認定試験受験重点指導施設」に指定され、同様の取り組みを行っている。

▼4 北海少年院（北海道千歳市）、茨城農芸学院（茨城県牛久市）、加古川学園（兵庫県加古川市）、人吉農芸学院（熊本県人吉市）の4庁で２０１９年4月から実施されている。

▼5 「要保護児童対策地域協議会」とは、虐待を受けている子どもをはじめとする要保護児童の早期発見や適切な保護を図るために関係機関がその子ども等に関する情報や考え方を共有し適切な連携の下で対応できるよう、２００４年の

児童福祉法の一部改正により各地方公共団体に設置されるようになったものである。

▼6　服部（2019）、『四国新聞』２０１８年10月18日付朝刊を参照。

第8章　少年院における修学支援

田中奈緒子・藤田武志・伊藤茂樹

1　はじめに

２０１９年1月、『平成30年版再犯防止推進白書』が発行された。これは、２０１６年12月に成立・施行された「再犯の防止等の推進に関する法律」に基づき初めて作成されたものであり、２０１７年12月に策定された「再犯防止推進計画」に盛り込まれた１１５の施策に関する取組状況が掲載されている。

その施策の柱の一つとして「第4章　学校等と連携した修学支援の実施等のための取組」があり、ここには「矯正施設と学校との連携による円滑な学びの継続に向けた取組の充実（施策番号62）」「矯正施設における高等学校卒業認定試験の指導体制の充実（施策番号63）」「矯正施設からの進学・復学の支援（施策番号64）」などの施策が並んでいる。

本章では、少年院で行われている社会復帰支援としての修学支援、特に「高等学校卒業程度認定試験の指導」に着目し、二つの男子少年院における観察とインタビューを踏まえ、その現状や今後の課題について検討する。

2　社会復帰支援としての修学支援

(1)修学支援の強化

少年院ではこれまでも再非行防止に向け、少年の特性に応じた矯正教育を行うと共に、修学に向けた支援や就労支援等といった社会復帰支援を行ってきた。が、改正された少年院法（２０１５年）において、これら社会復帰支援が少年院の業務として明確に位置づけられることとなった（第44条）。再非行防止のためには、矯正教育に加え、円滑な社会復帰のために少年院と出院後の社会とをつなぐ支援が重要であると法的に意味づけたと言えるだろう。

少年院における社会復帰支援としては、これまで主に就労支援が行われてきた。犯罪白書（２０２０年）によると少年院入院者における非行時の就学・就労状況をみると、学生・生徒は全体の24・8パーセント（男子24・3パーセント、女子30・8パーセント）とおよそ4人に1人に過ぎない。さらに、非行時に高校生であった者でも、少年院に入院することで高校を中退せざるを得なくなることが多いことから、少年院在院少年の多くが、出院後には中学卒業の学歴で就職を目指すことになる。少年院における処遇の中核となる矯正教育の5分野のひとつとして「職業指導」があり、勤労意欲を高め、職業上有用な知識や技能を身に付けることを目的としており、この指導を受けた多くの少年が、溶接、情報処理、土木・建築等の資格・免許を取得し出院していく。

しかし、文部科学省学校基本調査（２０２０年）によると高等学校等への進学率は約99パーセントに達し、大学（学部）進学率が54・4パーセントに達し過去最高となっている。ここに短期大学や専修学校専門課程や高等専門学校4年在学者を加えた高等教育機関への進学率は83・5パーセントとなっている。このような高学歴化社会において、最終学歴が中学卒であることは、その後のキャリアにおいて不利と言わざるを得ない。そのため、就労支援に加え、修学支援についても充実が図られることとなったと理解できるだろう。

法務省では、修学支援の充実を、再犯防止推進計画の重点課題の一つにあげている。具体的には、少年院在院者に対し学ぶことへの動機づけを高めさせることを目的として、全在院者への「修学支援ハンドブック」の配布（2016年度より実施）、修学支援デスクの整備、高卒認定試験受験指導のモデル庁の指定（13庁）などを行っている。

もともと、教科指導は職業指導と同様に、少年院における処遇の中核となる矯正教育の5分野の一つであり、少年院法では以下の2種類が定められている。ひとつは、義務教育を終了していない少年、あるいは義務教育レベルの基礎学力を備えていない少年に対し、学習指導要領に準拠した各教科の指導を行うことであり、これは少年院長の「義務」として定められている（少年院法第26条1項。第4章参照）。もうひとつは、学力の向上を図ることが円滑な社会復帰に特に資すると認められる少年に対して、学校教育法上の高等学校等の教育内容に準ずる内容を指導することであり、これは少年院長の「裁量」と位置づけられている（同第26条2項）。高卒認定試験受験指導は後者にあたる。

さらに、学校教育当局と協働した修学支援の充実も図られ始めている。2019年6月には、法務省矯正局と保護局が文部科学省初等中等教育局に対して、保護観察や少年院送致となった少年の修学支援のために学校と保護観察所、矯正施設が連携を強化することについて依頼を行い、これを受けて文部科学省も都道府県教育委員会等に対して、修学支援のための連携強化に関する通知を発出した（『再犯防止推進計画』

を受けた児童生徒に係る取組の充実について」令和元年7月3日付初等中等教育局長通知）。従来、出院者に対する社会復帰支援のための枠組みの整備は法務省単独で行われていたが、再犯防止推進計画の策定により、各省庁が協働して取り組むべき、政府にとっての課題と位置づけられたことの反映である。

なお現在、再犯防止の文脈において法務省をはじめとする各省庁は「就学」ではなく「修学」の語を用いている。かつては復学、進学への支援として「就学支援」という用語が使われることもあったが、「修学」は形態を問わず学問、勉学をすることを指し、「就学」を包含する概念である。支援の中身として広義の概念を使うことには妥当性があろうし、出院後のみならず在院中から勉学を奨励するという意味でも「修学」は重要であろう。従って本書でも「修学」を用いているが、後述するように学校、特に高校に就学し卒業することには固有の意義があると考えられる。非行歴、処分歴というハンディキャップを負っている少年に対しては、できる限り正規の学校教育のルートに復帰させる可能性を探るべきであり、「修学」という語の使用が、どのような形であれ勉強をすればよい、とすませてしまうことにつながってはならない。

（2）高等学校卒業程度認定試験への取り組み

ここで、「高等学校卒業程度認定試験」（高卒認定試験）について確認しておく。

この試験は、大学入学資格検定（大検）に代わって2005年から実施されているもので、試験科目数は8～10科目、試験は8月と11月の年に2回実施されている。

資格の有用性に関して、文部科学省は次のように説明している。

「高等学校卒業程度認定試験は、様々な理由で、高等学校を卒業できなかった者等の学習成果を適切に評価し、高等学校を卒業した者と同等以上の学力があるかどうかを認定するための試験です。合格者は大学・短大・専門学校の受験資格が与えられます。また、高等学校卒業者と同等以上の学力がある者として認定され、就職、資格試験等に活用することができます」。

つまり、この資格は高等学校卒業者と同等以上の学力を有することを認定していることから、進学のためだけではなく、就職に際しても活用できる資格であると謳われている。しかし、就職の際に活用するかどうかは、採用する側に委ねられている。若干古いが文部科学省が２０１３年に行った調査によると、採用試験において高卒認定試験合格者を「高卒と同等」に扱う企業は25・９パーセント、自治体は44・９パーセントでそれぞれ増加傾向にはあるものの、半数にも満たないという実態がある（文部科学省 2013）。

少年院及び刑事施設内では、２００７年度から高卒認定試験の受験が可能となった。その後、２０１５年度から「高等学校卒業程度認定試験の合格を目的とした教科指導」を、新潟少年学院を皮切りに開始した。当時、『朝日新聞』では、「生きなおすため　少年院で受験指導」の見出しで、新潟少年学院の取り組みを紹介している（２０１７年1月20日付）。その際、外部講師として、予備校や塾で長年教え、多数の数学の学習書を著している高橋一雄氏と数学者で群馬大学名誉教授の瀬山士郎氏が迎えられている。

さらに指導体制の充実を図り、現在では「少年院における高等学校卒業程度認定試験重点指導コース」が13施設（全47施設中）において実施されている。この結果、２０１９年度には全国の少年院で５０２人が受験し、合格者２０２人、一部科目合格者が２７８人と実績をあげている。各施設がそれぞれの実情に合わせて実施しているため実態はさまざまであるが、今後この指導をより効果的に行っていくためには、指導の実態把握とそれを踏まえた課題の検討が必須であり、次節でそれを試みる。さらにはこの指導が少年の社会復帰にどのようにつながるのかといった効果の検証も必要であろう。

(3)学ぶことへの動機づけ

心理学では、人や動物の行動に目的や方向性をもたせ作動する推進力となるものを「動機づけ(motivation)」と呼び、研究対象としている。心理学者エドワード・L・デシはモチベーション理論において、2種類の動機づけがあるとした。一つは、ある特定の活動それ自体から引き出される動機づけである「内発的動機づけ」であり、もう一つは、罰や報酬のような外的な要因を予想することで、ある特定の活動へと誘導する「外発的動機づけ」である。

「学ぶ」という活動をこの2種類の動機づけから考えてみよう。内発的動機づけによる学びとは、外から圧力をかけられることなく、学ぶことそのものへの興味や楽しさによって自ら学ぶことである。知識の獲得を目指す知的好奇心であったり、環境に変化をもたらすことができるという自己の有能さを求めることとも言えるだろう。一方、外発的動機づけによる学びは、叱責などの罰や低い評価を避けるために、あるいは賞賛、物質的な報酬や高い評価を得るために学ぶことと言えるだろう。かつては内発的動機づけによる学びこそが望ましい学びであるとされたが、その後、内発的動機づけと外発的動機づけとは明確には区別がつきにくいこと、両者の相乗効果について検討する必要があること、さらに、青年期の学びにおいては、学ぶことが自分の将来のキャリアや社会的役割に関わっていると考えることが動機づけとして重要であるといった指摘がされている。

では、「高卒認定試験受験指導」での学びは、少年にとってどのような意味があるのだろうか。後述する二つの少年院を参観した印象では、これらの指導は少人数で行われている場合が多く、しばしば支持的な雰囲気が感じられた。少年院にいる非行少年たちにとっては、これまでの学校生活においてはあまり経験のないことであろう。そのため、勉強することが面白い・楽しいといった知的好奇心としての学びの側面が見いだせた。加えて、この学びが自分の将来のキャリアや社会的役割に関わる、とみなすことが大きな動機づけになっているように感じられた。

しかし、この試験の受験者のうち一定数は、全科目ではなく一部科目のみ合格という状態で少年院を出院することになる。通信制高校などを利用して、高卒認定試験の不合格科目を一部免除するといった場合を除き、一部科目のみの合格では、「高等学校卒業者と同等以上の学力がある者として認定され、就職、資格試験等に活用できる」ことにはつながらない。

「高卒認定試験に合格」する。これは、彼ら個人にとっても、周囲の大人にとっても、目標としやすく、かつ成果として位置づけやすい。この明確な目標の下、彼らが、知的好奇心に加え有能感を得ることができるならば、社会の中での自分のキャリアを以前より、広くかつ肯定的に検討することにつながり、それはさらに、彼らを再非行から遠ざけることにもなるだろう。

少年院における社会復帰支援としての修学支援が充実してきている今だからこそ、出院後に行われる社会内での支援のあり方が課題となる。少年個人の努力だけに期すのではなく、保護観察所や学校、そして社会が連携し、彼らの学び、つまりは彼らの知的好奇心や有能感を育む支援の仕組みをどのように作り、行っていくかを具体的に検討実践していくことが求められている。

3　高卒認定試験受験指導の現状と課題

(1)二つの少年院の文脈

私たちが高卒認定試験への取り組みについて観察、聞き取りを行った二つの少年院について、まずその概略を紹介する。

A少年院は東日本の大都市近郊に立地しており、歴史の古さと規模の大きさにおいて国内有数の男子少年院のひとつである。在院少年の年齢層は高く、比較的能力が高い少年が多く在院することで知られ、出院後に高校への進学や復学、大学など高等教育機関への進学を果たしたり希望する少年は以前から多かった。これは大都市圏に帰住する少年が多くを占め、こうした教育機会が身近に多いことも背景として挙げられよう。２０１５年から高卒認定試験受験指導の講座を設置して指導にあたってきたが、２０１７年には高卒認定試験受験コースの重点化施設に指定され、受験指導体制を充実強化して取り組んでいる。

これに対してB少年院は西日本の小都市に立地し、管区内の人口がさほど多くないこともあって規模は小さめの男子少年院である。隣接する管区や大都市圏から入院する少年もいるものの、高等教育機関が少なく進学率も大都市圏ほど高くないこの管区内に帰住する少年が多くを占める。やはり高卒認定試験受験コースのモデル庁となっており、少人数ながら受験指導を行っている。

二つの少年院はともに男子少年に高卒認定試験の受験指導を行っているとはいえ、いくつかの点で対照的である。A少年院は少年の能力の高さと大都市圏への帰住を背景に、大学進学を含めて修学への高い意欲を持つ少年が少なからず在院しているのに対して、地方にあるB少年院は非行少年の背景も出院後に想定される進路も「伝統的」であり、修学や学歴に対する野心はそれほど高くないと推測される。

両少年院ではこのように対照的な文脈において高卒認定試験の受験指導が行われており、さまざまな違いがあると想定される。少年院における高卒認定試験受験指導や修学支援を一枚岩的なものと見るのではなく、社会的文脈の違いを背景とした多様性を視野に入れて比較検討したい。

(2) A少年院における指導

A少年院での高卒認定試験対策講座の授業の参観は2019年3月に行ったが、3月とあって高卒認定試験（8月及び11月に実施）にも大学入試にも近い時期ではなく、「通常の態勢」と言ってよい状況であった。

授業が行われる大きな教室には前方と後方にホワイトボードが置かれ、高卒認定試験の過去問集や参考書、大学別の入試の問題集などの教材も数多く備え付けられている。

授業は少年院における他の科目と同様、号令や起立してのあいさつといったルーティンから始まるが、その後約30名の受講生は各自のやるべきことをするために、いちはやく学習を始める。

教室前方では予備校から派遣された外部講師が英語の授業を始め、何人かの少年がそちらを向いて話を聞いている。一方、4人ほどの少年が教室後方の長机に移動すると、そちら側のホワイトボードを使って別の外部講師が数学の授業を始める[1]。

このように教室の前・後方で背を向ける形で行われる英語、数学の授業とは別に、持参した問題集や教室に備え付けの過去問集などで自習する少年もいる。2人の教官が巡回しており、自習中の少年が挙手すると近づいて質問に答える。

教室前方での英語の授業も、しばらく講師が説明した後は各自が自習し、必要に応じて講師が説明をする形で展開した。一方、教室後方の数学の授業では、二次関数の説明に対して全くわからないと言う少年もいて理解度のばらつきが可視化し、割り算や分数の概念など、各自の理解度を確かめながら説明が行われた。このように、少年に意欲はあっても一斉授業が行える条件がなかなか整わないのは、少年院でよく見られる状況である。

自習する少年の中には小学校の算数からやり直している者もいる。一方、歴史の問題に取り組む別の少年に対しては、ある教官が世界史に関する説明を熱っぽい様子で続けた。さらに別の少年は、私立の医療系大学の「赤本」を見ながら教官と志望校の相談をしている。

途中にお茶の休憩をはさみ、授業は2時間ほど続いた。約30人という、高認コースとしてはおそらく最大規模の人数の少年たちは、学習の進度も希望する進路も多様であるが、それぞれにとって今どのような勉強が必要であるかを認識しており、その勉強に集中している印象を受けた。高認コースに在籍していても、日々の生活では教科の学習だけしていればよいわけではなく、使える時間は長くないことも背景にあると思われる。そのぶん指導者は、秩序や規律の維持に手間を取られることはなく、限られた時間を最大限生かして指導が行われている様子がうかがえた。

なお、この日は外部講師が授業を行っていたが、もともと高認コースは教官だけで担当しており、この時点でも教官だけで行う日もあるとのことだった。そのときは授業の進め方も異なり、各自に任せるのではなく全体を引っ張るような指導をしたりするともいう。

また、30人という規模は高認コースの開設以降次第に増えてきた結果である。２０１７年から重点化施設に指定されたのを機に、修学支援のモデルとなるべく質量ともに充実を図ってきた結果として現在がある。こうした流れのなか、高認コースの受講生はもともとは高認受験予定者に限定していたが、その後この制限を撤廃し、既に高認に合格して大学受験をめざす者、既に大学生である者、逆に高認受験よりもまず基礎学力をつけたい者なども含め、教科の学習を希望する者がかなり幅広く集まっているのがA少年院の高認コースである。また、高卒認定試験の志願者数も2017年には100名を超え（2回の試験の合計であり、実人数ではない）、2007年から高卒認定試験が行われている全国の少年院、刑務所の中でおそらく最も多くの被収容者が受験した施設になったと思われる。また高認コースとは別に、NPO法人のスタッフを招いて寮内で個別学習支援も行っているが、これも目的は高卒認定試験合格に限定しておらず、個個の少年の希望進路とニーズに応じた臨機応変の学習支援である。

対象者の人数が増えているのはこのように制限を撤廃したことだけでなく、積極的に動機づけや意欲の喚起を行った結果でもある。他の少年院に比べると修学や進学への意欲が高い者がもともと多かったのは前述の通りであるが、そうした意欲や展望を持たない少年も含めて、高卒認定試験合格のメリットや中学卒の学歴で社会に出る際のリスクについて工夫をこらして伝え、動機づけをしているという。従来高認コースは他の職業指導と並んで多くの中のひとつでしかなかったが、このように積極的に働きかけることによってその位置づけは変わったと言えよう。同時に、幅広い層の少年が集まるようになり、学力差の拡大と全体的な「レベルの低下」にもつながったようであるが、高認コースの拡充は少年にも伝わり、最近では入院前からA少年院での高卒認定試験受験を希望する者もいるという。修学支援に注力する近年の少年院の動きを如実に反映している施設と言えよう。

(3)B少年院における指導

B少年院には2019年1月に訪問し、高認コースの授業の様子を参観するとともに、英語と数学担当の外部講師にインタビューを行った。1月だったため高卒認定試験に向けた授業は既に終了して試験の結果が出ており、これまでの学習の振り返りという内容で特別に設定していただいた回であった。そのため授業の内容は高卒認定試験受験指導そのものではないが、担当講師と少年との関係のありようなどはうかがえたと思われる。なお、2名の講師はともに高校を定年退職した元教員である。

このとき授業に出席した高認コースの元在籍少年は3～4名であった。前年8月と11月の試験以後に出院した少年もいたと思われるが、B少年院の高認コースの在籍人数はこれと大差ない。A少年院に比べると少人数であるが、これは主に両少年院の規模の違いによるもので（2018年のB少年院の1日平均収容人員はA少年院の2割弱である）、ここでも高卒認定試験受験への動機づけは積極的に行うようになっており、増加傾向であるという。いずれにせよ、少人数であることでより個別的な指導が可能になるほか、少年同士の関係性も密で、教え合ったり励まし合うような共同性が感じられた。

まず参観したのは数学の授業であった。講師と4人の少年が会うのは高卒認定試験の直前以来とのことで、最初に講師は試験の結果を受講生に確認した。さらに、これまでの数学の授業の感想や高卒認定試験を受けようと思った理由を尋ねたり、少年の答えに対して講師が感想やアドバイスを返すという形で振り返りが進行した。

話が一段落した後、高卒認定試験で間違えた問題について教えてほしいという要望が出たため、問題を見ながら対話が続いた。こうしたやり取りを通じて、高認コースの少年にとって、高卒認定試験受験のための勉強、高卒認定試験合格、そしてその先にぼんやりとでも見通している進学は、非行という形で早期に躓いた彼らの人生を軌道修正し、後悔なく生きていくための起死回生のチャンスのようなものととらえており、講師はそれを成功させるための手助けをしようとしているように見えた。

英語の授業でも講師と3人の少年が高卒認定試験以来の再会を果たし、少年らが結果の報告をした。次に単語のテストを行い、高卒認定試験受験用のワークブックの問題を解いていったが、高卒認定試験前と同じように進めたようであり、私たちは図らずも通常の授業の進行の様子をうかがうことができた。ここでは進路に関わる具体的な話やアドバイスはあまり出なかったが、試験が終わって3名中2名が合格しているにもかかわらず、少年らが試験前と同じような授業を希望したり、合格の報告をして講師と握手をかわした少年の嬉しそうな様子を見ると、1人の講師と数名の少年で行われたこの授業の場や雰囲気が、少年にとって貴重なものになっていたことが感じられた。

(4)各少年院の高卒認定試験受験指導の個別性、共通性

個別性

二つの少年院は立地する地域をはじめ社会的文脈が異なり、出院後の進路展望など在院少年の特性にも違いがある。それらを背景に、両少年院での高認コースの指導はかなり違って見える。

この印象の違いを端的にまとめるとすれば、大規模かつシステマティックに指導を行うA少年院と、少人数の少年に丁寧かつ教育的に指導を行うB少年院、といった対比になろう。

両少年院の地域的な背景と在院少年の特性の違いについては既に述べた。A少年院は大都市圏に立地して高等教育の機会が多いことに加え、年齢層も能力も高い少年が多く在院するのに対して、地方の小規模施設であるB少年院は、地域も在院少年もより「伝統的」な背景を持っている。

こうした前提の違いに加えて、高認コースそのものも異なる形で整備されてきた。A少年院では予備校に講師の派遣を依頼し、予備校が持っている高卒認定試験受験対策のノウハウを活用するとともに、教官もとにかく合格することをめざして受験の「テクニック」的なものを効率よく伝えることを優先して指導にあたっている。受講者については、もともと修学に意欲を持つ少年以外に対しても高卒認定試験合格のメリットを伝えることで、より多くの少年を高卒認定試験受験や修学に動機づけ、高認コースを「大規模

化」している。

一方B少年院の高認コースの授業を主に担当するのは、地元の高校で長年教壇に立っていた元教員である。いわゆる「底辺校」や定時制高校などで勤務し、さまざまな事情で躓いた経験を持つ生徒と関わってきた退職教員が複数おり、在院少年の状況も理解できるような人材である。受講する少年は少人数で、人間味溢れるベテラン講師との間に温かい関係が築かれている印象を受けた。

共通性

このように、一見すると対照的な様相を示している両少年院の高認コースであるが、直面する課題には共通するものがある。それは授業や学習に充てられる時間が少なく、短い期間、短い学習時間でいかに合格させるか、ということである。この時間的制約が大きいため、両少年院とも数学や英語といった教科においても、系統的に指導して理解を深めていくよりも、効率よく合格点をとるために「戦略的」な指導をせざるを得ない。そのため、選択肢式の問題なら正解は「2」であることがいちばん多い、などと「小手先のテクニック」を教えることもあるという（A少年院）。これは高認の合格ラインが100点満点中およそ40点と高くないために可能なことであり、基礎学力が低くても合格をめざせる所以でもあるが、このような指導がベストであるとは関係者の誰も思っていないだろう。

こうした現状は、少年院での教科指導とは何かという、より本質的な問いへとつながる。これについてA少年院のある教官の語りは興味深い。

よく言うんですけど、例えば教育って運転、例えば車の教習所で車の運転の仕方を教える。道路で、内輪差を見て、ハンドルを回す。出発するときに前見て、後ろ見て、運転の仕方を教えるんですけど、それは道路の上、道の上に車が載ってる状態なのでそれを教えるんですけど、今、道路から車が外れてる状態。脱輪してる状態。線路、電車だったら脱線してる状態。

子どもたちは教育という枠から外れてしまってここに来てるわけですから、学校に行かないで、脱輪してる状態なので、脱輪してる車に対して、よく前見て、後ろ見て、ブレーキ踏んで、ギアを1速に入れてって、そんなこと、脱輪してるんですからそんなこと必要ないんで、脱輪するっていったら、クレーンで車を持ち上げて、道路の上に降ろさなきゃいけない。線路の上に電車を載せなきゃいけない。その作業は教育ではないと思うんですね。線路の上に載ったら、あるいは道路の上に載ったら、走り方を教わりなさいって。ただ、私たちはまず道路の上に載せてあげますからね、線路の上に載せてあげますからね、だから、それに載るまではこの方式でいきますよっていうんで、だから、載せる作業をしてます。

だから、ここで教育、「これ、教育なの？　これ」って言われるんですけど、「教育じゃないですよ。別に教育だと思ってないですし」って。ただ、先生方が、道路に載れば先生方お願いします。だから、よく皆さんが来たときにお話しするっていうか、大勢の方の前でお話しするときに、教育関係者の前でお話しするときに、ここで線路に戻しますので、道路に戻しますので、お返ししますよって言うんですよ。皆さんのとこにお返ししますので、また、皆さんの所からはじけ出てこっちに来ちゃったんでしょって。だから、皆さんのとこお返ししますから、また教えてくださいね、しっかりとっていう感じですね。私たちはそれ、戻すのが作業ですからねって。

少年院での教科指導は「教育」ではなく、社会や学校で「教育」という枠から外れてしまった少年をまずその枠の中に戻す作業であり、「教育」自体は社会や学校に帰ってからやるものだ、という見方は、高認コースで行われている指導のあり方と整合する。つまり、学力も学習の習慣もついておらず、勉強のしかたも知らない少年に1年前後の限られた在院期間に行う指導は、「教育」が始まったわけでも、ましてやそれで完結するわけでもなく、出院後に学校などの場で継続されなければ意味をなさないというのである。

もちろん、こうした教科指導観は少年院として、高認コースとしての共通見解ではないだろう。B少年院の外部講師は、上述のような制約の中でも、教科の本質的な理解に少しでも近づけるべく工夫して指導を行っているように見えた。また教科以外の生活指導などについては、在院中に完結しないという点は共通でも、少年院での指導は準備段階などではなく、本質的な部分にアプローチしているのは言うまでもない。

教科指導を行う授業時間や個人の学習時間を増やしたり捻出する試みはあってよいと思われる。しかしそれでも、在院期間が1年前後であることは変えられないとすれば、在院中にできることは限られており、そこに過大な期待はかけられない。その一方で、在院中に教科学習への動機づけと学習の習慣や方法を身につけておけば、出院後に学習を継続できる可能性は高まる。というより、これを身につけずに出院してその後一から学習を始めるのでは、時間、金銭、気持ちの面で余裕がなく、学習を継続して成果を出すことはあまり期待できない。従って、出院後に教育や学習を行えるための基盤として在院中の教科指導が必要であり、それを「教育」と呼ぶか呼ばないかは大きな問題ではない、ということではないだろうか。

(5)高卒認定試験受験指導の意義と課題

次に、高卒認定試験受験指導の取り組みが持つ可能性と課題について、より一般的ないしは教育学的な文脈において考えておきたい。

高卒認定試験受験指導の可能性

第一に、これまでも指摘されてきたように、高卒認定試験への取り組みが更生に向けた少年たちの前向きな姿勢を引き出すという点である。それは少年たちにとって、次の三つの側面から意味をもたらしているように思われる。

ひとつめは、少年たちの現在に関わる意味である。すなわち、知らなかったことを知る、分からなかったことが分かるようになることによる喜びや楽しさ、自尊心の向上などである。二つめは、少年たちの未来に関わる意味である。高卒認定試験に向けた勉強が自分自身の将来を考えるきっかけとなったり、高卒認定をとることによって実際に将来展望が開かれたりすることである。そして三つめは、過去に関わる意味である。高卒認定試験への取り組みが、勉強ができなかった自分、勉強ができなくて馬鹿にされた自分を乗り越えることにつながるのである。

第二に、学校における学習のあり方への示唆という点である。A少年院で導入されている、共同的な学習と個人的な学習を組み合わせた方法は、少年院に見られる「受講者の入れ替わり」という困難への対処も可能にしている。

しかし、そもそも受講者の入れ替わりを困難と感じるのはどうしてだろうか。それは、同じ内容を一斉に同一のペースで進めるという、日本の学校で一般的に見られる方式を、教科学習のあるべき姿だと私たちが思い込んでいるからではないだろうか。視野を広げれば、設定されたカリキュラムの内容や速度に子どもを合わせるのではなく、それぞれの子どものニーズに応じてカリキュラムを調整するという方向性が世界的な潮流である。実際、学校のひとつの教室の中で、子どもによって勉強している教科が違っていたり、子どもたちが取り組んでいる内容が教室の場所によって異なっていたりするような国も珍しくはない。今後、日本の学校でも、発達段階、理解力、認知特性、年齢、文化など、さまざまな側面における多様性を大幅に認めた学校運営や学級運営が必要である。少年院の高卒認定試験への取り組みのなかに、その萌芽やヒントを見て取ることができるだろう。

第三に、学校教育と少年院との交流の可能性である。インタビューに答えてくださったB少年院の講師の一人は、県立の通信制高校での勤務経験があった。通信制高校でさまざまな事情を抱えた多様な生徒に対応してきたことが、少年院での教材づくりや授業に大きく役立ったという。そもそも公立高校には、定時制や通信制の高校だけではなく、全日制の高校においても多様な生徒と接してきた教員が数多くおり、さまざまな実践の積み重ねがあるはずである。その点を勘案すれば、むしろ予備校よりも、公立高校のほうが少年院との連携相手としてふさわしいのではないだろうか。

また、少年たちに学力をつける責任を学校が十分に果たせなかったのだとすれば、それを挽回する絶好の機会だとは考えられないだろうか。子どもたちの学力保障に向けて、教育委員会や文部科学省などが少年院や法務省と連携して、少年院への教員の派遣、あるいは、中学校、高校の教諭と法務教官の人事交流を行うことが検討されてもいいだろう。

高卒認定試験受験指導の課題

次に、高卒認定試験に向けた取り組みに関して、どのような課題が考えられるだろうか。

第一に、高卒認定という資格自体の問題がある。B少年院の講師の言葉のなかにも、少年たちが高卒という資格と高卒認定試験との違いを疑問に感じていたことが示されていたが、高卒認定は、あくまでも高卒程度の学力があることを認定するものである。大学や専門学校の受験資格や、公務員試験や国家資格等の一部に関する受験資格を得ることができる。しかし、履歴書に高卒認定取得などと書くことはできるものの、大学や専門学校などに進学しなければ、学歴は「中学卒」のままとなる。高卒認定の取得は、高卒の資格とイコールではないため、高卒認定試験を受けるにあたっては、その点についてきちんと理解することが課題となる。実際、B少年院の講師たちは、高卒認定に関する少年たちの理解が十分であるかどうか心配していたし、私たちが見学した授業のなかでも少年たちとその点について話をしていた。またA少年院では、担当教官のインタビューのなかで、高卒認定試験の意義を説明したり、自分自身の進路について考えさせたりすることに力を入れていることが語られていた。

第二に、少年院にいる間に高卒認定をすべて取得できるとは限らないという問題である。その場合は、出院後に高卒認定試験を引き続き受験するか、何らかの形で高校に入り直すか、あきらめてしまうか、という選択肢のいずれかを選ぶことになるだろう。高校に入り直すという選択肢でない場合は、出院後の継続的な学習にどうつなげるかが課題となる。しかし、多様なバックグラウンドを持つ少年を受け入れる高校はないわけではないものの（藤田 2019）、十分とは言えない。高校に入り直す場合は通信制の高校を利用することになる場合が多いだろうが、費用が安い公立の学校は居住地域やスクーリングなどの縛りがきつい一方で、自由度の高い私立校は費用がかさむなど、一長一短である。このようなことから、少年院の「職員自身が高認試験を取り巻くいろいろな進路の可能性とそのためにできることを熟知し、在院者個々に必要な進路指導を展開し、円滑な社会復帰につなげていく取組が必要」（吉川 2018）という指摘は重要である。

第三に、高卒認定試験への取り組みが充実することのアンビバレンスである。先に指摘したように、取り組みの充実にはもちろんポジティブな側面がある。しかし、そのことが、「でしたら、少年院に入った少年はそのルートをご利用ください」と、一般の学校教育から排除される可能性を高めてしまう危険はないだろうか。同様に、通信制高校との連携や、そちらへの水路づけなどについても同じようなアンビバレンスを抱えるかもしれない。

では、どうしてこのようなアンビバレンスが生じるのだろうか。その理由のひとつは、そもそも日本の学校が、特に高等学校が、すべての子どもを受け入れる包摂的なものとして成り立っていないからである。たとえば、通常の学校内にすべての子どもたちを受け入れるというインクルーシブ教育の理念が世界的に浸透しているなか、日本では、障害の有無によって当然のように一般の学校と特別支援学校とを分けている。また、障害に限らず、問題を起こした生徒、妊娠した生徒などの排除もまた当然のように行われている。それどころか、「学力」別に子どもたちを分断して、それぞれの高校に配分し、その結果として、教育困難校が生み出されていることについて、私たち日本人はごく当たり前のこととして受け入れているが、このように教育困難校が制度によって作られていることもまた、「国際的に特異なこと」だと指摘されている（松岡 2019）。

包摂的であることが保障されていてはじめて、付加的な特別なプログラムを安心して動かすことができるが、上記のように排除的な原理のもとに成立している学校制度のもとでは、アンビバレンスが生じてしまうのである。それゆえ、少年院における高卒認定試験への取り組みを充実させるには、まず学校教育の全体をインクルーシブなものにしていくことが課題となるだろう。

高卒認定試験への取り組みがアンビバレントであるもうひとつの理由は、少年たちの置かれた「現実」への対処には「再帰性」がともなうことである。つまり、私たちは、構造によって生み出された「現実」に直面し、その「現実」への対処に力を入れる一方で、対処すべき「現実」がそもそもどのようなもので、それはどう生み出されてきたのか、そして、その「現実」の改善はどう可能かを考えるという課題にも向き合うことになる。

広田・平井（2012）は、社会的排除への批判は、「それではどのような『社会』へと少年を包摂するのか？」という規範的課題への取り組みと同時に行わなければならないと指摘している。その指摘にならえば、社会への再包摂に向けた取り組みもまた、どのような社会に再包摂するのかという課題に同時に向き合わなければならないのである。

4　これからの修学支援の方向性

少年院の矯正教育において、かつては決して中心的な位置にあったわけではない教科指導や修学支援であるが、現在それはより重要な位置づけが与えられつつある。

先述のように、少年院における修学支援は、再犯防止という目的のために政府を挙げて推進する方策となった。これに先立って始まっていた矯正施設での高卒認定試験受験機会の提供と、一部少年院での受験指導は、修学支援の中核のひとつとして拡大しつつある。

とはいえ、高卒認定試験を受験して合格をめざさせるという指導は、修学支援の方策のひとつに過ぎないし、そこには限界や課題もある。修学支援のもうひとつの方策である高校進学（復学）と比較しながら検討する。

(1)高卒認定試験受験のメリット、デメリット

現在、少年院における社会復帰支援の中で重要な位置づけを与えられている高卒認定試験受験であるが、

それには当然メリットや利点もあれば、デメリットや不利な点もある。

メリットとしては、何といってもハードルが低いことが挙げられる。高卒認定試験受験の準備はその気になれば今すぐにでも始められ、試験は少年院内で受験できる。しかも各科目の合格点は4割程度であり、学力が低かったり勉強の習慣がなかったような少年にとってもチャレンジしやすい。このような条件で、大学をはじめとする高等教育機関の受験資格や、高校卒業を要件とする各種資格試験の受験資格を得られるのは、きわめて「コストパフォーマンス」がよい。また、高校中退者にとっては既修得単位を生かせることで、さらにハードルは下がる。

とはいえ、このメリットをすぐに実感できる少年ばかりではない。現在希望している進路や職種が学歴を必要としないなどの理由で、勉強はもうしたくないと考えているような少年もいる。A少年院のある教官によると、このような少年には高卒認定試験合格のメリットを「未来へのパスポート」として伝えるという。未来においては自分や周囲の状況が変わっている可能性が十分あり、そのときに汎用性の高い高卒認定が生かせるというロジックであり、説得力は大きいと思われる。

中学卒業という最終学歴で社会に出ることと比べたとき、相対的に少ない努力で高校卒業と同程度という認定を得られるのは大きなメリットであるが、デメリットも少なくない。

まず、あくまで高卒「程度」の認定に過ぎず、高校卒業の学歴として認められるわけではない。大学等の試験の受験資格は認められても、それ以外の例えば企業の採用などに際して高校卒業者として扱ってもらえるかどうかは「先方次第」であり、中卒者として扱われる場合も少なくないことは十分考慮する必要がある。このリスクを回避するには、合格後に高等教育機関を受験して合格、進学、卒業して高等教育修了の学歴を手に入れるしかない。

また、メリットとして挙げたハードルの低さゆえ、単に高卒認定試験を受験して合格することが目的となってしまうおそれもある。合格のために戦術的に受験勉強をすることは、その後勉学したり教育を受けるための準備としてこそ意味を持つのであり、それだけで終わってしまえば教育的な意味は小さい。もちろん、こうした受験勉強によって学ぶ喜びや知識の価値を実感したり、勉強の習慣が身につくなど、「きっかけ」としての意味を持つこともあり得るし、何も学ばないということはなかろうが、高卒認定試験の受験と合格はそれ自体が目的となるものではないことは、他の受験勉強と同様である。

(2)高校進学のメリット、デメリット

では高校への進学はどうであろうか。

まずメリットとしては、高校という場で数年間を過ごすことによって得られる様々な経験がある。同世代の「ふつうの」仲間とともに学んだり様々な経験をすることで、それまでの狭く偏った世界から出て、遵法的な価値観やライフスタイルを身につけていくことが期待できる。また、こうした価値観を共有する友人と長く続く交友関係を築く可能性も広がる。

学習面においても、単に試験に合格するための勉強ではなく、より体系的な知識を得たり経験と関連づけられるような学習ができる可能性が高い。

また、高校卒業という汎用性の高い学歴を得られることも大きなメリットである。高校卒という最終学歴の価値は相対的に低下しつつあるとはいえ、中学卒業という、ほぼ確実にハンディキャップを負うことになる最終学歴よりはずっと有利であり、社会に出て行くにあたっての「最低条件」としての意味はむしろ増している。また、高校卒業後さらに高等教育に進学するチャンスも、仮に期間を空けたとしても様々な方法、形で開かれており、将来の可能性、選択肢が広がる(この点は高卒認定試験合格でも同じであるが、高

校に在学して卒業した方が受験に際してのハードルは低くなると思われる)。

ただし、こうしたメリットは指導する側にとっては自明なことであるが、多くの少年にとってはあまり実感できなかったり、ともすれば否定したり反発したりしがちなことである。そのため、既に自ら進学を望んでいる少年以外に高校進学を勧めるとすれば、これらのメリットをどのように理解させるかが課題となるだろう。

次に高校進学のデメリットについて。これは概ね高卒認定試験のメリットの逆のことが当てはまる。すなわち、非行歴、処分歴のある少年にとってのハードルの高さである。このハードルは、学校側が設定するものと、少年の側に存在したり感じるものの双方から成る。

まず学校側に属するものとしては、非行歴や処分歴のある少年に対する忌避感がある。多くの高校はこのような少年を生徒として受け入れることに抵抗を示し、義務教育機関でないことがそれを正当化する。従って少年や保護者が進学を希望する際には、受け入れてくれる高校を探すことが第一の課題となる。

とはいえ、この障壁が低い高校も存在する。通信制高校やサポート校の一部がそうであるが、こうした学校の多くは学費が高額であることが多く、別の形のハードルとなっている。その意味で、非行少年への忌避というハードルの低さを「買う」ことができる場合には良い選択肢となる。

このように高校側が事実上ハードルを高くしているのに加え、少年の側にもハードルはある。多くの少年にとって学校は、特にその文化ゆえに忌避感を感じる対象である。たとえ学習の意欲にめざめたとしても、学校で勉強するということは、毎日決まった時間に決まった服装で登校し、教師の指示に従って授業を受けるというスタイルを遵守しなければならないということが付随する。こうした学校に特有の文化は、少年たちの多くが親しめなかったり反発してきたものである。学校教育はこのような「隠れたカリキュラム」を通じて生徒に特定の価値観や行動様式を身につけさせる一方、それに馴染めない者を排除する。また、個々の学校によって文化はある程度違うものの、多くの学校に支配的な文化に馴染めない者にとっては、選べる学校が限られてしまうという不利益が強いられる。いずれにせよ、高校進学をめざすということは、多くの非行少年にとっては「異文化」への参入をめざすことを意味するのである。

とはいえこれは、いちがいに高いハードルとは言えない面もある。当然ながら、非行少年とはいえ学校文化への反発や不適応の度合いは一人一人異なる。比較的適応的だった少年もいれば、学校文化にも非行文化にも「染まって」いない、「白紙」に近いような少年もおり、学校文化への参入がどの程度ハードルになるかは異なる。また、少年院での矯正教育はきわめて「学校的」な環境で行われ、学校文化に近い「更生的風土」が濃厚である。そのため、ここで1年前後を過ごした少年は、入院前よりは学校文化への親和性が高まっているとも考えられる。このように、学校文化は多かれ少なかれハードルになるとはいえ、その度合いは個々の少年によって幅があることも事実である。

5　おわりに

少年院出院後の社会復帰の道筋は、従来は就労中心であったのが、それのみならず、より積極的に修学支援に注力するようになりつつある。これは、彼らが帰っていく今後の社会において、高校教育の内容を履修したことや高校卒業の学歴が今以上に欠かせないものになっていくことを考えれば、妥当な方向性であろう。

その中で、高卒認定試験受験は最もハードルが低く、すぐにでも始められる社会復帰の準備、支援であり、最も広がっていることには妥当性がある。しかし、そのメリットは短期的に見れば大きいものの、中長期的に考えると、高卒認定は学歴ではないなど、必ずしも合格後の社会復帰の道筋を確保するものではないというデメリットも明らかである。

こうした事実を考慮すると、高校に進学して卒業するという進路の可能性をできるだけ探り、高めていくことの重要性が明らかになる。そしてそのためには、少年や彼らを支援する側のみならず、学校や社会の側も、こうした事情を理解して門戸を開くことが不可欠である。社会や学校が非行を生んだという側面がある以上、彼らの社会復帰について社会の側も責任を負わなければならないのは当然である。

また、高卒認定試験を受験するにしても高校進学をめざすにしても、ほとんどの場合少年院の中では完結せず、出院後にかけて長期間にわたって切れ目なく、内容的にも関連性を持たせて支援を継続していくことで初めて実現する。そしてそれは、ともすれば「自己完結的」に処遇を完了させようとする傾向のあった従来の少年院での矯正教育のあり方の変革を求めるものでもある。2020年12月、法務省は文部科学省や広域通信制高校の関係者との議論を「少年院在院者に対する高等学校教育機会の提供に関する検討会報告書」としてまとめ、少年院在院中の通信制高校への入学と履修、そして出院後の高校卒業に向けた支援について提言し、2021年度からモデル施設で実施予定であることを公表した。これは前述の意味で、高卒認定試験受験と高校進学双方のメリットを併せ持ち、かつそれぞれのデメリットの軽減が期待できるもので、大きな可能性を持っている（第5章参照）。

教科教育によって得られる多領域の知識や、学んだり考える習慣、スキルといったものは、非行から脱却して自立した社会人になっていくに際して重要な指針を与えることが期待できる。これまで、幅広い知識や普遍的なものの見方を持たないため、誰か特定の人物に依存したり、行き当たりばったりに行動したり物事を決めてきた少年が、自分の内側に指針を持ち、長いスパン、広い視野に立って考えたり行動するようになるのである。もちろんこれらは、職業生活やそこでの経験を通じて獲得することも可能であろう。

しかし、それに先立って一般的な知識や教養を身につけるのは、近代社会における社会化や成熟のプロセスとして普遍化しているものである。非行や保護処分によってそれを打ち切って就労を急がせるのではなく、これを完了させて社会に送り出していくのを標準とすることが急務であると言えよう。

文献

藤田武志「二重の社会的排除を乗り越える方向性――多様な生徒を受け入れる高校教育に向けて」、少年の社会復帰に関する研究会編『非行少年の社会復帰支援と学校教育のあり方に関する教育社会学的研究　成果報告書』、2019
広田照幸・平井秀幸「少年院処遇に期待するもの――教育学の立場から」、広田照幸・古賀正義・伊藤茂樹編『現代日本の少年院教育――質的調査を通して』名古屋大学出版会、2012
松岡亮二『教育格差――階層・地域・学歴』ちくま新書、2019
文部科学省「高等学校卒業程度認定試験合格者の企業等における扱いに関する調査の結果について」(https://www.mext.go.jp/b_menu/houdou/25/01/1330270.htm)、2013
吉川沙都美「多摩少年院における高等学校卒業程度認定試験重点指導コースの取組について」、『刑政』第129巻10号、2018

▼註

1　英語と数学を外部の予備校講師が担当しているのは、在院少年の高卒認定試験の合格率がこの2科目についてはおおむね40パーセント台と低いことが挙げられる。対照的に国語は約80パーセントと高く、これは在院中に作文や日記などの文章を書かせたり、人の話をきちんと聞かせる機会が多いことが背景にあると思われる。その一方、英語と数学は長期間の蓄積が必要な科目であり、入院まで学校での学習が遅れがちであった在院少年にはそれがネックになっているとの見解が職員によって語られた。なお、英語と数学の指導を外部講師に委託しているのはB少年院も同じであり、こうした背景はおおむねどの少年院にも共通していると思われる。

第9章　少年院における福祉的支援——実践現場からはどう見えているのか

北川裕美子・長尾貴志

1　はじめに

本章では、現在、少年院で社会復帰支援を実践的に行っている法務教官・社会福祉士のそれぞれの立場で「社会復帰支援」というものを考えてみたい。特に、他の機関・職種と連携しながら支援をすることに対してどのように受け止めているのか、またどのようなことに困難を感じているのか述べていくこととする。

近年、社会復帰支援という言葉が出てくるようになり、それに伴ってほぼ単一職種であった少年院にも、新しい職種との連携が必要になってきている。その一つが、福祉分野の専門家である社会福祉士との連携である。

そもそも、福祉の分野の専門家との連携が必要となってきたのは、非行をはじめとする問題行動を呈する少年について、その特性が単に矯正教育だけで解決できるものではないことが徐々に明らかになってきたことが背景にある。少年院に収容している少年についても、昨今話題となっている発達障害と呼ばれるような特性を持つ少年が少なくない。発達障害を持っているから非行をするわけではなく、本人の特性を理解した適切な養育や支援が行われないまま育った場合、不適応を起こすことで非行少年になる可能性がある程度高いと言えるのである。

それは一見すると特に変わった様子はない少年である。一目見て分かるような障害であれば、様々な人が手を差し伸べてくれるのに対し、その特性上、集中力がなく場の雰囲気をわきまえないような発言をすることの多い彼らの場合、「怠けている」「空気が読めない」「自己責任」等と言われ、理解のない状況に置かれることがある。そのような状況に置かれた者のなかで、内向的な性格の者は不適応の形態の一つとして引きこもりになる場合があるし、エネルギーのある者は非行や粗暴傾向といった状態になるケースが散見される。

そういう少年たちは、そもそも、彼らが理解できるような働きかけをされてこなかった場合も多く、人の話を十分に聞ける状態になかったり、不当に扱われているとの思いが強い。そのため、こちらが本人のためと思うようなことも十分に伝わらないことが多い。また場合によっては、家族関係が複雑なケース（経済的な事情、夫婦間の葛藤、他のきょうだいの別の問題等）もあり、当該少年が十分な配慮や支援を受けられないケースもある。単に矯正教育を施すことでは解決せず、抱えている障害特性・周囲を取り巻く環境に対して社会復帰後も支援が必要である。その支援の組み立ては法務教官の従来の仕事の範疇ではないが、福祉的支援の範疇になることから、少年院に福祉の専門家としての社会福祉士の配置が行われていると考えられる。これは、刑務所が高齢受刑者の問題に対応するために社会福祉士を配置しているのとは少し意味合いが異なる。

このような前提のもと、①法務教官の立場からは、現在の少年院教育や社会復帰支援、社会福祉士との連携の実際について、②社会福祉士からは、少年院に配置された背景や業務内容をふまえ、ジレンマとして感じていることなどを示す。最後に、それぞれの立場から多機関・職種連携を円滑に進めていくための糸口について考察する。

（北川裕美子・長尾貴志）

2　異なる立場から見る社会復帰の現場

（1）法務教官の立場から

この節では、実務家として少年院の社会復帰支援がどのように展開しているかについて述べたい。ここからはあくまでも筆者の経験に基づいた説明であり、他の少年院では別の社会復帰支援の在り方もあることに留意願いたい。

少年院での教育

さて、少年院の社会復帰支援について述べる前に、少年院について実務家の立場から少し解説をしておきたい。

そもそも少年院は送致された対象に対して矯正教育を行う機関であり、その矯正教育を充実させ、あるいは効果的に実施することにより再非行をいかに防ぐかということが長年に渡って至上命題であったと考えている。

ところで、矯正教育という言葉は、さまざまな場面で使用されている。またこの本を手に取られた方の中には、すでにかなり詳しい方や、何らかのイメージが湧くという方も多いかと思うが、おさらいを兼ねて少し触れておきたい。筆者は長年にわたって矯正教育の現場で職務を遂行してきた立場であり、社会復帰支援の過程について述べる上でも非常に重要であると考えるからである。

一口に矯正教育といっても多岐にわたっている。例えば従来（2015年の少年院法改正以前）から脈々と受継がれているものとして、一番目に挙げられるのは生活指導である。生活指導とは、少年院法改正以前は、少年院生活のあらゆる場面が指導であり、日常生活の全てにおいて改善すべき指導ができるといわれた時代もあった。あらゆる場面が指導場面であることについて誤解のないよう申し添えるなら、生活の全てを管理し、少年院生活に過剰に適応させることを目的としていたわけではなく、それほど様々な生活場面で働きかけをすることが、非行少年の改善更生には必要なことであると筆者は解していた。

生活指導の具体的な中身であるが、例えば、食事の食べ方、箸の使い方、整理整頓、掃除の仕方、挨拶、言葉使い、対人関係等ルールよりもマナーに近い類の指導から、規則や決まりを守るという指導まで存在する多層構造になっていたと考えている。この構造については現在も基本部分では変わっていないが、少年院法の改正に伴って生活場面ごとに矯正教育の場面とそれ以外の場面とに日課が切り分けられるようになった。それについては様々な見解があろうと思われるが、筆者は人として生活をすることと、矯正教育として指導を受ける時間を少し区別することが教育上、あるいは人権上必要であるとの考え方が根底にあると解釈している。

次に職業指導（実習）と呼ばれる指導である。これは各少年院の独自性もあり、同じようなコースを持ち指導をしている少年院もあれば、特色のある職業指導を展開している少年院もある。筆者が勤務する少年院（執筆当時。以下同じ）においては、農園芸、溶接、情報処理、介護、土木建築などのコースに加え、義務教育課程では教科教育などがある。職業指導では、就労を目指した資格取得や、そもそも作業を通じて働き方について指導を行ってきた。職業指導については、資格取得ができる種目と、基本的には作業が中心となる種目に分かれるが、近年ではカテゴリーにとらわれず、希望する資格取得ができるよう柔軟に対応していることも多く、筆者の勤務する少年院でもそのような運用となっている。この職業指導は実際の作業や資格取得を通じ、社会人としての在り方についての指導も行っている。

第三の指導は体育指導である。少年院では、体力、持続力、忍耐力や協調性など多くのことが身につくとして、積極的に行ってきた経緯がある。筆者の勤務する少年院では、球技、水泳、持久走、剣道などの種目を季節ごとに組み合わせて指導している。他の少年院でも種目等に工夫を凝らして指導を展開しているところであるが、種目にかかわらず、あくまで矯正教育の一環としての体育指導である。

中でも剣道指導については、礼儀作法、相手への敬意といった武道の基本的な精神を教えることにより、改善更生に寄与していると考える。多くの少年は剣道の未経験者であり、最初は経験のなさから嫌がる者も多い。しかし練習を積むことでやがて積極的に練習に参加する者も多く、変化を感じられる種目である。

伝統的に矯正教育は上記の三点に加え、ベースにある少年と教官との信頼関係に基づく面接指導、日記指導等が長年中心を占めてきた。しかし近年それだけにとどまらず、多くの職員の努力と、心理学、社会学、教育学等の発展により、様々な働きかけが取り入れられるようになってきている。

例えば、モラルジレンマ、マインドフルネス、認知行動療法、コグニショントレーニング等、最新の指導方法を取り入れた様々な指導プログラムを用意している。これらの指導方法は多様化する少年個々の問題性に合わせた指導として用いられることが多く、矯正教育全体において個別的な働きかけが多くなっていることを反映している。

これら新しいプログラムの導入と前後して少年院法が改正され、伝統的な指導に加えて職業生活設計指導、特定生活指導と呼ばれる指導が導入されている。職業生活設計指導は、過去に少年院で様々に展開されていた指導を集約・体系化したものとなっており、基礎学力やマナー、対人関係のスキルなど幅広く網羅されている。また特定生活指導は個々の問題性に応じた指導となっており、「家族」「交友」「暴力」「性」「薬物」の5種類のプログラムが用意されている。

このように少年院においては、矯正教育がそのメインストリームであり、またそこで働く職員の多くは「法務教官」という名称で文字通り教育を施す職員であると同時に、ほぼ単一職種で稼働していた。そのためどうしても少年院内での話題は矯正教育（処遇を含む）に終始することとなり、筆者も含め多くの教官に「社会復帰」という概念はあったにせよ、そのほとんどが、帰住先のない少年に対して更生保護施設をはじめとした伝統的な受け入れ先を探す仕事という程度の認識であった。さらに言うならば、「社会復帰支援」という言葉、特に支援という概念は全くなかった。現在「調査・支援」と呼ばれる部門が「分類」と呼ばれており、そこでの業務は少年院の入り口での担任、寮、実習先の編成や矯正教育計画の立案といった類が多く、出口では収容継続や仮退院申請といった業務がメインであった。

「社会復帰支援」概念との出会い

社会復帰支援という概念が少年院に登場したのは、少年院法の改正に伴い、矯正教育やその組織について大幅に見直されたことによる。矯正の領域における支援の「源流」は成人矯正施設（すなわち刑務所）に見られる。刑務所は高齢化の問題、無年金問題など、出所後そのまま社会に出ても社会生活を営むことが困難な事例が多く発生するようになっていた時期であり、単に社会に出すだけでは、安易に再度犯罪を犯し、刑務所に舞い戻ってくることについても問題視されていた。そのように社会生活を営むことが困難な者に対しては、出る際に福祉的支援が必要なのではないかという指摘がなされ、刑務所に社会福祉士が配置されるようになった。その後、少年院にも順次拡大配置されるようになっていった。

さらには再犯防止推進法等の関係する法律の中で、矯正施設の処遇から社会内処遇へのスムーズな移行が重要なテーマとして取り上げられるようになり、社会復帰支援という言葉や概念が少しずつ定着してきた。少年院法でも第44条において「少年院の長は、在院者の円滑な社会復帰を図るため出院後に自立した生活を営む上での困難を有する在院者に対しては、その意向を尊重しつつ、次に掲げる支援を行うものとする」と定められており、具体的な支援内容は、住居、医療、療養、修学、就業、その他必要な支援となっている。

この条文に初めて「支援」という言葉が出てきた。もちろんこれは少年院に限ったことではなく、司法関係のその他の文脈でも「支援」という言葉がよく使われるようになったのと時期を同じくしていると思う。「支援」は福祉の言葉であるが、矯正が福祉の考え方を取り入れようとしていることが分かる。

また、少年院法の改正に伴って先ほど触れた「分類」が「調査・支援」となり、調査が主に入り口を、支援が主に出口を担当する形となった。

条文が整備されキーワードとして「支援」「福祉」などが踊るようになったが、残念ながら実務上はかなり難しい問題が山積している。

実務としての社会復帰支援とその問題点

「支援」という言葉が法律に書かれるようになったものの、少年院の実態としては矯正教育がメインであることに変わりはなく、多くの教官は施設内の教育や処遇に重点を置いており（少年院法の改正は「社会復帰支援」の充実だけでなく、矯正教育の充実や改編も大きかった）、「社会復帰支援」という視点を持つまでにはなかなか至らなかった（当時筆者も、教育部門で矯正教育をメインに行っていた立場として、この視点が欠けていたことを大いに反省する次第である）。

そのため、必要な社会復帰支援をうまく組み立てられていない状況が続いていた。また少年院に配置された社会福祉士も同様であったのではないかと考える。本項は教官としての立場で執筆しているため、社会福祉士がどう感じていたかの詳細は次項に譲るが、法務教官としては、社会福祉士がどのような仕事ができるのか、あるいはどのような仕事を担わせるべきなのか、迷いがあったと感じる。ちなみに筆者は社会福祉系の学部を卒業し、古いものとはいえ一般的な社会福祉士の業務内容に一定の知識を有していたが、実際に社会福祉士が配置されたときには、少年院でどんな仕事をしてもらえるのだろうかと悩んだ時期もあった。

しかしこれから紹介する事例（包括的に入院から、社会復帰支援、その後の支援まで）を社会福祉士と一緒に取り組んだことにより、少年院の社会復帰支援のあり方や社会福祉との協業のあり方、また他の機関（特に福祉関係の機関）との連携のあり方について学ぶところが多く、その後の連携に寄与している。（長尾貴志）

(2)社会福祉士の立場から

筆者は、2017年1月より少年院において社会福祉士[1]として、出院後の住居、就労等の調整支援、出院者からの相談・助言等を行っている。社会福祉士が少年院に配置された目的は、再犯防止施策の一環として、疾病や障害により、出院後自立した生活を営むことが困難な在院者に対する保護業務の充実を図ることである。2009年頃から刑務所や一部の少年院への配置が始まり（日本社会福祉士会2010）、2015年の新少年院法施行にともない、社会復帰支援の拡充という文脈のなかで福祉的ニーズを持つ在院者の多い少年院（支援教育課程を持つ少年院や女子少年院等）を中心に全国的な配置へと進んでいる。なお、第三種少年院（いわゆる「医療少年院」）を中心に、精神保健福祉士の配置も進んでいる。社会福祉士または精神保健福祉士の配置状況は、2020年度現在27名で、全ての少年院に配置が完了しているわけではない。

筆者も普段は大学教員の業務を担っており、実質的な勤務時間は他の矯正施設等で勤務する社会福祉士に比べると少ないが、少年院の社会復帰支援を担う一人として、少年院における社会福祉士の役割等について述べたいと思う。そのため、全ての矯正施設の社会福祉士に共通しているわけではないことをご承知おきいただきたい。

少年院における社会福祉士の業務内容

A　少年や家族とのかかわり――親子関係の再構築を目指して

まず、社会福祉士が担当すべきケースがどのように選定されているかについて述べる。筆者の場合は、入院した時点あるいは一定の時期が経過した時点で、福祉的支援が必要な可能性のある少年について教育・支援部門の統括専門官あるいは担当教官等から相談があり、それを受けて面接を実施している。また、ケースの選定人数は、筆者の勤務する少年院の場合、例えば30名ほどの在院少年に対して、支援が必要かどうかの検討をする少年も含めて多くて5、6人程度である。[2] なお、註2にも述べているが、ケースの選定方法、選定時期、選定人数等については全国で共通したマニュアルがあるわけではなく、各施設に所属する社会福祉士が試行錯誤のもと、ソーシャルワークのプロセスを展開しているのが現実である。

次に、面接の際に少年に対して説明することは、法務教官との立場の違いについてである。「私はあなたに対して、成績に関わる評価をするために面接をするわけではない」ということを伝え、自由に何でも話しても大丈夫だということを伝えている。入院して間もない少年は、色々なことに対して不安が強い時期でもある。また、男子少年院であれば男性職員・男子少年といったぐあいに、同性ばかりの環境のなかで、異性と話すことに緊張感を強める少年も少なくない。社会に出るまでの不安、社会に出てからの不安なことを少しでも取り除けるよう、一緒に考えていきたいということを伝えるよう心掛けている。

また、福祉的支援が必要とされる少年の保護者が面会に来た際には、できるだけ同席するようにし、保護者へのフォローアップも含め、綿密に面接を実施するようにしている。その理由はいくつかあるが、まず福祉的支援の介入について、場合によっては保護者の同意が必要であったり、保護者自身に依頼すること（例えば障害者手帳の窓口申請など）もあるからである。その際に、もし少年や保護者が障害受容（コラム⑦参照）をできていないようであれば、同意や手続きを無理に進めず、本人や家族の意思決定に基づいて言動するよう注意をはらっている。しかし、少年が仮退院するまでの時間は約1年と短い。なぜ福祉的サービスが必要であるのか、どのようなメリットがあるのかなど、できる限り丁寧に伝え、本人やご家族に理解していただくことは容易ではないということを痛感しているところである。

また、多くの保護者が少年のいない場での面談で不安を吐露してくれる。筆者は保護者に対して「少年院に行けば悩みを聞いてくれる人がいる」「また会いに行って子どもと話がしたい」と思って帰ってもらいたいと考えている。少年の家族は当然ながら社会の中で生活をしており、我が子との今後の付き合い方など、周りには言いにくいであろう悩みや不安を抱えながら、合間をぬって会いに来てくれているからだ。ところが、伝えたいこともたくさんあるため面会時に会話がうまく成り立たないこともある。そんなときに担任教官や筆者が間に入ってお互いの伝えたいことを確認したり、代弁することもある。少年自身にも「（保護者に）また会いに来てもらいたい」「次は自分の言葉でうまく伝えたい」などと思ってもらえるように働きかけている。

B　社会復帰支援──司法と福祉が互いに歩み寄ること

福祉的支援が必要とされる少年が社会復帰するにあたり、少年やその家族のこれまでの状況等について、福祉・医療分野の相談機関や施設、司法・矯正分野の関係機関等が情報共有を行うために各関係機関が集まりケースカンファレンスを行うことがある。筆者が勤務し始めて間もない頃、このようなカンファレンスの中で今後どのような方向性で支援を進めていくのかを考えることになった際に、少年院の立場からどこまで介入してよいのか戸惑うことがあった。このことは、第10章で指摘されているような、児童相談所として「どこまで福祉は追う／負うべき?」といった課題とも共通する部分が少なからずあるのではないかと思う。川村（2002）はソーシャルワーカーの倫理的ジレンマとして、①自分の価値観とソーシャルワーク倫理のジレンマ、②自分の価値観とクライエントの価値観のジレンマ、③自分の価値観と同僚・他専門職との価値観のジレンマ、④自分の価値観と所属する組織の価値観のジレンマ、⑤ソーシャルワーク倫理同士のジレンマ、⑥社会環境（時間・資源の制限）によって生じるジレンマの六つがあると述べているが、異業種多職種と連携を図るうえで、このようなジレンマを抱える社会福祉士は少なくないのではないだろうか。

その後、法務教官との協働を重ね、またいくつかのケースカンファレンスを経験していく中で、法務教官及び社会福祉士のそれぞれの立ち位置からの言動の大切さ（発言や行動のタイミングも含めて）を感じるようになった。

また、各々の視点は相異なるわけではなく、お互いの専門性を尊重しながら、補い合っていくような関係性として歩み寄っていけばいいということも理解していった。ここでいう「互いの専門性」であるが、例えば社会に戻ってから再び家族と暮らすことに不安がある少年に対し、担任の法務教官と社会福祉士とが長期間にわたり、親子のかかわり方について話し合う時間を設けたことがあった。その際、少年自身の価値観等を法務教官が引き出し、内省と気づきを促した。そして社会福祉士からは社会に出てから相談できる社会資源や福祉制度等について伝えたり、そのような相談に応じてくれる人に実際に来院してもらい、少年との面接の機会を設けるなどしていった。現状や今後の支援の見立てについては、少年院が主催者としてケースカンファレンスを実施し、他の関係福祉施設や相談機関等の職員や家族に伝え検討を重ねていった。そうして少年の在院中からその後の支援へとスムーズに引き継ぐことができた。

このように、法務教官という「矯正教育を施す専門職者」と、社会福祉士という「社会福祉の立場から社会復帰を支援する専門職者」が両輪となって少年や家族を支えること、さらに少年院だけでは補いきれない部分を、他の機関・施設とつながりあい、同時並行的に進んでいくのが重要であるということを学んだ。

ただしそこでは当事者である少年や、少年の家族とのつながりを意識していく必要がある。ケースカンファレンスを開く際には、県内外の他機関・施設に赴くこともあれば、反対に少年院に来てもらうこともある。遠方に出張したり、遠方から出張してもらうのは大変であるが、やはり他の機関・施設の職員の方と少年とが直接会い（あるいはテレビ電話等を通して）話を聞いたり、話をしてもらうことで、解決の糸口を見つけるまでの時間が短くなるように感じる。

C　ソーシャルワークと矯正教育とのジレンマ――成人と児童との狭間で

司法と福祉の連携による取り組みは、２００９年から各都道府県に地域生活定着支援センターの設置が進められるなど、注目されつつある。地域生活定着支援センターの主な対象者は「特別調整」[3]となった刑務所受刑者である。地域生活定着支援センターによる特別調整の実施件数は年々上昇傾向にあるが、過半数が65歳以上の高齢者である（２０１９年度には７７５件中３９８件）。

少年院在院者においても、この特別調整の対象となる者が存在する。ただし、少年の場合には帰住先はあっても出院後に何らかの医療・福祉上の支援が必要な在院者の方が多い。これは、少年の保護者が存命の場合が多いことや、児童福祉法上の措置での社会復帰を促進するという選択肢もあるからではないかと

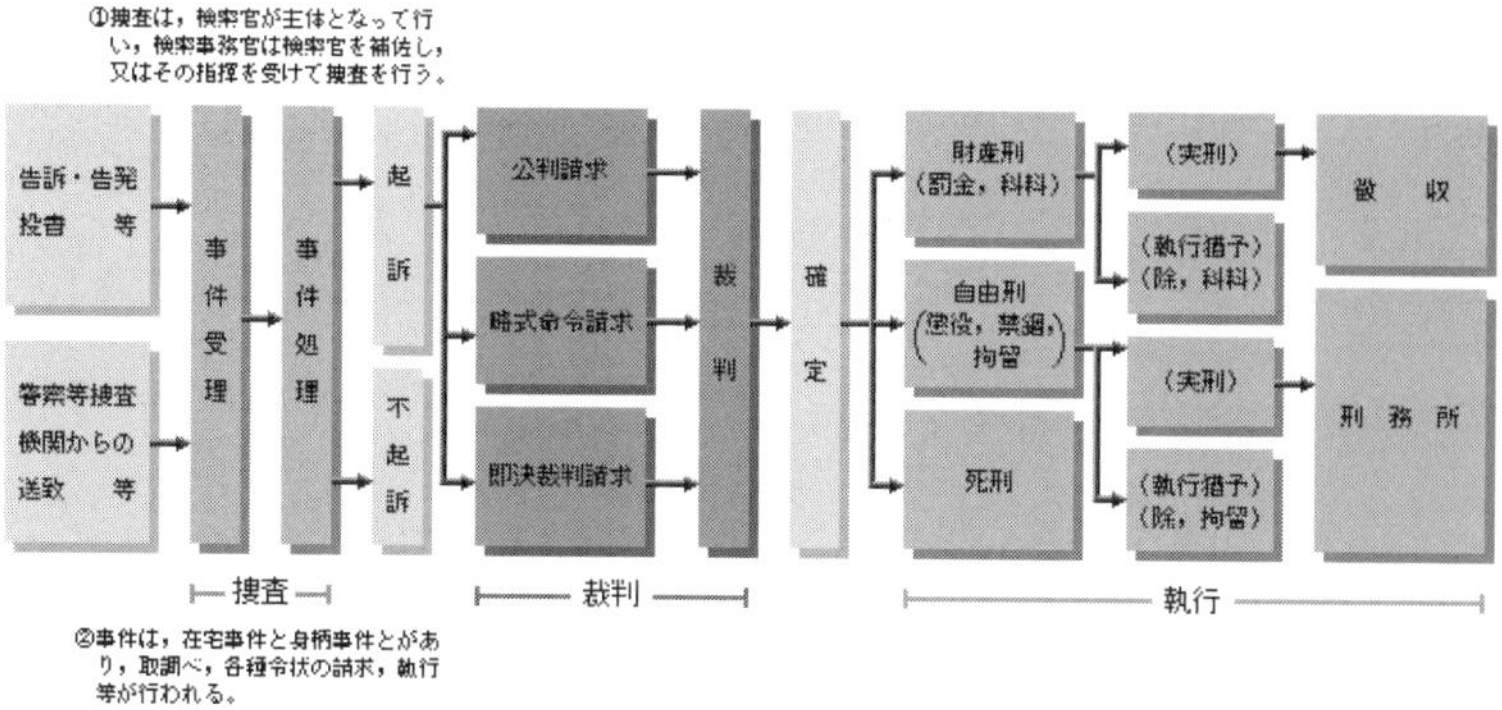

図１　刑事手続及び少年事件手続の流れ
（法務省ホームページ http://www.moj.go.jp/keiji1/keiji_keiji09.html より）

考える。そのため、福祉的支援が必要なケースでは、少年院の社会福祉士が在院中から支援の方向性を示したり、多機関連携へと繋ぐなどの役割を求められることが多い。

ただし、前述のように司法と福祉の連携が刑務所出所者への対応を主な課題としてスタートしたことからも、少年院に特化したソーシャルワークの展開過程については、今後議論すべき点が多い。本来、クライエントをアセスメントし、プランニングするといったプロセスは、どの福祉分野においても「普通に」行われることである。司法福祉領域では、日本社会福祉士会が日本弁護士連合会と連携して作成した「更生支援計画」とよばれるフォーマット[4]があり、その内容は少年院で活用できる部分は大いにあるものの、矯正施設の外部に所属する更生支援コーディネーターが作成するという点や、作成時期が矯正施設（主に刑務所を想定している）に入所する前であるという点で、少年院在院者に向けた計画書としての位置づけとは異なる（図１参照）。なお、更生支援コーディネーターの詳細については、運営・管理を行っている一般社団法人東京TSネットのホームページ（https://tokyo-ts.net/action/cs/）を参照していただきたい。

少年院では全ての少年に「個人別矯正教育計画」が作成され、矯正教育の目標や内容、実施方法やその期間などが定められて

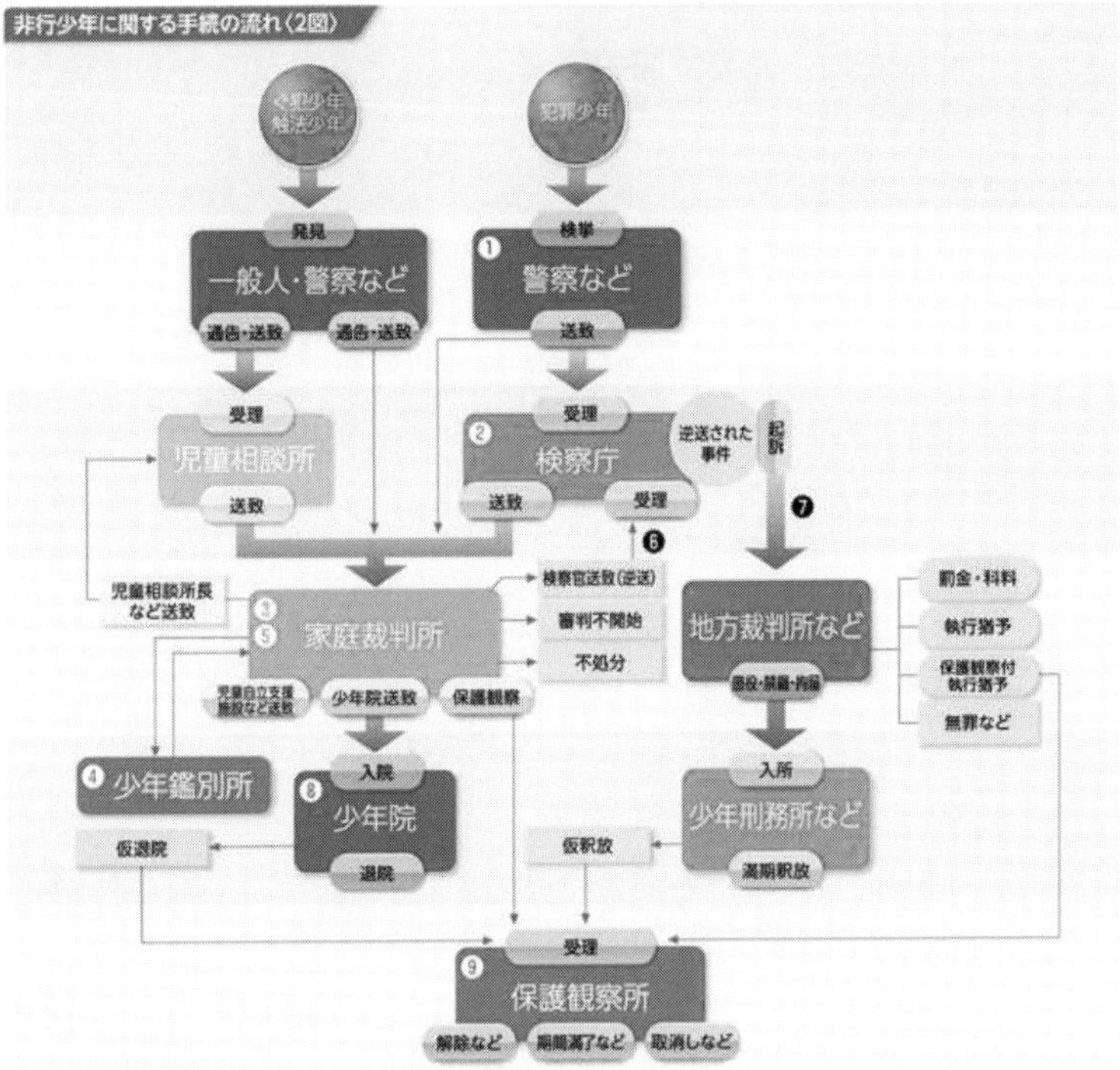

図２　少年非行に関する手続の流れ
（検察庁ホームページ http://www.kensatsu.go.jp/gyoumu/shonen_jiken.htm より）

いるが、そこで定められるのは「出院（仮退院）」までであり、出院後については十分に議論されていないのが現状である。刑務所と少年院では、それぞれの施設の存在する目的も異なっており、少年に特化したアセスメントやプランニング・ツールの開発は喫緊の課題であると考えられる。

多機関・職種連携の実情と課題——切れ目のない支援を目指して

筆者が勤務する少年院において福祉的支援を要する少年または家族に社会復帰支援をする上で、筆者がこれまでにかかわってきた他の機関や施設は以下の通りである。

社会福祉分野　児童相談所、児童家庭支援センター、児童養護施設、自立援助ホーム、保育所、障害者相談支援センター、発達障害者支援センター、退所児童アフターケア事業、乳児院、地方自治体（都道府県、市町村）

医療分野　小児科、精神科

司法分野　保護観察所、更生保護施設、自立準備ホーム、家庭裁判所、少年鑑別所、検察庁、警察、他の少年院

教育分野　中学校、高等学校、教育委員会

もちろん、他の少年院では上記以外とのかかわりもあると思われる。また、これら機関との面談の手続

きなどについても、社会福祉士が全て行うのではなく、状況に応じて教育・支援部門の統括専門官や教官、保護観察所等を通じて行っている。このように、福祉的支援となると、他機関・施設と連携するうえでも社会福祉分野の関係職員とかかわる機会が多くなる。しかし、司法分野と社会福祉分野との連携はまだ始まったばかりであるため、支援開始前などは、どのように連携できるのかお互いにわからないことなどから、少年院側から協力を求めても、尻込みされてしまうケースもあった。ただし、福祉的支援を必要とする少年については、在院中だけでなく、出院後も支援が継続的に必要とされる場合が少なくないのである。さらに少年側からすれば、出院後に自ら福祉的支援を受けに足を運ぶ、見ず知らずの人に会いに行くということは非常にハードルが高く、出院する前に顔合わせをしておくことで切れ目なく支援につながる。そのため、社会復帰支援において関係機関と連携を図り、在院中から、帰住先である地域や家族に向けた出院後の生活環境の調整等を行っていくことが重要と考えられる。

一方で、関係機関との連携の際、社会福祉分野の職員から驚かれることがある。それは以下のようなことである。一般に、支援を受けることにクライエントが消極的な態度（一人で窓口に行く、手続きをするのが不安など）だった場合、所属機関の許可があれば、社会福祉士が支援先に同行することができる。社会福祉士が同行すれば、クライエントの希望やニーズを代弁できる。これはソーシャルワークの一環として当たり前のように行われている。

この「当たり前」が少年院ではやや異なる。筆者は、少年の仮退院後に、こちらから少年や少年の家族に連絡をとったり、施設の外で個人的に接触することは難しいと感じている。それは、少年や家族が在院していたことを周囲に知られることについての是非の判断ができず、安易に声をかけるわけにはいかないからである。ただし、改正後の少年院法第１４６条において、出院者またはその家族から相談があれば、適切に対応することが認められるようになった。また、同様に第44～47条では円滑な社会復帰支援を図るために少年院の外での支援が可能となっている。その他に多機関連携の必要性に関する規定（第18条）や、外部交通に関する規定（第92条）など、法改正前に比べると、随分と少年院内での職員の動きに関する制約は解消されてきた。実際に筆者も、仮退院後の保護観察期間中に保護観察所へ相談の依頼があった際には、保護観察所で出院者やその家族と面談を行うこともある。また、保護観察期間が終わった後でも、例えば帰住先の自治体や福祉関係機関等から相談の依頼があれば、同様に面談を行ったこともある。

このように、司法分野以外の領域との連携体制は、制度改正もあいまってまさに過渡期にあるといえる。司法分野の社会福祉士も、他の領域の社会福祉士と同様にアウトリーチやソーシャルアクション機能をどこまで発揮できるかが今後の課題であると考える。

次に、司法分野の中での連携体制はどうだろうか。非行少年の処遇は、「矯正」と呼ばれる施設内処遇と、「更生保護」と呼ばれる社会内処遇に分けられる。仮退院後は同じ法務省でも矯正局から保護局の管轄となるため、少年院側はそれまでのかかわりが継続できず、社会復帰支援がスムーズにいかなったケースもある。所管が変わることで支援の継続が困難になるという問題は、医療や教育分野など、多職種・機関がかかわり合う場合に往々にして起こることであろう。いずれにしても、専門職間や組織間でのコンフリクトやジレンマが、当事者である少年の社会復帰にマイナスの影響を与えることがないように、双方の対話を活性化し、相互理解を促進していくことが大事ではないだろうか。

（北川裕美子）

3　異業種の連携のなかで

(1)法務教官の立場から

福祉の専門家と連携するなかで、法務教官にとって一番欠けていたと感じた視点は、少年が社会復帰をした後どんな生活を送るかということである。矯正教育とは、今まさにそこにいる少年に何かを働きかけるということに尽きるが、その働きかけは、その少年の「今」だけでなく、「未来」に向かって意味のあるものでなければならない。おそらく「教育」という活動は本来すべてそれを前提としていると思うが、閉鎖空間である少年院においては、ややもすると「今」が「未来」より重くなっていたのではないかと感じている。もちろん「今」はとても大切なことであり、「今」の積み重ねが「未来」ではあるのだが。

ところで、最近、被害者のために厳罰に処するべきという意見を多く見聞きする。もちろん被害者感情を考えたとき、厳罰という論は十分理解できる。しかし、私は今そこにある罪だけで罰を論じることに抵抗がある。

というのは、長く非行少年の処遇に携わっていると、決して本人自身のせいだけではない環境の要因や、生まれ持った素質やハンデが非行の原因となっていることも多いからである。

例えば、学習の問題一つとってみても、九九は通常2ヵ月程度で習得できるとすれば、彼らの中に6ヵ月かかる者がいたとしよう。単純に人の3倍ということになる。こんなハンデを背負ってしまったらどうだろうか。これは人の3倍努力して普通を意味する。もちろん人の3倍もの努力は、何かに秀でたトップの人でなければそう簡単にできない。また普通に考えれば、人の3倍もかかることを進んでできるわけもない。だから「努力していない」とか「怠けている」とか言われる。しかし、これは本当に努力していないことになるのだろうか。

環境面で言えば、もし生まれたときから訳もわからず殴られ続けたら、相手の言っていることがよく理解できないままいつも怒鳴られてばかりなら、果たしてまっとうな人生を歩めるだろうかと思う。彼らは「今」加害者ではあるが、過去には「被害者」であったとも言える。またそれらが顕在化した形で本人や周囲が「被害者」として理解しているケースばかりではなく、「被害者」としての自覚が周囲にも本人にもない、目に見えない被害もある。

こういうケースは少年院では決して稀ではない。またそのような問題は矯正教育だけで解決することはできず、彼らが生きていく限り長く支援が必要である。そのような時、「福祉」にはその人の長期の人生という視点があり、そこに繋ぐことで彼らの未来を語ることができるのではないかと思うのである。

（長尾貴志）

（2）社会福祉士の立場から

今から15年程前、筆者は「人と支え合う」「誰かを支える」とはどういうことかを問い続ける中で、工学者の金子郁容（1992）が論じた「相互依存性のタペストリー」[▼5]について知った。これは「われわれ1人ひとりが、被害者でもあり、同時に加害者でもありうるという、現代社会に特徴的な複雑な構造」のことであるが、30年近く経った現代社会においても変わっていないように思う。金子は当時の環境問題や外国人労働者等への差別の問題に関してこのような構造を指摘したうえで、「ボランティア」とは「相互依存性のタペストリーのなかで、『他人の問題』を切り取らない、傍観者でいないこと」であると述べた。

筆者の場合、幸いなことに、少年を在院中から福祉的視点に立って支援することや、在院中の少年や家族にとって福祉士の役割がより一層求められていることに理解を示してもらえる環境にある。しかし、全ての施設において同様であるかといえば決してそうではないだろう。今後も他者を支える上で、各機関・施設の職員や当事者が抱える課題を「他人の問題」として切り取ったり、傍観者として見るのでなく、それぞれがネットワークを織りなす当事者であるという意識をもってかかわり続けたい。

また、前項でも触れられている「加害者の背景にある意識的・無意識的な『被害者性』」という視点も忘れてはならない。これまでに筆者が出会った少年の中には、多くの苦労や生きづらさを抱えながら生きてきたケースが少なくない。彼らは加害者でありながら、被害者であったかもしれないのである。もちろん彼らが行った加害は決して許されることではなく、自分に対する被害者意識が肥大化することで非行そのものが正当化されたり、再非行へと結びつくことは避けなければならない。ただし村尾（2008）が指摘するように、「非行少年の更生支援では、非行少年の内面にある『被害者性』ともいうべきものへの手当が大きな意味を持つ」ということも理解する必要があると考える。その上で、少年が社会の成員として生きるための地域の一体的支援は今後も必要不可欠であると思われる。

（北川裕美子）

4　おわりに

少年院が社会復帰支援を行う上で、これまでは司法分野の各組織の中で完結させてきたが、複雑な問題を抱える少年が増えてきたことにより、連携協力機関だけでは問題を解決するにあたり限界があるため、他の機関・職種との連携が必要不可欠となっていることは既に述べた通りである。ただし、そのような連携は始まったばかりであるため、少年院から福祉分野への働きかけが上手くいかない、また働きかけをしても、出院後彼らの支援をする福祉施設・相談機関も戸惑うという問題等が顕在化してきた。

冒頭に示した、本章の目的である「それぞれの立場から多機関・職種連携を円滑に進めていくための糸口」として、少年院には以下のことが必要とされるのではないか。

第一に、少年院が連携しようとする機関や人についての基本的な事項を理解しておくことである。施設内処遇を行う上でも、少年院の職員間で福祉的支援に対する共通理解がなければ、少年や家族も戸惑うことにつながるかもしれないからである。

第二に、社会資源（人的資源を含む）を確保しておくことである。いつ、どこで、どんなことが行われているのか等、他の矯正施設等とも情報共有をしながら、協力してもらえそうなところをリストアップしたり、あらたな資源を開拓することで連携先を増やしていくことができる。

第三に、連携の重要性について共通理解のある人を増やすということである。連携をすることの重要性について双方に共通理解があれば、それぞれの知識や技術を駆使して連携し、機能しようとお互いが努力するように思われる。

これらのことをどのように実現すればよいのか、明確な答えを出すことは私たちにとっても簡単ではないが、以下のような方法が考えられる。

例えば福祉の分野に関する制度や機関、障害等に関する知識、支援に対する理念の理解などを少年院の中での研修の一環として学ぶ機会を作る。外部の研修や勉強会に積極的に足を運ぶ。大人数の講演会でもよいが、少人数で行う勉強会の方がより具体的な内容が理解できるかもしれない。

以上、実際に経験した多機関連携を通して、法務教官（司法・教育）と社会福祉士（福祉）というそれぞれの立場から経験を振り返ってきた。一連の振り返りを通して、少年院という特殊かつ専門的な職務に関わるなかで、どのような視点が欠けていたのか、それが他領域からどのようにみえていたのか、どのようなジレンマを抱えるに至ったのか等、今後の社会復帰支援および連携強化へ向けた手がかりを探った。

　そしてもう一つ重要な作業として、施設内処遇に携わる筆者らが、非行少年の立ち直りを願う一人の人間として何を考えているのかという内省が残されている。専門職としては「生身の姿」を明かすようで、若干の居心地の悪さをともなうが、連携という局面で悩む支援者や、多くの大人（支援者）との関わりに戸惑う少年が、「支援する側が何を考えているのか」に思いをはせる一助になれば幸いである。

（北川裕美子・長尾貴志）

文献

一般社団法人東京TSネット編『更生支援計画をつくる――罪に問われた障害のある人への支援』現代人文社、2016
金子郁容『ボランティア　もうひとつの情報社会』岩波新書、1992
川村隆彦『価値と倫理を根底に置いたソーシャルワーク演習』中央法規出版、2002
村尾泰弘「Q＆A少年非行を知るための基礎知識」明石書店、2008
日本社会福祉士会「更生保護等司法と福祉との連携を担う社会福祉士の養成事業報告書」、2010

註

▼1　社会福祉士とは、1987年に成立した「社会福祉士及び介護福祉士法」で定められた社会福祉業務に携わる人の国家資格である。業務内容としては、相談、助言、指導、連絡および調整その他の援助の専門職であり、一般的にはソーシャルワーカーの国家資格として認知されている。また、名称独占の資格である点が特徴の一つである。社会福祉士の資格をもたない者は社会福祉士を名乗って仕事をすることができないが、近年では、業務独占の領域もみられるようになっている。

▼2　ただし、いくつかの少年院の社会福祉士と交流する中で、ケースの選定方法については、少年院の種類や現状等においてバラバラであることがわかった。例えば、施設の性質上、新入生については全ての職員が情報を共有しており、

特に選定する手続きがない場合もある（医療措置課程や支援教育課程だけの施設等）。また、ケースの選定時期や選定人数も施設によって異なり、他の矯正施設では定員の数も異なるものの、約8～9割もの少年が支援対象である場合も少なくない。

▼3 特別調整に関する業務としては、対象者の要件が以下のように決められている。

1 高齢（おおむね65歳以上）又は障害があると認められること
2 釈放後の住居がないこと
3 福祉サービスなどを受ける必要があると認められること
4 円滑な社会復帰のために特別調整の対象とすることが相当だと認められること
5 特別調整の対象者となることを希望していること
6 個人情報を提供することについて同意していること

上記1～6を満たす場合、矯正施設が特別調整対象者として通知し、保護観察所が調査して上記要件を認めれば特別調整対象者として認定され、地域生活定着支援センターへ連絡がなされる。また、一般調整や独自調整についてであるが、帰住先はあるものの、出院後直ちに医療措置や福祉による支援が必要な在院者の出院時保護に関する業務、その他、福祉上の専門性を要する支援などが含まれる。具体的な支援内容については、療育手帳、精神障害者保健福祉手帳の申請、更新手続きに加え、障害基礎年金の申請等を行うケースもある。また、障害福祉サービス利用に関する手続きなど多岐にわたっており、いずれの調整の場合にも、少年との個別面接や保護者への相談支援等を通じ、院内法務教官との連携を図りながら、本人の認知特性やニーズを探る。

▼4 更生支援計画とは、障害などで福祉的支援を必要とする人に対して、入り口支援として、早期の捜査・刑事裁判の段階において支援の内容をまとめたものである。

▼5 金子は「相互依存性のタペストリー」について、世界中の様々な要素が互いに絡み合って、縦糸と横糸が複雑に密接に入り組むことで織りなされる関係性の集合とした。

第10章　少年院の社会復帰支援における福祉機関の立ち位置再考
――児童相談所・自立援助ホームと連携したケースから

安藤藍

1　はじめに

「最近の児童相談所では非行が主訴となるケースはなかなかない」「児相に非行ソーシャルワークができるのだろうか」。

こういったことばは、本章を執筆するにあたり、児童相談所の現役福祉司や福祉司経験者と話をしたときに聞かれたものである。かれらは「児相に非行問題にあたる気はない」と言っているのでは決してない。非行少年もまた支援が必要な子どもであるのに変わりないし、非行の裏に虐待が潜むことを経験的に理解しているという。しかし、虐待対応に追われ、非行ソーシャルワークのノウハウも十分にないのが実際だそうだ。かれらのことばの奥には、もどかしさがにじんでいるようにもみえた。

こうした背景をふまえつつ本章は、少年院の社会復帰支援の連携先である福祉の側から、少年院との連携の困難や可能性について検討することを目的とする。具体的には、社会福祉と司法の連携という近年の動向をふまえた後、児童福祉領域での非行問題や非行少年の取り上げられ方を整理する（第2節）。そのうえで、実際に少年院のはたらきかけによって児童相談所と連携することになった事例（第3節）、少年院と児童相談所の橋渡しを行う自立援助ホームの例（第4節）を用いて、福祉機関の関与の具体的なイメージ形成や意義を検討していきたい。

2 社会福祉は犯罪や非行をどう受け止めてきたか

(1)司法と福祉の連携の動向

昨今「司法と福祉の連携論」の興隆には目をみはるものがある。これは裏を返せば、社会福祉のなかで「司法」にかかわる領域がマイノリティであったことを意味する。

現在司法と福祉の連携が注目される背景をたどれば、受刑者の高齢化や障害のある者への配慮の要請がある。主として地域定着支援センターの活用を中心とした地域支援の方途が検討されているといってよい。少年の領域でも、新少年院法施行にともなう社会復帰支援の充実や社会福祉士配置がすすみつつある。刑事施設等における処遇困難者に対応するため、司法側から福祉領域へ関心を寄せられているように感じるが、福祉側の反応はどうか。いわゆる「司法と福祉の連携」に言及する社会福祉関連文献（刑事立法研究会編 2018、森久 2015 等）においては、福祉の目的を再犯防止にしてはならないこと、福祉の司法化への警鐘、その回避のポイントなどが指摘され、社会福祉のあるべき姿と乖離しないような連携を模索しようとしているといえる。

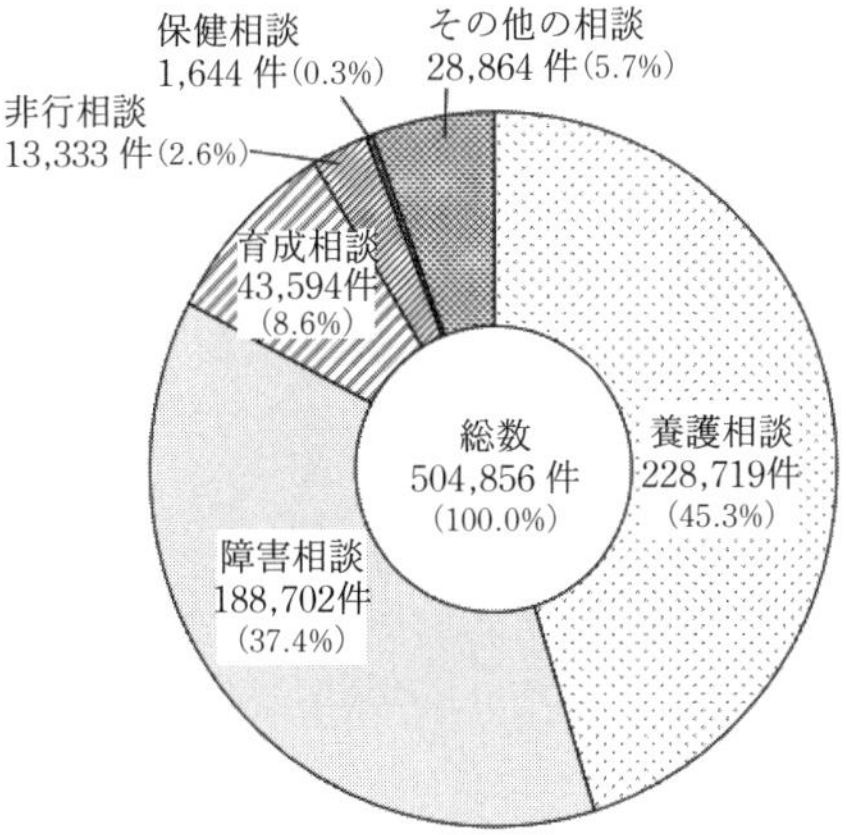

図１　児童相談所における相談の種類別対応件数[2]

（２）児童福祉の中の非行の扱われ方

児童福祉側からは、非行一般の問題にどのように対応してきただろうか。児童福祉の公的な専門機関である児童相談所に焦点をあててみたい。[1] 児童相談所とは、「市町村と適切な協働・連携・役割分担を図りつつ、子どもに関する家庭その他からの相談に応じ、子どもが有する問題又は子どもの真のニーズ、子どもの置かれた環境の状況等を的確に捉え、個々の子どもや家庭に適切な援助を行い、もって子どもの福祉を図るとともに、その権利を擁護すること」とされる（児童相談所運営指針）。児童福祉法第12条にもとづいて指定都市を含む都道府県に設置義務があり、同法２００６年改正で中核市、２０１６年改正で特別区でも設置できるようになった。児童相談所の扱う業務は実に幅広く、相談援助業務のほか市町村援助、一時保護・措置業務などは基本となる業務である。相談内容も「非行相談」以外に、「養護相談、障害相談、育成相談、その他の相談」と分類され（児童相談所運営指針）、障害相談は養護相談の増加にとってかわられたとはいえ割合は高い（図１）。児童相談所は戦後の浮浪児、孤児対応にはじまり、非行問題、不登校問題など、社会からの要請によって役割を変えてきた経緯をもつ。現代においては周知の通り、児童虐待相談対応件数が増加傾向を続けており、その対応にかなりの労力をさく状況にある。川崎二三彦（2013）が児童福祉法をひきながらいうように、「児童相談所は公的責任を自覚し、ある意味では最終の相談機関として、未知の問題も引き受けるパイオニアの役割を果たしてきた」のである。

児童虐待の防止等に関する法律が２０００年に施行されたのを端緒として、児童相談所の体制強化や迅速な対応を求める法改正がつづき、職員らはますます多忙をきわめている。しかし、児童相談所は非行問題に取り組まなくてもよいと思われているわけではない。戦後に設立されて以来、非行少年や非行問題一般についても継続して取り組まれ、少年法に基づく警察官からの送致、家庭裁判所からの送致を受けた援助活動を展開することもあった。たとえば名古屋市の児童相談所では１９９８年から11年間主訴別相談体制をとり、非行相談を特化させた全国でも珍しい「非行専任チーム」が存在していた。当時そのチームで非行専任児童福祉司であった渡辺忍（2009）は、専任チームの良さとして、所管する全非行ケースを週１回チームで検討できたこと、家裁少年部と窓口が一本化し調査官らとの連携が充実したことなどを挙げる。「児童虐待の対応が優先され、非行相談を始めとする他の相談業務が『後回しになっている』ことも否定できない。（中略）職員は疲弊し、中堅職員が育たない」としながらも、非行をした子どもの多くに不適切な養育があることを見出し、非行少年もまた「要保護児童」として認知し、福祉的に子どもと保護者を支援していくことを児童相談所の非行相談の原点とする。[▼3] また児童養護の現場経験も豊富で現在は研究者である小木曽（2008）も、要保護児童対策地域協議会の「要保護」児童には「児童虐待」だけでなく「非行問題」とその対策も含まれることを前提とし、市町村の実践の現状把握と「非行ソーシャルワーク実践」の専門機関としての児童相談所の先駆的な取り組み状況を調査している。

福祉教育に目を転じれば、児童福祉／子ども家庭福祉のテキスト（杉本監修・立花・波田埜編 2017、吉田・

山縣2019）においては、児童家庭福祉の現状と課題の一部やさまざまな状況にある子どもとして、ひとり親家庭への支援、児童虐待や障がいのある子どもの支援などと並び、非行少年等への支援にも言及がある。立花・波田埜（2017）では、非行少年への支援における児童福祉法上の課題のひとつに、社会の要請に見合った児童自立支援施設の運営を挙げている。具体的には、学校教育への就学義務への対応、相談・通所・アフターケア機能などの自立支援機能の充実等、児童自立支援施設運営指針（2012）にのっとった7つを挙げているのである。そして「非行少年への支援における課題は、2014年6月に約60年ぶりに全面改正された少年院法を適切に機能させ、社会の要請に見合った少年院を運営することであろう」と結んでいる（杉本監修・立花・波田埜編 2017）。[4]

ここまでをまとめれば、非行少年について児相ではなんらかのニーズをかかえた子どもだという現場の認識はあるものの、①児童相談所への社会的期待の変遷を背景とした虐待問題への焦点化、②福祉と司法の管轄の分断の2点から、家庭裁判所の審判に付され少年院に入院するケースは、児相の実務レベルでは少々「管轄外感」がうかがえるといえる。また、児童福祉の領域のうちに非行少年への支援も位置付けられてはいるものの、そこまで大きな比重を占める関心事ではなく、児童自立支援施設のあり方を検討するに留まる傾向があった。非行少年への支援が不十分であると指摘されながらも実現できていないのは、繰り返しになるが児童虐待対応がもはや喫緊の課題となっていることが大きな要因である。しかし、本章冒頭で児童相談所の福祉司らのことばを挙げたように、なんとかしたいという思いもうかがいしれる。

以下では、非行少年の社会復帰にかんして児童相談所と少年院の連携事例から、福祉が少年の社会復帰にどのような貢献ができるか検討してみたい。

3　児相職員らへのインタビューから

本章で取り上げる少年院では、顔の見える関係づくり、検討会開催、互いの仕事の理解等の素地を背景に、児童相談所と連携した社会復帰支援の事例をもつ。ごく簡単に事例の概要と支援の流れをみたあと、かかわった児童相談所職員のインタビューをもとにいくつかの考察をしてみたい。

(1)ケースの流れ

事例の少年は、ここではAさんとしておく。ケースの仔細を述べるのではなく、児童相談所の関与のプロセスが可視化される範囲でのみ、記載することとする。

Aさんが育ったのは、当該県内でも都市部からは離れた土地である。中学生のときに警察からの通告によって保護された。一時保護所・少年鑑別所での警察および児童相談所による調査を経て、審判の結果、少年院送致が決定し、入院期間は比較的長期に及んだ。

このAさんを担当した児相職員ら3名に、われわれ研究会のメンバー3名を加えた計六名で、2019年1月に座談会が行われた。場所は当該少年院である。以下では、この座談会から得られた語りのデータを整理してみよう。

児童相談所側では、児童福祉司、児童心理司、そして一時保護所の職員がAさんの支援に携わった。左頁は、Aさんが身柄を保護されてから少年院に入院し、現在に至るまでの出来事と児相の動き、福祉司などの見立てや感じてきたことをわけて時系列上に整理したものである。

これまで、Aさんと児童相談所の関わりはなかったが、児童相談所の見立てによれば、今回の罪状が初

出来事	児相の動き	福祉司などの見立て、感じたこと
身柄の保護	少年は身柄付通告で一時保護所へ。警察を中心とした調べを優先し、それが終わるころから児童相談所が本格的に調べにあたる。本人への面接のほか、地域に出向き、学校の様子や家庭訪問などを行う。	児童福祉司　真面目ではあったが、表情も硬く、感情があまり感じられない。最初は非行行動を正当化する様子も。本人、親ともに認知のゆがみか。
家裁への送致	ケースの内容柄、支援方法についてずっと児相でも協議はしており、少年院送致の意見を出した。少年は少年鑑別所にいたため、面会には福祉司・心理司・一時保護所職員の３人で行っている。	児童福祉司　面接、生活の様子も見てきて、本人はひょうひょうとしてあまり落ち込む様子もない。やったことの重大性と食い違う状況だった。生活中心の児童自立支援施設よりも、やったことを受け止めて治療的な介入などをお願いできたらという児相の総意から、少年院送致と保護観察の意見を出すことに。
家裁の審判	少年院送致の決定が下り、比較的長期という連絡はあったが、どこの少年院かは知らされない。審判をもって児相のケースとしては終結となる。	児童福祉司　児相としては問い合わせもできず後追いできないので、どこかから連絡がないかぎり動けない。モヤモヤはしていた。
少年院から連絡	少年院にいる間、少年院側が共有を持ち掛けてくれている間は関わることができる。ケース会議への参加、中学校卒業行事への参列など。	児童心理司・福祉司　児相のケースとしては終結になったが心配していた。Aさんの少年院での変化を評価しつつ、今後については児相として懸念していることもある。

めて唐突に起こったものではなく、地域の特色柄表に出てきづらかったのではないかと考えているそうであった。出院してもAさんは18歳未満の「児童」であり、児童福祉法の対象である要保護児童になりうる。出院を見据えて、Aさんの今後の帰住先や進路など、児相の立場から意見を述べているところであるという。

(2)機関の強みを活かした切れ目のない支援に

児童相談所の福祉司等は、少年院から連絡を受けてどのように今回の連携を認識したのか(①)。また、比較的長期処遇となったAさんの少年院での変化をどうみたのだろうか(②)。そして、少年院との連携のなかで、児童相談所の立場からできることをいかように見出したのか(③)。あるいはそれに関する現段階の課題とは(④)、といったことを本項では順を追ってみていきたい。

①今回の連携への評価

まず、児童相談所としては家庭裁判所における審判の決定が下りた時点でケース終結となることをおさえておきたい。少年院送致の決定と「比較的長期」の処遇になったという連絡以外、送致先なども児童相談所には知らされなかった。

福祉司　審判については、少年院送致ということで、決定ということで下りました。比較的長期ですという連絡はあったんですけど、どこの少年院かっていうことは知らされないんですね。(中略)だから、こちらのほうは問い合わせすることもできず、後追いができないので、とにかくどこかから連絡がない限り動けない。そういうのが現実です。

そうした状況で、少年院側から声かけがあったことをどう捉えたのか。

調査者　自分たちの手を離れた、終結したはずのケースでそういう依頼があったっていうのは、それはどうなんですか？　それは受けるべきという話になるのか、それとも、いや、それは受けるべきでないって話だとか、そういうのはあったんですか。

福祉司　ないです（…）当然行こうっていう。

心理司　心配してましたしね。児相の終結になった、こちらが望んで終結になったっていうよりは。

調査者　手続き上そうなっちゃったっていうだけの話で。

心理司　モヤモヤはしてましたもんね。

福祉司　モヤモヤしてましたね。

このケースに限らず、ソーシャルワークには必ず終結があるがゆえ、追えないが気がかりなケースというものは少なからず存在するものだ。しかし、一時保護所にAさんがいる間から丁寧に行われてきた地域や保護者への聞き取りなどによる情報・見立ては、家裁の審判後に引き継がれないわけである。Aさんのいた少年院から児童相談所に声かけがあったことから、入院前と出院後の支援が分断されずつながったといえる。児童相談所側も、躊躇なく声かけに応じている。

②児相職員から見た少年の変化

普段の面接などに加えて、Ａさんの中学校卒業の催しに立ち会った児相職員たちは、少年の変化をみてとることもできていた。たとえば児童福祉司は、少年院に来る前のＡさんを「人と話をして、相手の言ったことをちゃんと受け止めて、次、誰かから質問が来たときに、聞いた人の相手との話も取り入れつつ、自分の言葉のように出すみたいなこともできるお子さん」「表面的には落ち着いていれば全く問題のない、いい子です。ただ、やっぱり内面的なものがきちんと沿っているかっていうところは非常に弱いところがあったですね」と評していた。児童福祉司、児童心理司、一時保護所職員はそれぞれに、Ａさんの変化を語っていたが、とりわけ心理司は以下のように詳細に述べていた。

心理司　（福祉司が）結構やっぱり言われたとおり、すごい取り繕うことがうまいし、適応する力ってかなりある。僕がまだ保護所にいたときに面接していても、自分のやったことを振り返ってそれなりに言えてたんですよ、「ほんとにひどいことをした」とかいうことはできるんだけど。ただ、じゃあ、〈相手はどれぐらい、どんな気持ちになっただろうか〉というふうなことを言うと、それが（Ａさんは）言えないんですよ。今までいろんなことで取り繕うことできるのに、被害者の気持ちっていうのをやっぱうまく言えないっていうのがあって。（中略）自分がやったことは確かに悪いことだけど、それがほんとに悪いことなのかなっていうのがやっぱり心の中で引っ掛かってた子だったんですよね。だから、ある程度明るく振る舞えてた部分はあるんですが、少年院行ってから面会したときに、緊張もあるんだけど、やっぱりすごく暗いように僕らには見えたんです。言葉数も少ないし。多分さっきの卒業式の姿なんかもすごく硬いし、暗いし、決意表明も暗いし、もともと僕らの前で取り繕ってたというか、ある程度明るく振る舞えてたと思う。今は自責の念みたいなのが出てきてる。今、やっぱりそういう意味で、向かい合えてるからああなってる。（中略）（被害者に対してひどいことをしたと）思ってたら、そんなに明るく振る舞えないんじゃないかっていうのが（以前は）あったんですが、そのギャップがなくなってきたなっていうのは少年院行って思いました。

気がかりであったかつてのケースの状況について、少年の変容の様子も見ることができたのは珍しいケースかと問われると、心理司、福祉司はともに「そうですね」と同意し、福祉司はつづけて「多分私も初めてです。こうやって変遷というか、それが見えたっていう」とこたえていた。こういう連携はむしろ「やっていったほうがいいですね」「やっていただきたいですね」と口をそろえていた。

③出院後の諸調整へのより適切なアセスメント

児童相談所がもっている情報の中で強味となるのは、少年の家庭や学校、地域の状況などである。それらをもとに、社会復帰支援のプロセスについて児相としての見解を述べるようにしているという。たとえば、児相のもつ情報から考えられる懸念や、支援の選択肢についてである。

福祉司　次どういうふうな進路先になっていくのかとか、どこで生活をしていくのかとか、そこが保護司さんだとか、少年院の方が聞いた内容とお父さんが答える内容がずれてたりもしていて。当事者参加でどっかでケース会議もするべきじゃないかっていう意見も前回出て。だから、先の話を詰めていくには、何回かケース会議を重ねていく必要があるだろうし、共有して、じゃあ、どこがどんなふうにそれを、役割を担っていくかというふうなことになっていくと思うんですけど。

児相は今までのA君のことだとか、生活のことだとか、家族のことだとか、地域の中でのA君だとか、そういうとこでは多分一番情報を持っている所なので、これから先のことを考えていくに当たって、「児相としてはここが不安なんです」とか、「こういうふうになったらいいんじゃないかなというふうに思っています」とか、そんなことは言わせてもらうようにはしているんですけど。

児相として今回のケースで最も心配な部分とは何であろうか。たずねられた福祉司等は、「家族の力の弱さ」「地域の影響力」に加え、帰住後の虐待の可能性を挙げた。

福祉司　あと心配してるのが、親御さんのDVがすっぱりなくなるのかっていう不安はすごくあります。その親御さんの所にAさんが戻ってしまうと、またそれを見聞きする可能性が十分にあるし、そのことでAさんが不安定になってしまったり、家庭が居づらくなって、また他の子たちと連れ立って、今回の罪状のようなことでなくても、非行行動を起こしたりだとかいうふうなことが起きないか、再犯がないか、すごく心配をしています。

「やっぱり児相としては被虐待児っていうところで見ているし、これからまだ彼が地域に帰っても18歳未満で、もちろん虐待を受ける可能性のある子どもということで、やっぱり見ていかなければいけないだろうし」というのが児相の正直なところである。可能であれば、出院後の選択肢に、自立援助ホームのような、家族と関係を継続しつつ同居しないあり方も含めたいのだそうだ。

福祉司　ほんとは、私は個人的には自立援助ホームだとか、ちょっと家庭と離れた所で生活しながら、家族とは交流しながら、今よりはちょっと緩いような形できちんとした家庭の関わりっていうのを彼が経験してきてないので、そういうのを経験しながら成長して自立していってもらうのが理想じゃないかなとは思うんです。

確かに、暴力のない家庭を知らずに過ごし、再び被虐待の可能性がある子どもに、家庭復帰以外の選択はあってしかるべきにも思える。それは、これまでの生育歴をふまえた児相の見立てであるが、座談会の時点ではそこまでの提案はしていないようだった。Aさんは自立援助ホームのような資源があることを知らないためそういった選択の可否を判断できないし、親御さんもおそらく離れて暮らすことを望んではいない。さらに、そもそもそのような選択肢が可能なのかどうか、「自分たちが簡単に自立援助ホームとかって言いますけど、実際のところどうなのか」（福祉司）わからないのだという。これは以下の④の今後の課題につながっていく。

④今後の課題や展望

自立援助ホームの寮長である平井（2013）は「特に少年院からの仮退院ケースについては、矯正施設や司法関係機関からつなげることがいちばん大事であるが難しい部分でもある」と述べているが、座談会ではそもそも「少年院の持つ資源が十分にわからない」「細部まで互いの情報共有ができれば」と語られていた。

福祉司　あえて個人的に考えるとするならば、逆に少年院側の資源がどんな感じなのかがよくわからない。どんなふうな支援の内容ができるのかとか。（中略）（当該少年院が）過去に自立援助ホームとかも利用したことはあるんですって話もありましたけど、少年院に入っているだとか、それから罪名ですよね。いろんな種別があると思うんですけど、じゃあ、逆に使える自立援助ホームっていうのはあるのか、ないのかとか。彼が家庭を離れて生活をするっていう選択をした場合に、じゃあ、それはすぐに支援してくれる、自立援助ホームっていうのはあるのか、そこと少年院の連携ができているのかとか。

社会内支援である自立援助ホームで、それまで規律ある生活をしてきた少年院仮退院の少年たちにはしばらく戸惑いもあり、欲望を抑えきれずに以前の世界に戻ってトラブルを起こしてしまうケースも少なくないといい、その意味でもうまく矯正や司法と福祉がつながる必要があるといわれている（平野2013）。実際に受け入れ先となる福祉施設と矯正施設等とが、事前の面接での入居可否判断から入居後の関わり方まで調整できる関係にあるかも気になるところである。

福祉司　少年院に入ってるお子さんとかは、やっぱりそこに足かせが付いてるようなところがあるじゃないですか。厳しい環境をくぐり抜けてきたお子さんなので、受ける側もかなり心配はあると思うんです。なので、受けるにあたっての条件があったりして受けてもらいにくいというふうなところがあるのかもしれないし。自分たちが簡単に自立援助ホームとかって言いますけど、実際のところどうなのかとか。

少年院、児童福祉施設ともに、互いがどのように見えて、どこまでできるのか、さらなる共有が望まれているようだった。それは「もっと情報共有というか、お互いの役割の、もうちょっと細部を共有できてたら、もっと話がスムーズにいくのかもしれないなとは思います」ということばに凝縮されているように思われる。
　また、少年院を出た後も、基本的には保護観察の対象となるため、福祉の話ではないということになり、保護観察所と福祉の連携もまったくないと語られていた。だからこそ、本人たち、そして関係機関からつなげてもらえれば、児童相談所は入院・出院後もかかわることができる。少年院は一つの重要な関係機関になりうるのだ。

福祉司　ほんと、児相と今後Ａ君がつながるんであれば、Ａ君からか、家族からか、あと関係機関からか、つなげてもらえればできる。
調査者　関係機関っていうと、どんなのがあり得るんですか。
福祉司　少年院とかも多分入ると思うんです。
心理司　少年院もそうですね。
福祉司　「こういうふうなところの支援がちょっと行き詰まっているので、ここのところをちょっと相談したい」とかっていうふうなことになると、すごくつながりやすいですね。逆に「またお願いします」って言われても、なかなか、じゃあ、じゃあ何をっていうふうになっていくと難しいところになってくるので。
調査者　じゃあ、こういう問題でっていうふうな。
福祉司　「こういう問題で相談にのってあげてほしいです」っていうふうになったほうが支援は組み立てやすいですよね。多分それがないと、何もせずに時が過ぎていってしまうみたいなところにもなりやすいので。

今後のさらなる展望を考えれば、重要なのは〝とりあえず児相にもみててもらおう〟〝児相がかかわってくれていれば安心〟では効果的な支援は望みにくいということだろう。

4　自立援助ホームの支援者[5]とのインタビューから

A君の仮退院に際しては、少年院が帰住先のひとつとなるような自立援助ホームと関係をもっているのか定かではないと語られていた。自立援助ホームの側は、少年院出院後の少年を引き受けることについて、どう受け止めているのだろうか。児相職員の語りを補足するため、２０２０年9月に自立援助ホームの支援者にインタビューを実施した。

(1)インタビュー先の特徴

当該自立援助ホームの特徴は、支援者のひとり（インタビュイー、以下Bさんと記す）は法務教官の経験が長く矯正の仕組みや文化をよく知っていること、社会福祉法人立ではないこと、施設長の方針が緩やかであることなどで[6]、Bさんの言葉を借りれば「ちょっと援助ホームとしてイレギュラー」なところがあるそうだ。インタビュー時点で、県内外の児童相談所から措置されているケースがほとんどで、1ケースのみ更生保護委託であった。先のAさんのケースとの違いでもあるのは、この自立援助ホームで受け入れてきた少年院出院後の少年は、いずれもそれまで何らかの形で関与があった点だ。つまり、出院に際して初めて打診されるケースはまだないということだ。

受入条件に関しては、特に設けていない。施設に打診してくる段階で、大抵手詰まりになっているからだという（たとえば親御さんが疲弊している、場を変えないと話が始まらない、など）。「うちはこういう場所だよっていうことで、本人が、じゃ、やってみますということであれば受けますよっていう」のが、基本的なやり方である。

Bさん　この子ができるかできないかを理由で断ったことは、多分ないと思います、今のところ。（中略）少年院まで行ってしまったけど、戻ってきたいって言うのであれば、またそこからやり直そうっていうスタンスで。

設立当初は「どっちかっていうと、やんちゃ系のほうが多かった」が、児童相談所が当該ホームを認知するにつれて、県外を含めて非行系ではない子どもの措置が増えてきた経緯があり、障害福祉ともつながって支援をしているそうだ。非行のある子どもも、障害福祉との連携などはホームによっても受け入れ態勢は多様であり、一概にホームの傾向を語ることには慎重になるべきだが[▼7]、Bさんの自立援助ホームは特性の強い子どもも県内外から受け入れている。

（2）自立援助ホームからみた少年院・児童相談所・自立援助ホーム連携の意義と実際

少年院での学びと社会生活の架橋

自立援助ホームへの接続は、少年にとってどのような意味があるだろうか。Bさんが日頃から心がけていることのひとつに、そのヒントがある。それは、「満点を目指さない、目指させない」ということだ。

Bさんは長年の矯正の経験から少年院教育の意義を実感しつつも、出院後の長い人生を送るために「いい感じに崩す」必要を感じている。ここでできることのひとつは、安心と安全が守られた環境での小さな失敗、崩していく塩梅を知ることである。

Bさん　少年院で、最近そうでもないかなと思うんだけど、ちゃんとやれって教えちゃうじゃないですか、どうしても。少年院に一回、それまでちゃらんぽらんな子が、一回はきちんとやらないといけないんだけど、そこから長続きするやり方に落とし込んでいかないといけないところを、それは少年院の側は、施設としても職員さん個々としても、どっちかというと、あんまりそこまで持ってきてくれてないかな、みたいな感じがあって。ちゃんとやるほうは一生懸命やるけど、そこからの崩し方を教えてくれないというか、教えにくいんです、それは中でなかなか。そこまで教えなきゃいけないなとは思ってましたけど、やっぱり中は、固い枠組みがあって、本人もそういう場所で、しかも時間がすごく限られてる、一年とかそういう単位なので、やれちゃうけど。出て、そこから先、何十年も生きていくのに、少年院でやってるような、がちがちのことをずっとやれるわけがない。そこの、いい感じに崩すっていうか、続くやり方にするために、あんた、どこまでどうする、みたいな話を、うちにいる間にやってないと駄目だよね、とは思ってますんで。それが多分、満点じゃなくて70点ぐらいか、70点ぐらいで十分じゃないですかって言ってます。

仲野他（2019）では、少年院での施設内処遇強化と社会に出た後の「落差」が指摘され、目標を再度設定する支援に言及されている。Bさんの「いい感じに崩す」試みはひとつの対処法でもあるのかもしれない。加えて、「ホームは生活の場なので、まずは安心して過ごせる場所にする」「居場所が必要」で、少年院での教育内容を維持することは目指されない。

Bさん　もちろん違う形で、そうじゃないって、やってくださってる方は多いと思うけど。すごい一般的な、別にこういうとこ（矯正や非行関係）に関わってない人から見れば、（少年院を）出てきて、ちゃんとできてる、だったらよかったねっていうのが、すごく素朴な感覚じゃないんかなって。

Bさんは、少年院という限られた時間と厳しい条件下で守られた規律をスタートラインにすると少年はもたないと思っている。少年院も〝ちゃんとしたところ〟に着陸させるのではなく、また出院後に引き受ける側も〝ちゃんとしたところ〟からは始まらないつもりで受ける必要があるが、その点は「まだちょっといろいろ擦り合わさなきゃいけない感じは、すごいする」という。

未知との遭遇？

自立援助ホームが少年の社会復帰のクッションとなる可能性が示唆されたが、児童相談所とのかかわり（第3節）でもみたように、児童相談所は子どもが少年院に送致されたところでケース終結となる。Bさんも一度、児童相談所との交渉のタイミングや度合いをはかりきれなかったケースがあった。

Bさん　それ（うまくいかなかったケース）に懲りて、その後のケースのときは、とにかく少年院に入りそうだってなった段階で、児相とこの後どうなるっていうことを一生懸命、話をして。出るときに、もし本人が帰ってきたいって言うんだったら、児相のほうが前向きに検討してくれるっていう話を取り付けて、その段階で。

入ってから、また少年院と観察所との間も含めて、すごいやりとりして、最終的にやっとこさ、まず最初の1～2カ月は保護観察所の委託で、その後、措置にする予定っていう形にやっと落ち着いた。そこまで私たちが動くんじゃなくて、少年院側に動いてもらうっていうスタンスでやりました、その後は。

調査者　そのほうが、ルートとしてうまくいくっていうことですか？

Bさん　うん、下ごしらえとしては、こっちが先に話をしとくのはすごく大事だけど、（中略）少年院はどこかに出さないといけないわけですから、他にあてがないというんだったら、少年院のほうが観察所とか児相とちゃんと掛け合ってくださいっていうのが。たとえばこの後、同じようなケースがあったときに活きると思いますし、私たちじゃなくて少年院側もね。私たちはどこまで行っても民間の施設ですから、公的機関同士のやりとりにしてもらったほうが、いいのかなって思いました。

　Bさんはこれまでのケースを振り返りながら、「少年院が児相と話をしようとしたときに、児相のほうも、やっぱぴんと来ないわけです。ぴんと来ないから、何で少年院と児相が話、しなきゃいけないのか、みたいな感じになってたみたいで」と語る。矯正での経験と現在の自立援助ホームの立場から、「少年院の分からなさと児童福祉側の分からなさっていうのをある程度、両方分かる」と認識し、双方が話す機会をつくり齟齬を埋める手伝いをしている。まさに未知との遭遇ともいえる場面である。

Bさん　そう、今、遭遇しまくってる感じですよね。そうそう、だから少年院に社会福祉士さんが入るようになって、大体全部に入るようになって5～6年でしょう、まだ？　あそこまでの間っていうのは、（矯正にいた頃）私たちは全然、分かんなかったんです、そこら辺が。福祉のジャンルのことが、たまたま勉強してきた人は知ってたかもしれないけど、私みたいに全く畑違いのところの人間にとっては、矯正の中で身に付けたことでは全然、分かんなかったんです、福祉のことが。児童福祉のこともそうだし、障害福祉のこともそうだし。（中略）今はみんなが未知との遭遇をしまくってる状態で、もうちょっとたったら、もうちょっとお互いに知り合えていくのかな、とは思うんですけど。

社会福祉士の配置など社会復帰支援の議論が進んでいるが、現場では「未知との遭遇」は始まったばかりかもしれない。

5　おわりに――例外ケースからの学び

本章でみてきたような少年院と児童相談所、自立援助ホームの連携ケースはまだまだ珍しい。これをレアケースとして留めるのではなく、「のぞき窓」として私たちは何を読み解いていくことができるだろうか。最後に、連携・協働とニード論の議論、児童福祉法改正と関連づけて考えてみたい。

社会福祉一般においても、連携や協働ということばは実に多く聞かれる普遍的なテーマである。今回のAさんの事例でも、警察や児童相談所のかかわり、少年鑑別所、少年院での矯正教育、出院後の支援計画、そして保護観察の見通しのそれぞれが分断されている実態が浮かび上がった。しかし、仮退院後の調整のために少年院から児童相談所へと積極的なはたらきかけのあったAさんの事例、自立援助ホームが仲立ちとなって少年院と児童相談所の「遭遇」機会をつくっていたBさんの事例では、少年院と福祉機関との連携が少年にとって良い影響をもたらす（アセスメント、帰住先、少年院の学びを長く続けていける形にソフトランディングさせるクッション役等）と実感されていた。ひとりの少年がもてる力を発揮し、希望をもって生きていくための支援が切れ目なく行われるために、多機関連携が有機的に成り立つしくみが改めて必要だと認識させられる。

とくに矯正と児童福祉という、地続きながら全く異なる文化や価値観の横たわる領域間の連携は、日頃のコミュニケーションや細やかな努力なくしては築かれ得ない。むろん、少年院側も児童相談所側も、初めからその意義に〝ぴんと来て〟いたわけではないからこそ、今も「未知との遭遇」をしているわけである。

矯正の側についてBさんは、国の直轄である矯正の事業では、矯正のスタンダードをある程度作れればその周知はしやすいといい、研修の一本化等全国で一定の知識共有は可能だろうという。Aさんのいた少年院、Bさんのかけあった少年院とも、たまたま担当した教官が別部門や管理職に異動したら得られた知が継承されない可能性もあるが、国の直轄である特徴を活かせばある程度少年院側で共有できるものがあろうというBさんの意見は、今後のヒントになる[8]。

また上記と関連して、機関が互いにできることを認識し合い、各段階で主となる機関がどのような思想・理念のもと何を目的としてどのような支援を行い、その結果クライアントがどう変化し自身を評価していくかまで共有して支援を継続できれば、第2節（1）で触れたような「再犯防止、社会防衛のみに陥らない連携」に通じていくのではないだろうか。すなわち、施設内処遇、社会内処遇の連続性において単にケースを共有するという次元を超え、現実的に使える社会資源が本人に気づきを与えるなどして、比較ニード・感得されたニード[9]となっていくならば、そのときに真に本人の福祉の向上に資するといえるのではないか。

最後に、近年の児童福祉法改正とのかかわりでいえば、子どもの権利擁護の文脈を重視することをあげたい。渡辺（2009）等でもいわれているが、要保護性の高い子どもとして非行少年を位置づけ、その成長や発達のための権利擁護の一端として支援をはかっていくことが重要と思われる。

２０１６年の児童福祉法、児童虐待防止法改正では、市町村による「子育て世代包括支援センター」法定化等、２０１９年改正では児童相談所の体制強化、関係機関の連携強化など、虐待防止の文脈が注目されやすい。しかし、２０１６年児童福祉法に子どもが権利の主体であるという文言が初めて明記された点に立ち返ってみたい。児童福祉サービスは子どもの権利擁護のために子どもが利用できるものであると考えれば、非行少年も必要なサービスを受ける権利があるという観点が福祉領域でも共有されやすくなるのではないだろうか。

文献

Bradshaw, J. "The concept of social need" *New Society* 19 (496), 1972
羽間京子「少年院在院者の被虐待体験等の被害体験に関する調査について」、『刑政』第１２８巻４号、2017
平井誠敏「司法関係からの受け入れと支援――自立援助ホームの実践から」、『月刊福祉』第６号、2013
刑事立法研究司法立法会ほか編『「司法と福祉の連携」の展開と課題』、現代人文社、2018
小谷眞男「特集犯罪と社会福祉　総論『犯罪と社会福祉』の各国比較から」、宇佐見耕一・小谷眞男・後藤玲子・原島博編『世界の社会福祉年鑑２０１７』旬報社、2017
厚生労働省「児童相談所運営指針子発１０２５第１号平成30年10月25日」（https://www.mhlw.go.jp/content/000375442.pdf 2020年2月12日閲覧）
森久智江「特集刑事司法におけるソーシャル・インクルージョンの現段階――障害のある犯罪行為者への支援とソーシャル・インクルージョン」、『龍谷大学矯正・保護総合センター研究年報』第５号、2015
仲野由佳理・田中奈緒子・安藤藍・友澤茜「少年院における社会復帰支援の取り組みと課題――榛名女子学園でのインタビ

ュー調査から」」、『刑政』第130巻3号、2019
才村眞理「非行問題に対応する児童福祉サービスのあり方に関する調査研究――児童相談所の非行相談における調査結果にもとづく」」、『司法福祉学研究』第5号、2005
杉本敏夫監修、立花直樹・波田埜英治編『新・はじめて学ぶ社会福祉2　児童家庭福祉論第2版』ミネルヴァ書房、2017
山元照明「児童虐待と児童相談所の今」、『罪と罰』第55巻2号、2018
吉田幸恵・山縣文治『新版　よくわかる子ども家庭福祉』ミネルヴァ書房、2019
渡辺忍「特集少年法改正と子どもの未来　福祉教育の実践を通して　児童相談所児童福祉司の立場から――非行専任児童福祉司の実践をとおして」、『世界の児童と母性』第67号、2009

註

▼1　もちろん、非行問題を扱うのは児童相談所だけではなく、また非行と虐待、家出、貧困など様々な状況が重複して生じるため、民間団体を含めて多様な実践の中に非行問題への支援も含まれてきた。

▼2　「平成30年度福祉行政報告例　結果の概要」(https://www.mhlw.go.jp/toukei/saikin/hw/gyousei/18/dl/kekka_gaiyo.pdf)　2020年2月12日閲覧。

▼3　渡辺忍(2009)ほか、2007~2011年に雑誌『そだちと臨床』に連載された同氏の一連の記事を参照のこと。

▼4　①子どもの抱える問題の複雑さに対応し、より高度で専門的なケアを提供する機能強化、②職員の専門性の向上、③中卒や高校生の自立支援機能の充実、④学校教育への就学義務への対応、⑤小舎夫婦制や小舎交代制の維持発展、⑥相談、通所、アフターケア機能などの自立支援機能の充実、⑦家族との交流・関係調整などの支援や、地域社会におけるネットワークなどの資源を活用したサポートの確立、の七つである。

▼5　自立援助ホームは、2009年に児童福祉法による措置施設となった。自立援助ホームの寮長である平井(2013)のまとめによれば、通常の入居は、児童養護施設等を措置解除となり、自立支援が必要な20歳未満の児童等が自らの申し込みにより児童相談所を通じてなされ、担当の児童福祉司が面会等を行いながら自立支援していく。司法関係から子どもを受け入れる場合は私的契約となり、家裁の補導委託や保護観察所の更生保護委託等による入居で、家庭裁判所の調査官や保護観察所の主任官・保護司が関わるという。

▼6　「何しろ非常に緩いんです、うち、援助ホームの中でも、多分。多分、施設長の方針で、すごく縛らない感じなんで。実際のところ、そんなにがっちりした枠組みがあるわけじゃないので、物理的にも制度的にも毎日、仕事に行ったり、

学校へ行ったり、遊びに行ったりするための場所だと。そういうふうにして生活する場所なんで、そんなこっちの思いどおりにはならないんですよね、そもそも。だからその前提を分かってください、その上でお預かりしますっていうことで」と語っている。

▼7 Bさんとの調査後のやり取りで留意点として出された点。非行のある子どもの受け入れには慎重なホームが多数派と思われるものの、前向きなホームが複数あるのも事実である。慎重の度合いもグラデーションがあろう。Bさんも、非行のある子どもや障がいのある子どもの受け入れへのハードルの高さが本当なのか、どの程度そうなのか等、実際は分かりかねると慎重に述べている。

▼8 運用レベルではまた別の課題があるが、少なくとも知識の上では共有可能という意味である。他方で、児童相談所は設置する地方自治体によって運用の細則が異なるので、実際にケースを扱う際には全国一律とはいかない。「この項目のお金は、こっちの県はこういう基準で出せますけど、あっちの県ではそれとは違う基準でしか出せません、みたいなことは、そこは、最後は県が決めることだから、しょうがないっていう話にしかならない」(Bさん)。

▼9 Bradshow, J.（1972）の四分類を参照。専門家等の判断による「規範的ニード」、本人がニードを自覚している「感得されたニード」、感得されたニードを具体的な支援の利用といった行動にうつす「表明されたニード」、支援やサービスを利用する人と同じような特性がありながら支援を受けていない人がいれば「比較ニード」があるとみなしうる。

第11章　社会復帰支援とジェンダー——格差社会・不平等社会への再接続へ向けて

仲野由佳理

1　はじめに

ここまでの章で、少年院で行われる様々な営みについて読者は改めて知る機会を得たと思う。一方で、「他者を害した少年に対してあまりに丁寧すぎるのでは」「きめ細やかな教育と福祉的支援をしすぎなのでは」という疑問を持った読者もいるだろう。しかし、社会が求める改善更生のレベルを1年弱で達成しようとすれば、これだけ詰め込んでもまだ足りない。教育は万能ではなく、彼らが生まれて十数年かけて築き上げてきた経験や価値観を1年程度で書き換えることは簡単ではないからだ。それでも彼らには「社会復帰」という大きな目標に向けて歩んでもらわねばならない。これからの社会を作り、そして生きていくのは「若者たち」なのだから。

それゆえに「若者」である少年の社会復帰は社会的にも重要な課題だ。この社会復帰にともなう困難として論じなければならない重大な「課題」がある。それは、復帰しようとする社会そのものが格差や不平等に満ちたものだという点だ。社会学者の上野千鶴子氏が指摘したように、日本は依然として様々な差別が存在し「がんばってもそれが公正に報われない」社会（2019年4月東京大学入学式祝辞）である。少年に対して「社会復帰」という言葉を用いるとき、この「社会」が「格差や不平等に満ちた社会」を意味することを忘れてはならない。格差や不平等という構造的な問題と少年が非行・犯罪に関与するに至った経緯は、全くの無関係ではないからだ。

少年院を出院して、再び「格差・不平等社会」に戻るのだから、これは少年院教育にとっても重要な課題である。格差・不平等社会を合法的に生き抜くすべを教えると同時に、どのような格差や不平等が犯罪・非行の誘因となるのか、少年の立ち直りにどのような影響をもたらすのかを正しく理解する必要があるからだ。本章では、社会に内在的な格差や不平等と少年院処遇の関係について検討する。

2　少年院と「ジェンダー」をめぐる論点

さて、少年院処遇と格差・不平等の関係を論じる一つの手がかりとして、本章では「ジェンダー」に着目する。ジェンダーに着目する理由は三つある。そもそも非行・犯罪現象とジェンダーの関係は、すでにフェミニスト犯罪学などの領域を中心に議論が進んできたからだ。特に、日本社会は伝統的に性別役割分業意識が高く、World Economic Forumによる日本の「ジェンダー・ギャップ指数」は153カ国中120位（2021年度版）と落ち込み、深刻なジェンダー格差を抱えていることが露呈している。ジェンダーをめぐる課題は、私たちの社会生活に深刻な影響を与える格差・不平等の一つとして議論に値するだろう。それが第一の理由である。

また、第二の理由として、日本の施設内処遇が男女の別に基づき制度化されているという点が挙げられる。例えば、日本の施設収容（刑務所・少年院・拘置所・鑑別所）は生物学的な男女の別で行われる。それは、後述するような男子施設と女子施設の数の違いや、職員の配置数・状況、教育環境の違いとして現れている。女子施設は施設数・在院者数ともに少なく、その点では少年院処遇の運営・設計の全体像はマジョリティの男子施設を前提とせざるを得ない。しかし、その関係にも少しずつ変化が訪れている。風向きが変わったのは、２０１４年１月のマーガレット・アクション以降である。刑務所における女子施設地域援助支援モデル事業（２０１４年４月から）、女性受刑者に特有の課題に係る処遇プログラム（２０１５年から）の開発・実施が進むなか、少年院でも２０１３年から女子少年院在院者に対するプログラムの検討・実施がスタートするなど、性別特有の課題に配慮した施設運営へと変化しつつある。

ところが依然として社会の側の課題は多い。少年院でジェンダー格差に配慮した教育・支援を実施しても、最終的に少年たちが帰っていくのは「深刻なジェンダー格差を内在した社会」である。伝統的な価値や規範を維持する地域社会への復帰支援は、ソフトランディングを目指すほど、理念的に目指される「格差・不平等が是正された社会を生きる人材育成」とは遠ざかってしまう。つまり「（女性であっても）自立した生き方」を理想的としつつも、実際には家族への無償労働（育児・家事・介護等）あるいは補助的業務への従事を目指す方が「現実的な選択」となってしまうのである。特に、今日明日をサバイバルしなければならず、就労経験を持たない若年女性には、「現実的な選択」の方がはるかに魅力的なはずだ。理想と現実の矛盾は、女子少年だけではなく男子少年にも同様に当てはまるだろう。伝統的な性別役割分業意識が根強く残る日本社会だからこそ、社会復帰に対する影響力を議論する必要がある。それが第三の理由だ。

3 立ち直り過程で再生産されるジェンダー格差

ジェンダー格差解消という理想的な選択よりも、格差を助長する結果になっても現実的な選択がなされやすい。やや踏み込んだ指摘だが、全く根拠のない架空の話ではない。例えば、イングランド工業地域にある男子総合制中等学校の労働者階級の男子集団のエスノグラフィである『ハマータウンの野郎ども』が好例だろう。この研究は、学校的価値に順応的な集団と対抗的・逸脱的な集団の生活世界を鮮やかに描き出した。そして、学校文化を拒否して肉体労働に従事する若者（男性）は、社会構造という点からみれば、性別役割分業を価値的に引き受けているという矛盾を指摘する。一方、女性の側も同様である。この点に着目したものとして西田（2012）が行った2003年大阪フリーター調査が興味深い。女性対象者の語る早期結婚願望は「他の選択肢が提示されていないなかでの移り行き」（西田 2012, p. 104）であり、結果として同じく性別役割分業（家族ケアという無償労働）を価値的に引き受けるというのである。

これらの先行研究が示すのは、そもそも「選択」は「それを許す状況がある」という点で贅沢なものだということだ。私たちは誰しも、最大限の選択肢から選択を行うわけではなく、様々な制約によって絞られた選択肢のなかから選び取るだけである。「選択などというものは、本質的に、中産階級の意識的概念である」（Apple 1982 = 1992, p. 156）というアップルの言葉は重い。[1]

日本社会における若者の就労においても、同様の問題が指摘できる。社会復帰支援において衣食住を整えることは生活再建の最低ラインである。そのための経済的基盤に関わるのが就労である。少年院の社会復帰支援が就労に特化してきたことの背景でもある。しかし、実際にはこれは特に女子少年に困難な立ち直りモデルである。日本社会は依然として管理職に占める女性の割合が少なく、長期的にみて若年の単身女性が経済的安定を得るのは容易ではない。平成28年度雇用均等基本調査（確報版）によれば、課長相当職以上（役員を含む）は12・1パーセント、係長相当職以上（役員を含む）で12・9パーセントであり、合わせて2割程度といったところだ。さらにこの2割を産業別にみれば、医療・福祉領域がその50パーセントを占めており、雇用形態別・産業別に大きな差があることがわかる。さらに「30歳台から50歳台半ばまでの男性の約半数が離職せず就業を継続するのに対し、女性は初職から離転職なく就業を継続する割合は25パーセントと低い」（大阪大学他 2015, p. 9）と調査結果も示されている。生活再建のために経済的基盤を得ることは重要であるが、そのために「働く」という局面においても性別の違いでこれだけの格差が生じている。

いうまでもなく、この格差は国家が目指す社会構想とも大きく乖離する。例えば、「すべての女性が輝く社会づくり」というスローガンが象徴的である。２０１７年11月3日に開催された「国際女性会議ＷＡＷ！　２０１７」の特別スピーチでは、安倍首相（当時）が、日本は女性が活躍できる社会へと「変わった」と繰り返し述べている。そして活躍する女性の例示として、世界で初めてｉＰＳ細胞による移植手術に成功した高橋政代氏や、女性起業家のリム・ポーティ氏を挙げた。▼2 このような華々しい実績が取り上げられる一方で、右記の管理職に占める性差の問題やジェンダー・ギャップ指数１２０位という結果を前に「本当に変わったのか」と首をかしげることの方が多いのではないだろうか。そもそも同スピーチは「男たちがつくり上げた常識という壁を打ち破り、新しい時代を切りひらく力が、女性にはある」と訴えるが、壁を打ち砕くのは「女性」だけの役割なのだろうか。壁を打ち砕くエネルギーは男女問わず全ての国民に必要である。相互理解と共助の精神なくして新しい時代を切り開くのは難しい。それにもかかわらず、格差・不平等構造の中で劣位に置かれたものに対して「壁を打ち砕くべく頑張れ」と過剰なエンパワーメントを迫る限り、すでに格差や不平等の中で選択肢を制約されてきた少年が、国家が理想とすべき「活躍」の機会を得ることは極めて困難な道のりであると言わざるを得ない。

それゆえ少年院が目指す社会復帰の実態は、国家が目指す社会構想と一致させることは難しい。しかし、入院以前と同じ生活への適応を目指せば、再び同様の格差や不平等の中で苦しむことになる。この矛盾に対する少年院の社会復帰支援のスタンスは、再非行・再犯防止という観点から、わずかでも現在／将来の選択肢を拡大しようとするものといえる。入院以前の生活に比べて「少しでも向社会的な状態」（よりマシな生活）にするために、様々な知識やスキルを習得させる。詳細は後述するが、例えば第6章で紹介した男子少年院での育児実践指導などは、まさに「子育てへの男女共同参画」という観点に立ちながら、すでに子どもがいる（あるいは出院後に共に生活を始める・育児を始める）少年たちに生活上必要となる知識・スキルを身につけさせようというものである。

少年院は一時的な通過の施設であるがゆえに、改善更生・社会復帰に果たす役割を強く期待されながらも、実際にできることはわずかである。そのため、理想的な社会のあり方と、少年たちを取り巻く現実的な社会のあり方の間で、少年院の社会復帰支援がどのようにあるべきか、その都度見直しが必要だ。では、現状を踏まえて、今後どのような点での検討が必要となるのか。以下では、三つを考えたい。

4　社会復帰支援におけるジェンダーをめぐる課題

(1)施設数と収容範囲をめぐる問題

第一に、矯正教育を実施する環境条件による制約の意味を再確認する必要がある。これは施設数と収容範囲の違いが引き起こす問題である。既出のように、矯正施設は男女の別によって収容者数・収容状況が異なる。少年院の場合、収容者数は男子少年が２０００人強であるのに対し、女子少年はその1割程度（２００人程度）だ。男子少年院は、一つの管区に収容期間の異なる少年院があり、教育課程ごとの収容が可能だが、女子少年院は各管区に1ヵ所と施設数が限られているため、教育課程に関係なく同じ少年院に収容される。たとえるならば、男子少年の場合は、普通高校、商業高校、農業高校などと少年院ごとの特性がある。一方、女子少年の場合は、特性別に学校を分けるほどの収容者数がいないので、基本的には地域を優先して入院することとなる。一つの空間で普通科の生徒、商業科の生徒、農業科の生徒が一緒に寮生活を送りながら一定期間を過ごすというイメージだ。しかし、男子少年院の場合は収容者が数十名単位になるが、女子少年院では10名を切る場所もある。義務教育学校を念頭に置けば、男子少年院の場合は中〜小規模校だが、女子少年院では過小〜小規模校程度といった違いだ。

また少年院の数は限られるので、近隣に少年院を持たない地域、あるいは適切な少年院がない地域では、居住地とは離れた場所の少年院に入院することがある。この場合、少年の帰住地に合わせて、社会復帰支援も「遠隔地の行政・支援団体とつなぐ」という難度の高いものになる。施設の環境的な違いは、地域性を含む様々な側面で現れるが、特に「男女の別」では顕著である。

もう少し具体的に説明していこう。「遠隔地の行政・支援団体とつなぐ」ことが、社会復帰支援の難度を上げる理由は、「矯正施設に入院中だから」の一言に尽きる。基本的に社会復帰支援は、復帰する地域の機関や支援者との連携体制を構築することを目指す。少年院が所在する地域に帰住するのであれば、収容中で簡単に外出のできない少年に代わり、地元の福祉・教育等の情報に詳しい少年院職員や社会福祉士がサポートできる。しかし、少年院とは異なる地域に帰住する場合には、帰住地の情報を新たに収集するという作業が必要となる。近隣の都道府県で済めばよいが、帰住地が遠方であった場合はさらに難度が上がる。外出許可を得て少年を見学に連れて行くにも、あるいは支援者や関連機関の職員を招くにしても、物理的な距離と時間の問題を考えねばならない。連携の要となる社会福祉士にとっても大変だ。一般的に福祉的な手続きは都道府県ごとに基準や詳細が異なるので、少年の帰住地に合わせて、その地域の福祉行政や支援体制の詳細を理解し、個別のケースごとに新たに連携体制を構築しなければならないからだ。遠方への帰住調整をめぐる課題をいかにして解消するかは、施設特性と地域性を踏まえる必要があるため、実質的には各施設の試行錯誤に委ねられていると言ってよいだろう。

さらに男女の非行特性という点でも、男子施設と女子施設の社会復帰支援には相違があるだろう。非行に関連する大きな問題として、薬物依存症や摂食障害・自傷行為などが女子少年に顕著に現れる。福祉的支援、教育的支援に加えて、長期の医療的な支援を要する場合には、その観点からも「社会にどのようにつなぐか」を検討しなければならない。医療少年院を除いては、基本的に男女別の収容体制であるため「男子少年院での社会復帰支援のテクニック」と「女子少年院での社会復帰支援のテクニック」の交流が起こりにくい。独自に積み上げられた経験知を、性差に配慮したオリジナリティある知見と評価することは可能だろう。一方で、ＬＧＢＴｓをめぐる近年の国際的動向を踏まえれば、「男女の別」という境界線自体の限界も検討しなければならない。

もちろん、男女の別で収容することには、性別の違いから生じる加害・被害から少年を保護する、あるいは既に経験している少年を安全に保護するという観点での合理性がある。しかし、性の多様性を認めていくならば、何の別で収容するかという「境界線問題」をめぐる議論は避けて通れない。

(2)不都合な就労経験に対して本当に必要な教育とは何か

第二に、合法的ではない過去の就労経験の影響を確認しておく必要があるだろう。基本的に18歳以上の年長少年の社会復帰は、本人の希望を尊重しつつも就労を主軸として検討されることが多い。高校卒業程度認定試験を受験したり（第8章）通信制高校で高校卒業をめざす（第5章）道もあるが、労働可能年齢に達した少年は、家計を助ける、あるいは被害弁償・弁済を行うなどの点で家族からの支援を受けにくくなる。もちろん、高卒認定試験の受験・全科目合格、さらに大学進学をめざすケースもあるが、修学トラック（進路・水路）には進学費用や授業料を用意できるかどうかという難題が待っている。そのため、さしあたりの選択として就労をめざす少年は多い。

この時、少年と職業（企業、職種等）とのマッチングが重要である。就労に関する様々な支援は、協力雇用主や職親プロジェクトなど、かなり充実しているが、ここでも性差の問題が立ちはだかる。就労支援で紹介される就労、例えば、協力雇用主のもとでの就労の多くは、男子少年に有利な職業（建築業など）で占められがちだからだ。例えば、法務省保護局『協力雇用主に対するアンケート調査』（2019年3月）によれば、協力雇用主の業種の56・9パーセントは建設業で、続くサービス業（9・8パーセント）と製造業（8・8パーセント）と大きな開きがある。いわゆる「ガテン系」を中心とした力仕事が依然として優位なのである。

この力仕事への水路づけは、女子少年には有効な選択肢になりにくい。例えば、2015年『建設業における女性の活躍推進に関する取組実態調査』によれば、建設業での就業者全体に占める女性の割合は13・0パーセントで、技術者では4・5パーセント、技能者では4・2パーセントとなっており、管理職はわずか2・5パーセントである。また、出産した女性では9割強が育児休暇を取得しているが、3割から4割近くが復職することなく退職している。さらに「女性活躍を推進するうえでの問題や課題」として半数近く（52・7パーセント）が、「体力が必要な工程が多く、女性の担当業務が限られる」と回答する。十代後半から二十代前半の女性の職場としては、かなり厳しい状況がうかがえる。

さらに、女子少年に顕著と言われるが、いわゆる地道に働く日常生活を描きにくいという問題もある。その原因として「非合法の就労経験」が挙げられる。例えば、就労に関する少年の様子についての法務教官の語りをみてみよう。

調査者　先輩の紹介っていうのは、先輩の職場に行って？
D教官　ええ
調査者　で、例えば店長さんに紹介してもらって。
D教官　実は、ほんと、キャバクラとかなんですけど。先輩が、はい、ほんとやってて、私、ほんとは中学生なんだけど、先輩が「いいよいいよ」って、「この子働きます」っていう。（仲野 2015, p. 20）

右記は、「先輩の職場」（キャバクラ）に一緒に行って、先輩の紹介で中学生から働き始めた経験についての語りである。就労に至る過程で、年齢確認や履歴書を提出した様子はない。この語りからは、少年が法的保護のない状態で就労に従事することの危険性を理解しておらず、労働者としての権利が保障されずに搾取の対象へと転じる恐れがあることがわかる。そもそも労働に対する意識や経済観念、消費行動など様々な物事への理解が深まっておらず、そのことが将来設計にもたらす影響も少なくはない。例えば、これまで筆者が関与した調査では、水商売に従事することで毎月100万円以上を得ていたという女子少年に出会うこともあった。十代で月額100万円以上の収入があってもそれが全て生活費や貯蓄に回されるわけではない。多くは飲食費やホストクラブ通いで消費され、そこで学習した経済観念や消費行動は簡単に変えることができない。しかしハローワークなどを通して仕事を探せば、若年かつ高卒か高校中退の学歴では、1カ月の実収入が20万円を下回ることもあるだろう。この収入格差を許容できるかどうかは価値の変容に関わる難題だ。

こうした経験が、社会復帰後に経済的困難に直面した時に、再び参照されるリスクもある。総務省統計局による「労働力調査（詳細集計）平成30年平均（速報）」によれば、15歳から24歳の雇用者に占める非正規職員・従業員の割合は50・2パーセントで、非正規職員・従業員全体で見れば、およそ7対3で非正規職員には女性が圧倒的に多い。この結果を見ても、若年女性が自立した生活を築くための就労の場が十分用意されているとは言い難い。「水商売」は、女性の当面の経済的基盤を安定化させるための方法となっているのが現状で、困窮した時に「思わず手が出る」ことも避けられない。

このような「格差・不平等社会を生き抜くための職業選択」を少年院としてどのように考えるか。全ての職業に優劣はないという立場に立てば、「水商売」は若年女性にとって経済的安定を図る現実的な手段である。それをサバイバル戦略として許容するか、あるいはその選択肢も排除してしまうのか。社会復帰を「少年自身による経済的基盤の確立」という個人の努力に依存している現状が変わらない以上、答えのでない問題に向き合い続けることになる。

(3)変わりゆく価値観への配慮

三つ目は、親世代とは異なる「新たな価値観」への配慮である。例えば、第6章で紹介したような「育児・家族観」の変容は大きいだろう。共働き世帯の増加に伴い、父親の育児参加が推奨されつつある。この社会的な変化は子を持つ在院少年（父親・母親）の社会復帰と無関係ではない。従来、子の問題・責任は女子少年の社会復帰に主要なテーマであり、そこでは父親の支援が得られない中での「子との家族再統合」が目指されてきた。中田・細水（1996）は、1985年から11年間に京都医療少年院収容中に出産した少年20例を分析し、その4例に関する詳細な紹介をしているが、そのいずれも「胎児の父（不明）」である。これは特殊なケースというわけではない。「父親がわからない」「連絡が取れない」など、子の養育を少年一人で担わなければならない状況に陥っているケースは少なくない。結果として、本人に対する社会復帰支援は「子を含む家族の社会復帰支援」に変化する。若年の単身女性の就労さえ厳しい中、「ひとり親」として育児・生活・仕事を両立する知識・スキルを身につけさせることは、わずかな在院期間ではほぼ不可能だ。

父親の育児参加をめぐる動きは、こうした女子少年あるいは彼女らを支援する者にとっては「朗報」であるが、双方にとって大きな価値の転換を迫られる経験でもある。2017年3月「男性の暮らし方・意識の変革に向けた課題と方策——未来を拓く男性の家事・育児等への参画」（男女共同参画会議、男性の暮らし方・意識の変革に関する専門調査会）によれば、欧米主要国と比較しても、日本は女性が家事・育児・介護などの「無償ケア労働」を分担する割合が高く、男性の意識改革の遅れが指摘されていることからも、価値の転換が容易ではないことがうかがえる。

国際的には出遅れたものの、諸外国の取り組みを参考に変化の兆しが見えてきたとは言えるだろう。その変化の影響は少年院での教育・社会復帰支援にも及ぶ。性教育・育児実践指導は、男子少年院でも導入が加速しつつあるからだ。2020年2月現在で4カ所と数は多くないが、第6章で書かれているように、技術習得という枠を超えたパートナーシップ教育、親子トレーニングなど、定位家族・生殖家族の両面から「家族」のあり方を見直す機会を提供している。調査を実施したB少年院では、妊婦ベルトの着用体験も実施していたが、階段の上り下りの際にお腹の張りで足元が見えにくくなること、お腹の重みで寝起きの際に不自由を感じること、入浴の際などの「しゃがむ」ことそのものが難しいことなど、「不自由さ」への体験的な理解を促す点は、ダイバーシティ教育としても重要であろう。

このような取り組みの推進・拡充は女子少年にとっても重要である。妊娠・出産という女性の身体に特有の経験をすることで、誰もが自動的に「親としての自覚が芽生える」わけでも「当たり前のように自覚を持ち続けられる」わけではないからだ。十代の妊娠は身体的不利よりも社会的な不利（経済的基盤の不安定さ、配偶者関係の不安定さ、学歴の中断など）が大きい（大川 2010）。身体的・社会的に被る不利益や対処法への理解を通して、長期的な視野で自身の人生設計を組み立てることは必要であろう。また、家庭を居場所とすることができなかった少年にとって、家族のあり方やパートナーシップを再考する機会が必要だ。パートナーに対する適切なモデルが不在だったからこそ、生物学的に妊娠・出産を経験する女性とは異なる、「男性にとっての妊娠・出産・育児」経験がどのようなものか、パートナーシップや就労との両立など、全ての少年が多角的な観点から理解を深める必要がある。

これらの教育は、虐待対応に対しても一定の効果を果たすことは想像に難くない。将来的に生じるリスクについて、少年院がどこまで教育・支援の範囲とするかは悩ましいところであるが、自身の加害や被害を見つめ直すという点からも効果が期待できるだろう。

さらに、本節の（1）で触れたが、男性の育児参加に限らず、LGBTsの多様な性のあり方に対して国際的に理解が進む中、「生物学的な性別」によって立つ少年院のあり方にも見直しが必要かもしれない。もちろん、虐待や性被害／加害など、被害・加害経験にセクシュアリティが大きく関与している場合があるため、「（新たな被害・加害を生み出さないための）教育・支援を安全な場で行う」ことを最優先課題とするならば、そこに生物学的な性別で分けることの合理性もある。しかし、社会的にも性別を二分法で捉える限界を迎えており、たとえ通過の施設（仮住まい）であったとしても、誰にとっても「安全・安心な立ち直りの場」を用意する必要があるだろう。収容される少年の視点に立った制度設計・改変は常に必要である。

4　少年院と社会、変わるべきはどちらなのか

少年院は十代の若年者が生活を送る施設である。刑務所のような成人の施設とは異なり、出院後の人生は長く、様々なライフコース上の変化を経験する。それゆえに、様々な格差や不平等の影響を受けやすい。筆者の経験としても、保護者に守られた「子ども」時代よりも、結婚・妊娠・出産とライフコースの変化を経験するなかで、「女性」としての生きづらさと格差の壁に右往左往することが増えていった。仕事・家庭・育児の完遂というマルチタスクの過酷さに比して、制度的な支援や「家族ケアと仕事の両立」への社会的理解も決して十分ではないことに気づく。「仕事をとるか、子どもをとるか」。こんな究極の選択を迫られたことは一度や二度ではない。身近に支える人々がいてもなお、その道は苦しい。これが「少年」の経験であったら、どれほどのものだろうかと想像する。保護者に守られた生活から「社会人」として自立した生活を送るようになるほど、その圧倒的な格差を自分の力で乗り越えなくてはならない。その格差は「世代間連鎖」や「生まれ」で生じたもので、その全てが自分のせいではないにもかかわらず。

乗り越え難い格差に対して、格差を打ち破る理想的な生き方よりも、格差構造を容認することになっても「現実的な選択」が行われるのは当然のことだ。そのため、経済的自立のためにどのような職業でも、あからさまに非合法でなければ黙認せざるを得ない。少年の生存保障のために、衣食住や就職先を選んで復帰する「積極的な社会復帰」だけではなく、十分な選択肢を用意できないまま「消極的な社会復帰」を果たすこともあるだろう。しかし、だからといって悲観的になる必要はない。出院した少年の以後の人生は長く、社会生活への再適応という点から考えれば、本当の意味での社会復帰の成否は社会内処遇に引き

継がれるからだ。

そもそも3（2）で述べたように、社会復帰を「少年自身による経済的基盤の確立」という個人の努力に依存している限り、再非行・再犯防止あるいは生存保障を第一とした「現実的な選択肢」以外に取るすべがない。社会構造の問題に対して個人ができることは限られているからだ。そのことが、少年に入院以前よりも「少しマシ」な生活を送ることすら難しくしている。これに対して、こうした構造上の問題を緩和し、社会的な支援を手厚くするという方法が思い浮かぶが、それも簡単なことではない。支援をめぐる限られた資源によって、誰を優先的に支援するのかという点で「苦しみのトリアージ」（Kleinman 訳書 2011）が起きているからだ。特定の「苦しみ」に着目して優先順位をつけた場合、害の産出者である「非行少年（あるいは犯罪者）」は後回しにされがちだ。少年が社会復帰という局面で直面するのは、格差だけではなく優先順位の後方にいる自分たちの立ち位置でもある。

以上のように考えていけば、社会復帰支援に伴う困難を少年院教育・支援によって解消することがいかに困難な課題であるかがわかる。少年院でできることは、当座の生活基盤を確保し、社会内処遇関係者・支援者に適切につなぐことだけだ。そうした引き継がれた社会内処遇やそれ以後の社会生活が、犯罪や非行とは無縁のものとなり得るか、圧倒的な格差によって少年の「立ち直りたい」という気持ちを手折るものではないかは、社会の側の課題として受け止める必要があるだろう。

文献

Apple, Michael W., *Education and Power*, Routledge, 1982（浅沼茂・松下晴彦訳『教育と権力』日本エディタースクール出版部、1992）

法務省保護局『協力雇用主に対するアンケート調査』（平成31年3月）（http://www.moj.go.jp/content/001290742.pdf）
Kleinman, Arthour, Veena Das, and Margaret Lock, *Social Suffering*, The University of California Press, 1997（坂川雅子訳『他者の苦しみへの責任——ソーシャル・サファリングを知る』みすず書房、2011）
仲野由佳理「少年院からの社会復帰における課題——矯正教育に関する研究から」、『罪と罰』第51巻4号、2014
仲野由佳理「『調停者』としての矯正教育——『ナラティヴ』の観点から」、『刑政』第126巻4号、2015
仲野由佳理・田中奈緒子・安藤藍・友澤茜「少年院における社会復帰支援の取り組みと課題——榛名女子学園でのインタビュー調査から」、『刑政』第130巻3号、2019
仲野由佳理「多機関連携の再考——サイロ化を乗り越える」、「日本犯罪社会学会第46会大会ラウンドテーブル「矯正施設における社会復帰支援——多機関連携に向けて」、（日本犯罪社会学会第46回大会、於：淑徳大学、2019年10月19日）、2019
中田春代・細水令子「出産した施設収容少年の事例報告」、『矯正教育研究』第41号、1996
大阪大学・大阪府商工労働部『若年女性の就業意識等に関する調査結果報告書——女性が輝く社会の実現に向けて』大阪府資料No. 147、2015
大塩まゆみ「女性の貧困——日本の現状と課題」、『人間福祉学研究』第10巻1号、2017
大川聡子「10代の母親が社会化する過程において、顕在化する支援ニーズ」、『立命館産業社会論集』第46巻第2号、2010
総務省統計局「労働力調査（詳細集計）平成30年（2018）平均（速報）」、2019
田中奈緒子・仲野由佳理・山本宏樹「質問紙調査からみた少年院」、広田照幸・後藤弘子編『少年院教育はどのように行われているか』矯正協会、2014

註

▼1　一方で、アップルは選択の結果、性別役割分業を再生産するとしても、それは必ずしも押し付けられた結果ではなく、対抗実践にもなり得ると主張する。アンジェラ・アクロビーによる労働者階級の女子グループの研究を例に挙げて、「女子文化がその経済的・性的位置付けによって部分的に『規定されて』いる一方で、相対的に自立した一連の意味や実践を具現化して」おり、「彼女たちが暮らす客観的・イデオロギー的条件への創造的反応」（Apple 1982 = 1992, p. 174）と考える。つまり、能動的に役割を果たすという方法で、戦略的に対抗しているという。

▼2　https://www.kantei.go.jp/jp/98_abe/statement/2017/1103waw.html3　いわゆる「水商売」「夜の仕事」には、長期的

に考えた場合、昼夜逆転の生活を続けることの問題と、セカンドキャリアをめぐる問題がある。とりわけ、セカンドキャリアをめぐる問題では、「水商売」「夜の仕事」に対する社会的なイメージの影響を受けやすく、「昼間の仕事」への移行は容易ではない。水商売でのキャリアの限界は40歳ごろに訪れるという調査結果（『西日本新聞』２０１７年３月10日朝刊「支援団体が『夜の世界白書』 風俗店勤め 限られる高収入 月12日で43万円 徐々に減少」）もあり、それが「40歳の壁」として問題化されている。つまり、短期的な経済的基盤の形成には効果的だが、長期的にみればマイナスも多いということだ。

コラム⑥

地域との連携が育む「少年院の多様性」

仲野由佳理

少年院と地域

2007年頃に少年院教育の研究を始めてから、数多くの少年院の参観・調査訪問を経験した。その過程で強く認識するのは「少年院の多様性」である。もちろん「少年院」の制度的位置付けは同じであるが、教育のコンテンツは当然のことながら地域資源の影響を受ける。地域のどのような資源を利用できるか、誰に協力してもらえるか。どこまで何ができるかは「地域のあり方次第」と言っても過言ではないだろう。

私たち「矯正施設における教育研究会」および「少年の社会復帰に関する研究会」の一連の調査でも、地域に根ざした様々な少年院教育に出会うことができた。例えば、宮城県の青葉女子学園の創作オペレッタは、私たち調査チームが研究的にも注目した取り組みだ（仲野 2016）。この創作オペレッタは、少年が作詞・作曲、衣装作り、背景作り、台本作りのすべてを担う。台本には、登場人物の台詞に乗せて、少年の過去の想いや立ち直りに向けた決意が語られる。筆者も何度か会場を訪れて舞台を参観したが、暴力的な環境から「一人の人間」として新たに立ち上がろうとする女子少年の姿に強く心を打たれたものだ。

また、長野県安曇野市にある有明高原寮では「鐘の鳴る丘コンサート」という、地域を巻き込んだ特徴ある取り組みが行われていた。前掲の創作オペレッタは、在院生が中心となって公演するが、「鐘の鳴る丘コンサート」は、地元の中学生と寮生が同じ場（体育館）で合唱の時間を共にする。有明高原寮は日本唯一の開放処遇を行っている少年院で、地域のボランティアが熱心に指導を重ねる。少年院で生活を送る少年と地域の子どもたちの素晴らしいハーモニーが響き渡る空間は、言葉では言い表せないほどの感動的な場面であった。惜しまれながらも最終回を迎えたコンサートを参観することができたが、会場である少年院に向かうタクシーに乗車した時の経験も印象的だった。運転手に行き先を告げると、雑談を始めた運転手が在院生のことを「立ち直ろうと頑張っている子たち」と表現したからだ。「地域で応援しているんだ」と得意げな運転手の様子に、個性ある教育活動が地域に支えられてこそ実現可能となる、ということを改めて実感したものだ。

地域特性を生かしたオリジナルな働きかけ

かつて少年院では、地域特性に応じた個性的な実践が多数行われていた。特に、市街地でない場所にある少年院には自然を生かした処遇を行っている施設も少なくない。例えば、長崎県佐世保市にある佐世保学園では、シーカヤック教室やカッター訓練などを行っている。筆者が見学した際には、練習時期ではなかったためか様子を詳しく見ることはできなかった。しかし、自然豊かな場所に建つコテージ風の寮舎は開放的で、少年の「収容に対する心的負担」に配慮した造りとなっていたのが印象的だった。また、北海道帯広市にある帯広少年院ではスキー教室が行われている。２０１９年３月に閉庁した小田原少年院では、１９７９年には小田原城箱根口発掘調査に協力したり、小田原仏教会の稚児行列という花祭りでは小田原少年院の少年ブラスバンド部が出場したこともあったそうだ（『小田原少年院史 光の路』2018, p. 8）。

さらに、こんな興味深い実践が記録に残されている。前掲の有明高原寮では「温泉カウンセリング」

という教育活動が行われていた。それは「少年と担任職員が施設外にある公営温泉まで散歩して一緒に入浴しながら話したりするもの」である（伊藤 2006）。読者の中には、加害に関与した少年への指導として不適切だという印象を抱く人もいるかもしれない。「少年院での生活は遊びではない」と思う人もいるだろう。しかし、この「ホッと一息つける時間」こそ、在院生の多くが経験してこなかった、あるいは「奪われてきた経験」であるならば、このひと時の安息が持つ意味は大きく変わるだろう。家庭的な経験に乏しい彼らにとって、少年院生活での保護者に等しい「担任職員」を独占できる時間は、擬似的な「家庭的な経験」となる可能性がある。もしかしたら温泉に行くのが初めてという少年もいたかもしれない。少年が「子ども」として経験するはずだったものを「少年院」という空間で擬似的に経験する。それは、少年自身の立ち直りへの効果のみならず、少年が成長し「親」となったときに「親として何ができるか」を考えるときにも参照される経験となるだろう。

これら独創的な実践は、少年院が所在する地域の環境や特性によって左右されるもので、少年院の「個性」をよく表している。とはいえ、地域社会の理解と協力があって成り立つものであるため、非行性が進んでいる少年に対して行うのは難易度が高くなるだろう。例えば、前掲の佐世保学園、有明高原寮はいずれも「短期処遇」（在院期間が短期で、比較的非行性の軽い少年を処遇する）の施設である。長期処遇施設と比較すれば「非行性の進んでいない少年」が生活を送り、半年程度の短期間の施設生活を経て地域社会に戻っていく。彼らにとって必要なことは「社会との断絶」ではなく、「地域との良好な関係」を継続し続ける（結び直す）ことであろう。そうした制度上の違いが、少年院の多様性につながっていると考えられる。

公的な連携に向けて

上記の例は、「特別活動指導」の領域で行われるものであるが、教科指導や生活指導の中に直接的に組み込まれた実践もある。例えば、第5章で紹介した喜連川少年院の高校通信制教育課程もそれに当たる。昭和40年代から続く、日本で唯一の高校通信制教育のためのスクーリングは、まさに特色ある実践として喜連川少年院を象徴するものだ。その実現の過程にも、地域住民の理解と協力があったことは第5章で触れた通りである。

そのほかにも、国際的に評価された取り組みが少年院に導入されるケースもある。その一つが「パートナードッグ・プログラム」である。米国では「プリズン・ドッグ・プログラム」として先駆的に導入されており、『僕に生きる力をくれた犬――青年刑務所ドッグ・プログラムの3ヵ月』(ポット出版、2011)などの書籍で詳細を知ることができる。動物(保護犬)を育てることを通して様々な感情や関わりを学び、それを更生や社会復帰に役立てようというわけだ。日本の少年院でも、生命尊重教育の観点から小動物を飼育する試みが行われてきたが、基本的な飼育だけにとどまらず、少年が保護犬へのしつけを担当するなどのコミュニケーションを重視するという点でも興味深い取り組みである。

調査の一環として榛名女子学園を訪れたとき、榛名女子学園で行われているパートナードッグ・プログラムのお話を伺うことができた。犬を「パートナー」として扱い、心を通わせることは、多くが被害経験を持ち、大人への不信感を抱える在院少年にとってたやすいことではない。支援者の助言を受けて信頼関係を築いていく営みは、他者に対する不信を取り除き、新たな生活で人間関係を再構築する上で重要な経験となることがうかがえた。少年の立ち直りのパートナーである「パートナードッグ」達に挨拶をしたかったのだが、見知らぬ参観者(外部の者)を警戒したのか、そっぽを向かれてしまった。

現在は、全国数カ所の男女少年院で同様のドッグ・プログラムが導入されているが、沖縄女子学園では「3-Re Smile(スリースマイル)プロジェクト」と呼ばれる沖縄県との共同事業がスタートした。殺処分減少に向けた沖縄県の「成犬譲渡促進事業」と少年院の共同事業だ。少年院と地域がWin-Winの関係で協働体制を築き、少年院ができる地域貢献へとつながる可能性を切り開いた興味深い取り組みである。

もちろん、ここまで紹介した教育活動の多くも、同様の関係を地域住民と築いてきたからこそ、継続されてきたのだろう。沖縄女子学園の取り組みは、公的な文脈で「協力関係」を制度化した点で興味深い。

文献

伊藤広史「自然環境の教育力を活かした指導」、『矯正教育の方法と展開　現場からの実践理論』財団法人矯正協会、2006

仲野由佳理「少年院における演劇を通した物語化――創作オペレッタにみる〈教育的行為としての物語化〉の技法」、『教育社会学研究』第99号、2016

コラム⑦

障がい受容——保護者にとっての「子どもの障がい」の受容をめぐる困難

仲野由佳理

「障がい受容」とは

人が「障がいを受容する」とはどういうことか。ある定義はこう言う。

障害の受容とはあきらめでも居直りでもなく、障害に対する価値観（感）の転換であり、障害をもつことが自己の全体としての人間的価値を低下させるものではないことの認識と体得を通じて、恥の意識や劣等感を克服し、積極的な生活態度に転ずること。（上田 1980, p. 209）

「発達障害／発達障がい／発達しょう害」の社会問題化に伴い、少年院でもそれへの支援や対応が重視されるようになっており、障がい受容は重要な課題である。

少年院での発達障害対応は、主に支援教育課程（知的障害や発達障害など、処遇上の配慮を要するものを対象）や医療措置課程（何らかの疾患を有するものを対象）を有する少年院で行われる。支援教育課程では茨城農芸学院が先駆的だ。少年院で発達障害の問題が指摘されるようになって以降、大学等の専門機関と連携し、早くから特別支援教育の実践の場として環境を整え、特性を踏まえた指導を行ってきた。筆者もここを見学に訪れたことがあるが、集中して更生／

立ち直りに取り組むことができるように、障がい特性に配慮して工夫された環境づくりに驚かされた。
また後者は、東日本では東京都昭島市に新設された東日本少年矯正医療・教育センターや、西日本では京都医療少年院など、名称に「医療」の語が入る施設が中心となる。

少年院と発達障がい

少年院に在籍する少年の障がいの中で顕著なのが「発達障がい」だ。下記の図１をみれば、全体の１割程度が「発達障がい」カテゴリーに該当することがわかる。

統計を取り始めた２０１６年からの４年間、割合に大きな変化はみられない。精神障害の指摘を受けた２割強のうち約半数を占めるのだから、他の障害に比べれば存在感があるだろう。注意すべきは、この統計は「発達障がい＝非行・犯罪化リスクが高い」ことを示すものではないことだ。障がい特性への理解不足、支援の不足などが非行・犯罪化リスクを高めている可能性こそが重要であり、障がいその

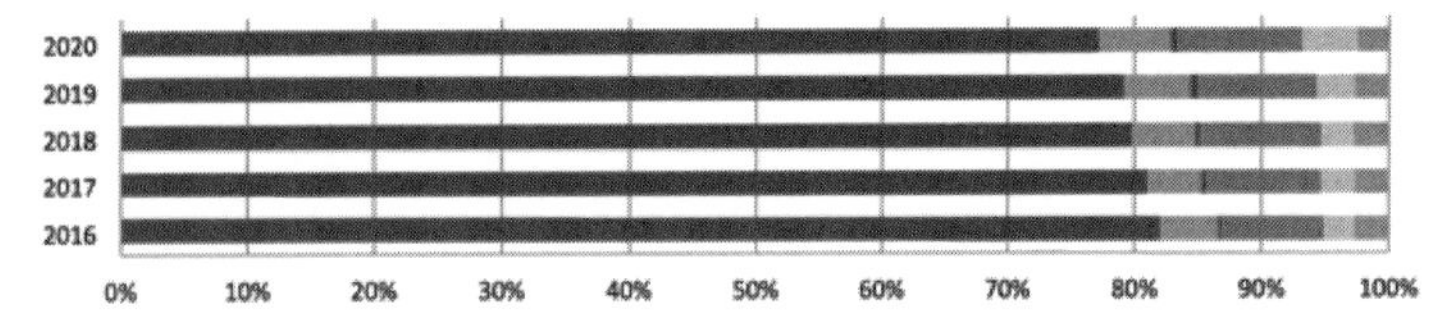

	2016	2017	2018	2019	2020
■精神障害なし	82.0%	81.0%	79.8%	79.1%	79.4%
■知的障害	4.4%	4.1%	4.8%	5.0%	5.7%
■人格障害	0.2%	0.2%	0.2%	0.3%	0.3%
■神経症性障害	0.2%	0.3%	0.3%	0.4%	0.3%
■発達障害	8.0%	9.0%	9.5%	9.4%	10.2%
■その他の精神障害	2.4%	2.6%	2.5%	2.9%	4.4%
■不詳	2.8%	2.8%	2.9%	2.8%	2.6%

図１　新収容者にみる精神疾患（少年矯正統計より筆者作成）

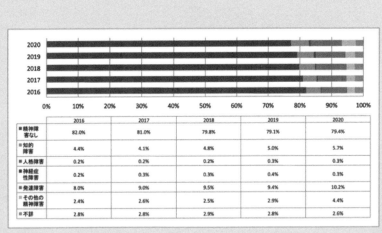

ものが問題ではないはずだ。

　非行少年の「障がい」は、少年事件の手続きを進める過程、特に家庭裁判所での審判に向けて調査・鑑別が開始されてから明らかになる場合もある。とはいえ、仮に障がいの可能性が示唆されても、数週間というわずかな鑑別期間で正確な診断は難しく、本人も保護者も「障がい受容」に至らない可能性もある。保護観察処分となった場合は、本人と家族が生活を共にしながら「障がい」を理解し、受容していく道もあるだろう。しかし、少年院送致が決定すれば、「障がい受容」という課題は、少年自身と少年院の職員に引き継がれる。少年院には教育の専門家である法務教官だけでなく、医療や心理、福祉的な観点から少年を支援する専門職がいる。その様子は、本書の第9章でも具体的に説明されている。

　このとき保護者はどうなるだろうか。我が子が直面した「障がい受容」という経験に寄り添うことなく、それが実生活でどのような課題として現れるかを実感することもなく、出院の日に向けて『「子の障がい」』の受容」の準備をしていくことになる。それはどのような経験なのだろうか。

保護者にとっての障がい受容

　少年院在院生の保護者が「『子の障がい』を受容する」という経験は、私たちが想像する以上に間接的なものだと考えられる。もしかしたら、これまで生活を共にするなかで、なんらかの「育てにくさ」を感じたことがあるかもしれず、それを「障がいのためだったのかも」と結びつけて解釈することはできるだろう。しかし、肝心の我が子は施設におり、自らの障がいを受け止めていく過程を共にすることはできない。「少年自身の障がい受容」と「保護者の『子の障がい』の受容」は、全く別の文脈で起きている可能性がある。

　障がい受容に関する研究を参照してみよう。本人が自身の障がいを受容し、自己肯定感を保持するには「周囲の人たちの中でもとりわけ保護者の障害受容が重要」（田中 2014）と指摘されている。ところが、保護者の障がい受容は間接的なものであるので、本人の受容とは異なる困難に直面する。親の障がい受容には、①わが子の受容、②家族の問題の受容、③親自身の人生の受容、④社会受容の四つの要因が関係すると指摘される（佐藤 2007）。①は子ども自身が障がいに関する説明を理解し、現状や人生を受け入れること、②はきょうだい児がいれば彼らとの関係や問題、家族間での理解の醸成や経済的問題、③は親自身の生活への影響や思い、加齢に伴う子に対する経済的・物理的支援に関する問題、④は地域社会や学校等の理解や協力を得られるかどうかである。特に、②家族の問題の受容、③親自身の人生の受容は、「家族という小集団に対する『障がい』の影響」という、本人の受容とは別次元の課題である。保護者にとって、「子の障がい」をめぐる問題は、「障がい」という課題が周囲にもたらす影響を受容することとなのである。

保護者へのケア

少年院在院者の保護者が「子の障がい」を受容していくときに避けて通れないのが「加害行為との関係」である。冒頭でも触れたように「発達障害＝非行」という図式は否定するとしても、もし「加害」の背景として「障がい特性」が二次的・三次的に影響を与えていたとしたらどうだろうか。それらは、障がい特性に対する理解や支援を不足なく行えば克服の可能性が見えてくる。しかし、だとしても保護者の不安は拭えないだろう。例えば「加害に障がいが（間接的にでも）影響を与えているとしたら、再非行・再犯をどう防げばよいのだろうか」という不安である。

こうした不安は、少年の「障がい受容」と保護者の「子の障がい受容」が別々のものとして経験されるとき、より強く生じる可能性がある。保護者は少年の悪戦苦闘の日々に寄り添わないまま「障がい特性を理解したうえで帰住環境を整える」という難題を突きつけられる。少年が自らの障がいを受容できたとしても、保護者も同じように受容できるとは限らない。少年が帰住する当日になっても「気持ちが定まらない」かもしれない。そう思うのは、筆者も子を持つ親だからだ。我が子に起きた出来事や我が子が抱える課題を受け入れる過程には、本人ではないからこそ別の難しさが伴う。そこに「誰かを再び害するかもしれない」という不安があるなら尚更だろう。

こうした保護者へのケアは、誰がどのように担うべきなのだろうか。第9章で書かれているように、少年院からサポートを受けることもできるが、それを少年の更生／立ち直りを担う施設の本来業務と位置づけ得るかといえば、微妙な面がある。

次世代を担う子どもたちの健全育成という観点に立てば、「保護者のケア」についても社会が考えていく必要がある。今後の議論を期待したい。

文献

田中富子「保護者の障害受容に影響を耐える要因——社会的支援を視点として分析」、『吉備国際大学研究紀要（医療・自然科学系）』第24号、2014

佐藤孝子「親が障害のあるわが子を受容していく過程での支援（第4報）——ライフサイクルを通した支援の指針」、『小児保健研究』第66巻第6号、2007

社会的課題としての「若年妊娠・出産」

今井聖

若年層の妊娠・出産という社会的課題

少年院に収容されている少年のなかには、家庭環境に恵まれず、いわゆる「社会的排除」の状況に置かれてきた者たちも少なくない。そうした問題とも密接に関わるのが、若年層の妊娠・出産とその支援という課題である。非行少年に限らず、若年で妊娠・出産した母親と、そうした母親から生まれた子どもが、ともに様々な社会生活上の困難を抱えがちであることは想像に難くない。このコラムでは、ある支援者の実践に学びながら、現代日本において「若年妊娠・出産」がどのような「問題」であるのかを考えてみたい。

そもそも、何歳までの妊娠が「若年妊娠」と呼ばれるのだろうか。統一的な定義はないが、厚生労働省の各種統計では、十代女性の妊娠は「若年妊娠」として計上されている。未成年者の妊娠という意味である。しかし同じ十代でも、年齢や学校段階によって「問題」のあり方や周囲の反応は異なってくる。2006年に放映されたテレビドラマ『14才の母』のタイトルが象徴的であったように、十代半ばの妊娠においては、身体と精神の未熟さに起因する様々なリスクが大きい。そうしたニュアンスの違いがあることを踏まえたうえで、ここでは主として十代女性の「若年妊娠・出産」に対する社会的なまなざしや支援のあり方について考えていくことにしたい。

まずは統計的なデータを確認しよう。人口動態統計によれば、２０１９（令和元）年に19歳以下の母によって出産された子は７７８２人であり、そのうち14歳以下の場合は40人である。この年の出生数の総数は、86万５２３９人であるため、十代女性によって出産された子は、全体の出生数から見れば１パーセント弱を占めるに過ぎない。

他方、同じ２０１９年の人工妊娠中絶件数を厚生労働省公表数値で見ると、19歳以下で１万２６７８件、14歳以下でも１８６件にのぼる。この年の人工妊娠中絶件数の総数は15万６４３０件であるため、未成年者のケースが全体の１割近くを占めているということになる。もちろん、これらの統計数値のなかには、あまりにも多様な「生」が含まれている。母親自身が「被害者」である場合もあるだろう。しかし、だからといって、そのすべての事例を「望まない妊娠」という言葉で特徴づけるべきではないこともまた明らかである。

それゆえ、こうした数値を単に若者の「規範意識」や「性意識・性行動」を示す指標として扱うだけでは、問題を見誤ることになってしまう。そうした「若年妊娠・出産」の多様なあり方に目を向け、そこにある多様な「生」と向き合うことが必要である。

親になる人を支える――ある実践者に学んで

「若年妊娠・出産」のサポートという容易ならざる社会的課題に、15年以上にわたって取り組んでいるのが、神戸市にある「マナ助産院」の院長、永原郁子さんである。永原さんは、思いがけない妊娠で途方に暮れていたり、もう育てられないと思い悩む女性のための相談窓口「小さな命のドア」や、行き場のない妊産婦の居場所「マタニティホーム」を開設するなどの支援活動に取り組んでいる。

「若年妊娠・出産」を経験する女性は、学業継続の困難や経済的不安、子どもの父親であるパートナーとの関係、周囲の視線など様々な問題に直面している場合が多い。にもかかわらず、そうした若年出産者への公的支援は未だほとんど行われていない。考えなければならないのは、公的支援の不足といった政策的、制度的な問題だけではない。若年妊娠の母親にとって、妊娠している自分を肯定的に捉えることと自体が困難な状況にあるからだ。とりわけ、「若年妊娠・出産」をリスクと見なし、「望まない妊娠」を徹底的に予防すべきとするような言説が、意図せずして「若年妊娠」の当事者である女性の孤立感を強め、心理的に追い詰めることにもつながっている。

そのような社会の状況を踏まえれば、「若年妊娠・出産」の当事者が自らを肯定できるようになるための働きかけも重要な課題である。そうした課題に関して、先述の永原さんは、自らを肯定しきれずにいる妊産婦に対して、「命をお腹の中で育てて、お産して一つの命をこの世に生み出した、それだけで十分、あなたの人生は素晴らしいことをしたんだよと言い切ってしまう」のだという。

このような肯定的な態度や働きかけを必要とするのは母親だけではない。永原さんは男子少年院での父親教室にも外部講師として関わってきた。そうした機会に永原さんは、「今までは思いどおりにならなかったかもしれない」少年たちに対して、「でも、これからの人生は自分でつくれるんだよっていう話をいつもする」という。交際相手や配偶者の妊娠・出産を若くして経験した男子少年もまた、支えられるべき「親になる人」なのだ。

とはいえもちろん、子の命を直接自らの身体に宿す女性と比べた時、同じ親であるにもかかわらず、親としての当事者意識を十分持てない人がより多く存在しているといった、「男性の問題」もそこにはある。永原さんは、そのような父親たちに対しては、妊娠することで女性がどのような身体状態になるのかを丁寧に話すことで、妊娠中の女性を支えることの必要性をきちんと理解してもらうのだという。妊娠や出産を直接身体的に「経験」できない男性相手であるからこそ、永原さんは時間をかけてそうした「知識」を伝える。「そういうことを知る」ことで変わる父親も確かにいるのだと、永原さんは実感を込めて語る。

忘れてはいけないのは、そうした「親になる人」たちの変化を可能にしているのは、それを支える人たちの継続的、献身的な関わりであるということだろう。誰しもが、自分たちの力だけで良い親になれるわけではない。そこでは必ず、他の家族成員や周囲の人々の支えが必要とされるわけだが、そうした人たちもまた時として、支援を必要とする人たちであるかもしれない。そしてだからこそ、永原さんが目指しているのは、性別にかかわらず「親になる人」全般、さらには他の家族成員や周囲の人々をも含めた支援なのである。

問われるべき「社会のあり方」

「若年妊娠・出産」という「問題」においては、そうした「生」のかたちを許容できない社会のあり方もまた問われている。私たちが目指すべきは、「望まない妊娠」を予防し、その数を減らすことだけでなく、そうした「生」のかたちをもよりよく受け入れるような社会をつくることである。これまでに積み重ねられてきた少年院での育児教育の実践（第6章参照）や、「親になる人」を支える永原さんの実践もまた、そうした探究にとってのヒントになるものであるに違いない。

終章　対談　これからの少年院教育の可能性と課題

本章では、少年の社会復帰に関する研究会代表の伊藤茂樹氏（駒澤大学）と、調査当時に少年院長として勤務していた服部達也氏（京都産業大学）による対談を紹介する。研究者と実務家が調査研究という地点で経験した協働の意義や、今後の少年院のあり方、矯正教育および社会復帰支援研究の含意について語ったものである。どのような思いの下で本書が編まれることとなったのか、理解を深める一助にしていただきたい。

なお、この対談は２０２０年2月にオーディエンスを交えた公開形式で行われた。オーディエンスは研究者、実務家（矯正、保護）、大学生など多岐にわたる。適宜オーディエンスからの質問を受け付けたことで、様々な立場の視点を取り入れた内容となった。

仲野由佳理（司会）　まずこの本を通して伝えたかったことや、少年院で経験してこられたことについて、それから少年院法適用年齢引き下げの議論がこの間ずっとあったかと思いますが、その影響や、今後の見通し等々についてお話をいただければと思います。その他、少年院の文化や職員について、あるいは今後の開かれた少年院とはいったいどういうものなのかというところに関しても、お話をいただきたいと思います。最後に研究者と実務家の協働について取り上げたいと思っています。実務家と研究者が、しっかりと連携していくことが、今後の矯正教育を考えるにおいて必要だろうと思いますので、それについて先生方のお考えをお話しいただきます。

それでは最初に、この本で伝えたかったことはいったいどういうことであるのかについて、お話しください。

伊藤茂樹　まず私が編者として考えたのは、少年院について社会に知ってもらいたいということです。少年院がどういう所で、いったいどういうことをやってるのかは、ほとんど知られていない。いろんな議論はあっていいわけなんですけども、その前提として、いったいどういう所で何をやってるのかを知らないままああだこうだ言う議論っていうのは、少年法とか少年非行そのものに関してもそうですけども、社会的には横行しているので。それを正すというか、まず知らないと話は始まらないでしょうっていうことを、第一に考えていました。

そこで不易流行という言葉がありますけども、少年院にも昔からずっと変わらずやってきていることと、それからどんどん変わってきているところと両面があるわけでして、その両方を視野に入れることも必要だと思います。ずっとこうであるっていう変わらないエートスみたいなものと、それから良くも悪くも少年院がというか、法務省が……というんでしょうか、新しいことをいろいろやろうとしたり、取り入れたり、それをまたやめたりといったことがあるわけで、現時点で少年院がどういうことに力を入れて、それによってどんなことが起こっているのか、知られてる部分がより少ないと思います。もちろん、以前に比べると、報道なども入れるようになってきて、いろんなトピックが出ています。最近、宮口幸治氏の『ケーキの切れない非行少年』（新潮新書、2019）がすごく売れたりとか。もちろん私たちがすべてを正しく知ってるとは思ってなくて、わからないことの方がむしろ多いんですが、私たちが見ている、あるいは見てきた少年院のあり方を伝えて、それを社会的な議論の一助にしてもらいたいということ、それがまず考えたことです。

そうした時に、ずっと行われてきていて、あまり大きくは変わっていない矯正教育という側面と、近年非常に重視されるようになってきている社会復帰支援という二つに分けて見ることができるんじゃないかと。どちらも非常に重要ですが、それぞれについて、私たちが見ている今を伝えることを第一の目的として考えているわけなんです。この辺りは服部さんからご覧になっていかがでしょうか。

1　「自己完結主義」から社会復帰支援へ

服部達也　今、伊藤先生が述べられたように、現在の少年院の中で一番の取り組むべき中核的なものというのは、やはり、社会復帰支援だと思います。もちろんいろんな問題性の除去であるとか、性格の矯正だとか、いわゆる非行性に見合った処遇をしていくとともに、基本彼らが少年院に至ったのは、いろんな社会的な不遇というか、生きづらさが大きな理由ですから、その生きづらさを取り除いて、いかに社会にソフトランディングできるかという観点からの社会復帰支援です。問題性に対する処遇と種々の生きづらい要因に対する支援、これが今後少年院の中で展開していくものの両輪かなと思ってます。

それで、私の方は、第7章を担当しておりまして、内容は今申し上げている少年院の社会復帰支援について、実務家の立場からの概説という形で書かせていただきました。それプラス私の思いとして加えたいのは、ひとつは、この社会復帰支援というのは多機関連携と不可分な話なんだということです。多機関連携というのは平成27年の今の少年院法施行で初めて降ってわいた話ではありません。歴史をひもとくと、昭和52年から「少年院の運営について」という、運営改善通達と呼んでいますが[1]、その時に少年院がいわゆる自己完結主義に陥って、ともかく少年院の中で改善更生を図るんだ、自信を持って出せるようになるまで少年院から出さないんだという風潮になり、結果的に処遇の硬直化あるいは収容期間の長期化を招いて、これが家庭裁判所の不信を買って少年院への送致が激減し、施設存亡の危機に陥りました。その反省に立って、弾力的な処遇像、つまり早期に社会復帰させて、極力早く社会内処遇にバトンタッチしていくと。換言すると、少年院の「自己完結主義」を排除していく。柔道で言うならば、少年院できれいな背負い投げ「一本」を狙うのではなくて、まず少年院で「技あり」を取って、次は保護観察で「技あり」を取っていただいて、合わせて一本を狙うということです。そこには当然ながら矯正施設と保護観察所が不可分の関係でやっていくというのが昭和52年の運営改善の出発点で、今回の社会復帰支援における多機関連携というのはそこからの文脈で考えるべきだと私は思ってます。私が昭和57年の採用なので、その昭和52年の運営改善通達、「施設内処遇と社会内処遇の有機的一体化」というフレーズを初任者研修で嫌というほど言われました。

もうひとつは連携ということです。現在少年院法第146条で、出院した少年に対しても、保護観察機関あるいは関係機関の依頼に基づいて、連携して出院後もケアをしていくと定められています。

これもよく考えれば当たり前のことで、勝負は出てからですから。いつも少年たちが仮退院の時、院長室で仮退院許可決定書を渡してはなむけの言葉を言うんですけどね。君たちテレビで観られなかったけど、ラグビーのワールドカップで、勝負は後半戦、少年院の生活が前半とすれば、後半戦ですと。今この時点で院長の私から仮退院許可決定書をもらって、ここで後半戦の開始のホイッスルが鳴ったから、と。

だから、これからますますそこの連携をしていかなあかんってことを書かせていただきました。それは保護観察所に限らず、例えば、福祉的支援とかが付いても、少年院出院後もそんな連携をしていくと。そのための法的根拠として第１４６条を積極的に活用していくべきだというふうに、ちょっと技術的な話かもしれませんけれども。とりわけ福祉的支援についての思い入れが強く、社会福祉士さんがキーパーソンになっていただいてますので、そこももっと拡充していかなあかん、このことについても盛り込みました。

伊藤　社会復帰支援が中心になりつつある、あるいはなるべきであるというのが急に始まった話ではなくて、昭和52年の通達にそもそも発端があるんだというのは、非常になるほどと思ったんですが、そこからもう40年ぐらい経ってるわけでして。その時に克服をめざされた自己完結主義が40年かけて脱却できたのか、あるいはまだできてないのか、そもそも何で自己完結主義に陥ったのか、それが根強くあるのだとしたらなぜなのかっていう辺りについて、お考えを伺いたいんですが。

2　なぜ、少年院では「自己完結主義」が根強く残っているのか？

服部　当時の一線にいた世代の方々が、ちょうど私が首席とか統括という「中間監督者」になった頃にだいたい施設長でおられたんですけれども、その方々のお話を聞いてたときに、少年院の処遇っていうのは少年院長がフリーハンドを持っているんだと。旧少年院法の収容関係の規定でも、20歳になっても決定のときから少年院長の権限で一年間収容できるんだと。そして退院を申請して仮退院する、この子の処遇が終了して社会復帰していいかどうかの判断権者は少年院長である、言い換えると少年院長の処遇権です。だから、自由裁量的な部分があるんだと。そういう思いがあるのかなというふうな感じは受けました。今、私は奇しくも少年院長の立場になりましたけれども、そこまでは思ってません。むしろ多機関と積極的に連携していくために院長としての権限は行使すべきと思ってます。積極的にいろんなところで。院長でないとできないような権限というか、働き掛けというか。だから、一世代、二世代前の施設長さんクラスとはやはり違うんだというふうな。

伊藤　少年院長がそれだけの権限を持つっていうのは、制度的には地方更生保護委員会が決めるんですけども、仮退院の申請をするのは、少年院長がその少年の改善、更生の具合を見て判断をするんだからっていうようなことですか。

服部　そうですね。

伊藤　つまり、それだけの見極める権限と責任と力量を持っているのが少年院長で、だからここで全部更生をさせるんだっていう、そういう責任を背負うような、よく言えば「矜持」でしょうか。

服部　そうです。

参加者A　結局、院長さんの判断によって早期に出してしまった、すぐ再犯を犯した。それは何らかの査定とかにつながって、昇進とかそういうことに影響するってことはないんですか。

服部　それはないでしょう。ただ、社会的な指弾は受けるかもしれませんね。それは今でもそうです。私も週刊誌に書かれたことありますから。それは別に査定には……。大丈夫です。

職員が不祥事をすれば大変ですけどね。広島少年院事件[▼2]みたいなことになれば、それは申し開きのしようがないですけども。

伊藤　昭和52年以前のことって、私たちももうほとんど知らないというか、知るすべもないような感じなんですが、例えば、収容が激減したっていうことはもちろん知ってますけども、その自己完結主義によって、今、長期化っておっしゃってましたけども、どのぐらい入っていたんですか？

服部　3年ぐらい入ってたと聞いています。

伊藤　3年っていうようなことがわりと普通にあった？

服部　うん、あったらしいです。3年とかだったらしいです。だから、少年院がものすごくたくさんあったでしょう？

伊藤　はい。

服部　今の2倍とまではいかないけど。

伊藤　70とか。

服部　ですよね。知ってますか、千葉県に印旛少年院っていうのがあったの？
　大阪の河内少年院、富山県の富山少年学院とか、もう各地に。北海道も今の倍ぐらいあったんですよね。[3]

参加者Ａ　それは昭和52年からの流れという？

服部　そうですね。だから、運営通達になってから、だんだん廃庁になってきました。その前から家裁の不信を招いてしまって収容はずっと減ってきたので。
　ここで家庭裁判所と少年院の関係を説明しておきますと、家庭裁判所は個々の少年のケースで少年院送致という保護処分を選択する場合には、「この少年を少年院に送致することが本当に少年の立ち直りに資するのか」、言い方を換えると「少年院の処遇・教育は効果的なのか」ということを、判断基準の大きな要素として考えています。ということは、少年院への信頼がなければ家裁は少年院には送らないわけです。昭和52年以前の状況は、少年院の処遇・教育内容や収容期間が硬直化し、家裁の目には少年院が魅力的に映らず、その結果、少年院への送致をためらったり消極的に考える方向に向かってしまって少年院の収容人員が激減していきました。「家裁の不信を招いて収容が減った」というのはこういう意味です。

伊藤　それで結構逃走とかもあってっていうような？

服部　そうです。騒擾《そうじょう》的なことがあったり。

伊藤　カオスとでも言うか、ちょっと想像しがたい世界というか。今は収容も減って中の秩序も非常に保たれていて、それが少年院だって私たちはイメージしてるんですが、そうじゃなかったときっていうのがもうあんまりわからないんです。そこでそんなに長期間入れてたっていうのは、まだまだ更生できていないっていう判断で、どんどん。

服部　そうでしょうね。それとやっぱり40年、50年前は科学的なアセスメントも不十分だったんでしょう。見極めるっていうか、処遇効果を。それこそ少年鑑別所との連携って、当時はどれだけできてたのか。もっと言うと、保護観察所の連携とかも昭和52年通達まで多分なかったと思うんです。だから、実効性のある出院後へのバトンタッチっていうのは、今とは全然違ったじゃないんですか。処遇技法に関する知見ももう今とは比べものにならないほど未熟だったんだろうなと思います。

伊藤　第9章で長尾さんが、ともすれば法務教官は「今ここで」改善、更生させることに目が行きがちで、出た後まで長いスパンで見ることがなかなかできないという意味のことを書かれてるんですけども、そういう傾向は抜きがたいものとしてあるんでしょうか。

服部　宿痾《しゅくあ》としてあると思います。私もそうだったです。第一線の教官のとき。自分なりの熱意も持ってましたし、責任感もあったし、この少年を何とかしようという、やっぱり法務教官にはそういう者が多いですから、男女問わず。だから目の前のことだけになって、それが自己完結主義でしょう。だから、その先の社会内処遇にバトンタッチしていくという方向には向きにくいでしょうね。

伊藤　それは熱意とか、何でそもそも法務教官になったのかといったことと裏腹で、すべてやってしまいたいっていうものにつながっていきがちなんですかね。

服部　うん。

3　「抱え込み」からの脱却へ

伊藤　それを、出院後もそうですし、在院中にもいろんな役割、いろんな立場、いろんなアプローチで関わる人たちと分担あるいは連携共同して、それで相対的には法務教官の役割をちょっと縮小するみたいなことのほうが求められてるってことなんですかね。

服部　縮小というよりも、全部自分でやろうとするんじゃなくて、この部分は別のプロパーがいるから、そこにちゃんと委ねなさいというそういうことかな、そういう考え方かなと。

伊藤　そういった方向への変化っていうのはスムーズに進んでいると見ていいですかね。

服部　そうですね。紆余曲折はあると思いますが、進んでいくと思います。私は今年２０２０年がそのひとつのエポックメイキングかなと思ってます。というのは、ひとつは、国連犯罪防止刑事司法会議というのが5年にいっぺんありまして、今回第14回目で、50年ぶりに日本で開催されます。それでこの通称「京都コングレス」には法務省が今いちばん力を入れています。これは国連の会議ですが、単なる会議ではなくて、これまでこの会議で採択されたことが各政府、もっと言うと世界的な刑事政策のひとつの指針になってるんです。「被拘禁者処遇最低基準規則」、マンデラルールって言うんですけど、あれもコングレスで決まったんです。こういういろんなことについて、この会議で方向性が決まるので、政策決定機関的なものでもあるんです。

参加者A　コロナウイルス大丈夫ですか。

服部　コロナウイルスで中止になるかも。[4] 二つ目は、少年院法の改正から今年（2020年）の6月で5年経ちますが、5年過ぎたら見直しということになるので、そこで何らかの変化があるのではないかと思います。それとあと、虐待防止緊急対策（「児童虐待防止対策の強化に向けた緊急総合対策」平成30年7月20日、児童虐待防止対策に関する関係閣僚会議）が出て、その中で、虐待を受けたことが非行の要因になってるかどうか、その手当てをしてはどうかということが目黒女児虐待死事件[5]の検証の中で打ち出されてまして、『刑政』の昨年11月号に「丸亀少女の家」という少年院の院長の藤原が書いてます（藤原尚子「女子少年院における被虐待経験を考慮に入れた処遇の現状と課題――トラウマインフォームドアプローチの実現に向けて」、『刑政』第130巻11号、2019）。今少年院の方で、そういう被虐待経験があって非行になった子どもたちに、だったら少年院でどういうことをやるんだということで、次のステージに今向かいつつありまして、[6] 少年院におけるトラウマインフォームドケアを職員に習得させていかなあかんと、それに見合った処遇をということで。すでに、四国少年院の社会福祉士さんを講師にして、高松矯正管区で研修がありました。虐待を射程にしたというか、そのような観点から処遇の内容を検討することは今後ますます出てくる。それも今年、結構動き出すのかなというようなところです。

4　新たな施設内処遇のかたちの模索

伊藤　ここまでのお話を伺うと、少年院の変化っていうのが、何か必然のようにも思えてくるわけなんですが。そうすると、「これからの少年院教育」みたいなタイトルに引きつけると、この方向を進めていくことが少年院の取るべき道なんじゃないかっていうふうに思えてくるんですが。ただ一方で、例の少年法適用年齢のことがあり、これは法律のことですからどうなるか分かんないですけども、少子化と非行の減少っていうのは当面変わらない趨勢ではないかと考えると、さらに必要な変化があるのか、それとも10年というスパンで動き始めているこの方向を行くことが王道なのかっていう辺りはいかがでしょう。

服部　今先生が言われたように、これからますます少子化で減少して、今回は年齢引き下げが焦点になりましたけれども、またそれが再燃する可能性はあり得ると思います。そこまで見据えた時に、この時代の中でわれわれ少年院が生き残る道を探していくべきやろうなと思ってます。例えば、従来、少年鑑別所の収容も激減してますが、少年鑑別所法第131条に「地域援助」という項目を作りました。従来、少年鑑別所の業務っていうのは収容鑑別と少年の育成的処遇だけだったのが、地域援助という柱が加わりました。心理技官を多く配置して、いろんな見立てのプロパーであるということで、学校、教育関係機関、福祉関係機関、司法関係機関、施設団体からの援助要請を受けると。それプラス、個人的な相談についても受けると。今、鑑別所はそれに舵切ってますよね。個人相談についても、ホームページを作ってネット相談も受けます。それも教育相談だけでなくて、幅広く受ける。うちの娘が思春期で拒食症である、あるいはリストカットをするとか、いじめの被害に遭ってるとか、単に問題行動の主体に関することだけではなくて、いろんな相談来てますから。

伊藤　あと、年齢も切ってないですよね。

服部　切ってないです。私は大阪少年鑑別所の次長の時に、47歳の引きこもりの方の相談を受けてましたから。「各般の問題」という幅のある条文にしてあるので、すごい相談がありました。ネットで相談が来るんです。地域の特定の場所、例えばコンビニなどに行くのが怖いという相談もありました。そうした日常的な問題に関する相談も来るんです。それを受けて、今、鑑別所の存在意義が高まりつつあると思います。

じゃあ少年院の存在意義はどうか。学校の先生からみればご異論もあるかもしれませんが、四国少年院では地元の中学校で指導に困難を有する児童・生徒への対応として、少年院のベテラン職員を派遣して、教師とは別の角度から指導方法のアドバイスをするなど、柔軟に地域のニーズに対応しています。そのほかにも、いろんな少年院で支援教育課程の子を中心に導入しているコグトレ（コグニション・トレーニング）、神奈川医療少年院のキネジ療法▼7など、それを学校現場が取り入れたい場合には、教育委員会主催の教員研修会などに講師として派遣するとか、そちらの道を行くべきなのかなと思います。もっと言うと、少年院には教員免許を持ってる職員もいますし。私も持ってますけれども。例えばそれで学校の先生がいろいろ大変で、今特に世界一多忙だという、日本の教職員は。だったら、そういう援助であるとか、もっと言うと、私が奈良少年院の時に考えてて、さすがにちょっと難しいかなとは思ったのですが、学童保育の場所に少年院を提供する。これは最終的には保護者の気持ちのハードルもありますが。

伊藤　そうですね。

服部　収容が減ってきたら体育館使って。こちらはけがさせないように見ることのプロですから。もっと言うと、矯正教育から外れてきますが、今、全国の矯正施設は地域との防災協定を結んでいます。社会的インフラとして、他の所でできないようなインフラとして、ご遺体の安置所にするとか。あるいは、昨年の台風で東京拘置所の庁舎を女性に特化して開放したんです。ママたちが授乳をできない、やっぱり避難所では男性の目がある。で、東京拘置所の庁舎を使ったと聞いています。

東京拘置所は女性刑務官がたくさんいますから、上は男子一切立入禁止にしてこれを少年院でもやっていこうということで、防災協定を結んでる少年院もいくつかあります。私も奈良少年院長の時に、奈良県と防災協定結ぼうと思って、体育館をご遺体の安置所として提供するつもりでいました。なかなか話は進まなかったんですけども。

伊藤　少年院が生き残っていくために、何を「売り」にできるのかっていう時に、鑑別所は見立てとかいろんな問題や困難に関する相談を受けるっていうところが売りであり、その方向で行こうとしているっていうことかなと思うんですが。

服部　それなりの実績も上がりつつありますから。

伊藤　そうすると、少年院の場合は、やっぱり教育とケア？

服部　そうですね。

伊藤　それはもちろん学校もやってるわけですが、ケアの面に関してはむしろ少年院の方が、いろんなノウハウや蓄積を持ってるんじゃないかっていうこと。しかも、その教育とケアを同時に並行してやるところが少年院の一番の強みじゃないかなと今、伺って思ったんですが、どうでしょう。

服部　そのとおりだと思います。例えば、本書の第6章の少年院でやってる育児教室、あれだけの設備を持ってます。▼8 学校ではまずないです。1体10万円の、3000グラムの新生児と同じ人形に、ベビーバスやピジョンの哺乳瓶など全部そろえて。そこで例えば、小学生、中学生の命の教育的なものとか、育児教室、それを少年院が場所を提供する。社会福祉士なり少年院がつながってる地元の助産師さんに来てもらう、あるいは少年院の職員で指導できる能力、スキルの者がいれば、それが関わるとか。そんなこともやったらなと思ってます。

5　少年院が極限まで減少したら

伊藤　私たちは少年院の研究をずっとしてきて、そこで行われてることにシンパシーは感じているので、少年院がこれから減っていったりするとやっぱり困るんじゃないかということで、「生き残るためには」と、少年院や法務省の方と近いスタンスから考える傾向があるんですが、そもそも少年院が生き残る必要があるのかと世の中の大勢は考えるのではないか。子どもが減るなかで非行も減ってきた、いいことじゃないかと。それで少年院が必要なくなれば、それに越したことはないじゃないかって見られる方が普通かもしれない。しかし、たとえ非行や子どもが減ったって、少年院は生き残る必要があるんだ、生き残らなきゃいけないんだとすれば、一番のその理由、根拠はどこにあると思われますか。

服部　非行への処遇の専門機関、専門家であるという長年の蓄積があります。常に新しい社会情勢の変化とか少年の非社会化などにも対応してきています。非行の数は減っても、ゼロになるわけではないですから。だから現実問題として、縮小という波をかぶり、ぜい肉は落とさないかんかもしれませんけれども、存在意義は当然ありますよと。そのためにやっぱり磨かないかんでしょうな。もっと言えば、再非行率を下げないかんでしょうし。

伊藤　その時に、なくすっていうのは極端な話ですが、これだけ収容が減ってくれば、もっと施設の数を減らして、そこを大規模化する、全国に10庁あればいいじゃないかというような議論も多分出てくるでしょうし、運営費という観点から言えば、当然財務省なんかはそんなふうに考えるでしょうが。

服部　財務省はそう考えると思います。

伊藤　それで果たしていいのかっていうことと、あともうひとつ、処遇は社会内でもできるじゃないか、世界の趨勢はそれじゃないかっていう言われ方があるとしたら、それに対してはどう答えていけばいいんでしょう。

服部　あとの部分について言えば、社会内処遇をダイバージョンというか、非拘禁化、非施設化でやるのは、潮流かもしれませんけれども、現実問題として、社会内処遇に適応する者ばかりではないと思うんです。やっぱりある程度強い枠組み、強い働き掛けの中で、昔、短期処遇が「3S（ショート、ショック、シャープ）」と言われましたけれども、集中的な、少年院の強みである職員とのフェーストゥフェース、24時間の密接な心的な触れ合いとかいろんな濃厚なのが奏功する子はいるはずですから。だからそういう論陣を張るべきだと思うし、それで実績を上げるべきだと思います。

それから、極端なスクラップ・アンド・ビルド、例えば中国地方に1施設、実際そういう話は昔から出ています。でも、そうなったら誰が一番不幸になるかって、少年でしょう、家族でしょう、面会できないし。九州の少年院といっても、沖縄在住の少年もいるし、福岡在住の少年もいる。関西の少年院といっても、和歌山から兵庫、滋賀までいますから。ましてそれを、例えば西日本ブロック、東日本ブロックとかになったら、そんな数合わせ的なことをしたら、本来の少年保護の理念に反します。それはわれわれも論陣張りますけれども、研究者の先生方にやっぱり議論してもらいたいなと思います。

伊藤　社会内処遇の効果も当然大きいわけですが、やっぱり施設内処遇にはシェルター的なというか、被害的な経験をしてきたり有害な環境にさらされて非行に行ってしまった人たちを、一定期間そうしたいろんな雑音から遮断して守るという役割もあると思います。

6 少年院経験者というスティグマの功罪

伊藤　施設内処遇にしかできないことっていうのは当然少なからずあると思っているんですが、それがいくつかの方向から批判というか、風当たりがあるわけで。コストがかかることもありますし、施設に拘禁することによるマイナス面とか。

服部　そうですね。

伊藤　それからスティグマ化するということは否定できないマイナス面としてあります。私はわりと機械的に、そのマイナス面を補うプラスがあれば、施設内処遇は有効なんだ、意味があるんだと思ってはいるんですけれども、プラス、マイナスどっちが上回るかは相対的なものですので、必ずプラスが上回るという保証はないときに、プラスが上回る可能性を高めていく方法とは何なんでしょうね。

服部　何なんでしょうね。私も大学で一応、刑事政策学んだんで、やっぱりラベリング、スティグマの問題はなかなか難題です。研究者の方から「少年院へ収容すること自体が悪なんだ」と指摘を受けることもあります。どうしたらその見方と「対話」ができるのだろうか、難しいと感じている点です。

参加者A　施設内の教育の効果に関しては、十分に説明は可能です。しかし、刑務所から出てきた、少年院から出てきたということへの社会全般の目、これをどのように改善していくかっていうことが、ラベリングの問題だと思いますが……。

服部　おっしゃるとおりだと思います。結局そこへ還元される。

参加者A　そうそう。そこをぜひ聞きたい。

伊藤　スティグマ化するのは社会の側なんだから、施設の側がそれを考える必要はないっていう答え方もあるように思うんですけど。

服部　研究会の仲野先生らが書かれた榛名女子学園の論文の最後にそう書いてありましたね（仲野由佳理・田中奈緒子・安藤藍・友澤茜「少年院における社会復帰支援の取り組みと課題――榛名女子学園でのインタビュー調査から」、『刑政』第130巻3号、2019）。社会がどう向き合うかという問題ですね。

仲野　そうですね。私は、ラベリングは反作用により強化されるのだから、社会の側の見方の問題だと思います。いかにして少年院に対する「社会の側の見方」を軟化していけるか。少年院という施設を社会がどのようなものに変えていけるかはわれわれ次第だと思っています。第3章でも指摘しましたが、「少年院出院者」レッテルをスティグマとして語り続けることの問題の方が気になります。

伊藤　プラスの方を大きくする方法は二つあって、スティグマを小さくすることに関しては社会が背負うべきことで、逆に収容による効果、プラスを高めるのは施設の側がやるべきことで、だからそっちをひたすら高めていく、いくらスティグマが大きくても、それに勝るプラスを生み出せばいいって答えてもいいように思うんですけども。私はそのプラスを大きくする方法のひとつが社会復帰支援だと思ってまして、それを今までやってこなかったことが不思議というか、そこが欠けてたという気がするんです。スティグマは社会のせいだとはいえ、現実にあるわけですから、少年院に入って出てきた以上、そこからはマイナスのスタートになってしまうわけで、中でちゃんと処遇したからスムーズに社会に戻れるという前提でやってたことの方が不思議だなと思っています。社会に戻るのは、いくら自分が変わっていても、すごく高いハードルがあるわけだから、そこを少しでも円滑に行くように支援をするのは、もともと当然やるべきことだったのを、自己完結主義でやってなかった。それは従来の少年院に欠けていたところで、そこに気が付いてやり始めた、それは当然正しい方向であり必要なことだと私は見ています。

仲野　もう一つ考えるべき点として、そのラベリングを強化してしまうのが、彼らの「加害者性」ではないでしょうか。社会的には加害者の背景よりも、やっぱり被害者の方に心を寄せる場合が多いと思います。彼らの加害性が前面に出ている限り、加害者を扱っている施設という点で、少年院のラベリングを弱めていく、あるいはそれを何とか解除していくのは、ちょっと難しいような気もするんですが。

伊藤　それは事実としての加害性ということですか？

仲野　そうですね。もちろん、少年には被害性もあるんだということを、いろんな統計データを出して示してきたと思います。例えば、虐待の問題であるとか、家族の問題であるとか。それにもかかわらず、そこから逃れる方法として選び取った行為は社会に対しての加害でしょう、と見なされていると思います。少年の「非行」を「社会に対する害」と見なす人々がいるかぎり、「少年院はそういう加害者を扱う施設」だという考えや見方は、なかなか解除できないと思います。本来、「害」は、直接的な加害者と被害者の間で発生している「彼らの」問題だと思うわけですが。その点を再考するためにも、加害に対して少年がどういう考えを持っているのか、いってみれば、被害者のことを考える教育がどう行われて、その効果がどうなっているのかということも、社会復帰支援と同時に、私はもう少し前面に出してもいいのではという気はするのですが。

伊藤　「被害者の視点を取り入れた教育」には取り組んできているわけなんですが、それが少年院での処遇の中で占めている位置とか、その意味合いは実際どうなんでしょうか。ただそこで加害と言うときに、皆さんご存じだと思いますけども、すべての非行に被害者がいるわけではないという事実も一方であって。直接の被害者がいない少年も結構な割合でいることも事実で、そのことを踏まえた上で、被害に対する自らの加害性をどう考えさせるのかというのは、非常に難しいところだと思うんですが。いかがですか。

服部　まず本質と違う話で言うと、「いや僕は被害者いませんから」と言う少年がいます。「そんなことない、君たちにはみんな被害者がいるよ」と言うと、「いや僕、覚せい剤の自己使用です」と言うんです。でも「それは君自身の人生が被害者や」と。われわれの立場では必ず言いますよね。少年は被害者がいることを絶対認めないとか、僕には被害者がいませんって言うて、「僕が逆に、被害者になってるかもしれませんと。でもそうじゃないと。われわれも「被害者の視点を取り入れた」教育であって、「被害者の視点に立った」ではないのがミソなんですが、彼らを支援して立ち直りを図るんだけれども、被害者側は厳しい目を向けてるということは十分理解しなきゃ駄目だよと教えなければならない。被害者の塗炭の苦しみ、犠牲の上で少年たちの幸せを積み上げていくというわけにはいかないんです。

ただなかなか難しい問題で、フリーライターの石井光太さんが昨年出された『虐待された少年はなぜ、事件を起こしたのか』（平凡社新書、2019）という本は川崎の事件[9]を扱っているんですが、その中で少年犯罪被害者のことを取り上げています。そのうちの一人が加古川学園の近くの方で、よく知ってる方なんですけど、加古川学園の被害者の視点を取り入れた教育に来ていただいてるんです。「少年犯罪被害当事者の会」にも入ってらっしゃって、「生命のメッセージ展」とかもやってらっしゃる方です。事件も少年院に近い所で、息子さんがリンチ事件で殺害されてるんです。その方がこの本で「息子を殺害したのがみんな少年院から帰ってきた。一応形だけの謝罪はあった。その後、地域の祭りに参加してる。地域の保護司さんとか地域の方が、一緒にこうやってやってる。それが受け入れられない。理解できない」とおっしゃっています。少年院の被害者の視点を取り入れた教育の展開にも協力いただいてるご遺族の方でも、なかなかやっぱり、単純に片付けられない問題はあると思います。

仲野　今はインターネットも発達して、匿名でいろんなことも言えるようになったので、直接その事件のことを知らない人たちが、一緒になってあれこれと言えるようになりました。そのなかで実際起こった出来事以上に、加害性が強そうに見えたりということが起こりやすいのではないかと思います。誰もが匿名で議論できる社会の中で、それでも少年を丁寧にケアして教育する意味と、少年院は教育や福祉、心理的な方法を用いて挑み続けている施設であることを、冷静に理解してもらうというのは、とても骨の折れる作業なんじゃないかなと思います。

伊藤　私たちは被害側に感情移入して、自分を潜在的な被害者と位置付け、いつ自分もそういう目に遭うかもしれない、自分の子どもがそういう被害に遭うかもしれないという立場で見るわけですが、論理的には潜在的加害者でもあるわけで、自分が加害側に回るかもしれない、自分の家族が加害者になる可能性も同じだけあるとすれば、結局、潜在的な被害者と位置付けて言ってることは、潜在的加害者でもあるんだっていうことと本来は相殺されるはずです。だとすると、実際に被害に遭った人や家族の感情は当然考えて手当てをしなきゃいけないけども、社会のありもしないっていうか、実体のない被害感情は、本来は考慮しなくていいことのようにも思うんです。ただそれに配慮せずに進めることはできないというネックみたいなものがあって、そのことを考えると、すごくむなしくなるんですけれども。

参加者B　少年院にいる子たちって、加害性で入ってるけれども、その前は被害者だったという二重性があって、どうしても被害者の部分があんまり表に出てこなかったから、より加害者という側でしか見られなかったという現実がある。もうちょっと社会全体に広めるというか、発信していかないと、再犯が起きたらすぐ少年院のせいとか、すぐにそっちの方に行ってしまう。けど、実際は社会の方が問題なんだということをちゃんと伝えていかなきゃいけないのではないかなっていうのが個人的な感想です。

伊藤　当事者意識みたいなものを社会はなかなか持ってくれない。非行や犯罪の原因の次元でも社会はさまざまに関与してるはずだし、一定期間施設内処遇をするにしても、そこで完結するわけはなくて、その後、戻ってきた社会がどう受け入れるのかという点でも社会は関与しているはずなんだけども、そのことに対する当事者意識は極めて希薄。希薄だから勝手なことを言えるんだと思うんですが。昭和30年代、40年代ぐらいだったら、犯罪も非行も社会が生み出したという見方が、今よりはわりと共有されていたように思うんですけれども、それがどんどんなくなって、自分に関係ない、勝手に誰かがやってしまったことだから、それに対して無責任にたたいたり、あるいは施設などに委ねて済ませてしまう、そういう姿勢がこれだけ蔓延していることに大きな問題があると思うんですが、それをどう変えることができるかと考えると、暗たんたる気持ちになってしまうんです。

7　社会は変われるのか?

伊藤　問題の構造はわりと明らかなように思うんですが、じゃあそこで何ができるのか、社会をどうやって変えられるのかということに関しては、なかなか出口が見えてこない。でも、北欧とかは違う社会のあり方になってるじゃないか、そういったところに見いだしたい気もします。私もあまり知識はないんですが、何か別の社会でやってることとか、別の社会の在り方にヒントを求めるというのは、ひとつの方法だと思います。

服部　私はやっぱり社会復帰支援をすることが、社会全体で次の犯罪被害を生まない大きな社会の義務なんだというのが、最も説得力があると思います。犯罪加害者家族の支援をやっておられる仙台の阿部恭子さん、それから大阪でやってるスキマサポートセンター▼[10]の佐藤仁孝さんはそうおっしゃってますよね。社会の理解のためにはそういう説明になると。

伊藤　感情論とか情緒に流されると、そうやってたたいたり、閉じ込めとけみたいなことになるんですが、もっと合理的に考えると、犯罪が減るということは社会全体にとっての利益であるわけですから、その観点から考える、合理主義的に考えるというのはひとつの方法だと思います。

従来は処遇をする側も、もっと情緒というか、例えば人が「変わる」とか、そちらに訴えることが多かったかもしれないですね。

仲野　さて、日本社会にとっての立ち直りというか、困難に直面して社会生活を中断した人がもう一度再参入するということをどう考えるのか、議論しなければならないと思います。今後、日本社会は少子高齢化の進行で２０５０年には肩車型社会を迎えるという予測があります。極端に言えば、一人欠けても日本社会の維持が難しくなる。そのとき、刑務所運営ではよく言われる議論ですが、税金を投入して施設で長期間の生活を支えるのは、支える側の負担をどれだけ増やす気だと。その点でも、少年院のあり方をめぐる議論には、困難を抱えた若者を社会の一員として戻していくためにどうしたらいいかという視点が必要だと思います。

伊藤　端的に言えば、「納税者を増やす」ってことでしょう。

仲野　そうですね。率直に言ってしまえば、つまりは納税者を増やしていくということです。極論ですが、それもひとつの考え方ではあります。私は２０１９年にノルウェーの犯罪者処遇に関して現地調査を行いました。ノルウェーは国際的には囚人に優しいと注目されていますが、そこには徹底した合理主義的な社会復帰モデルがありました。福祉、教育、医療の力を借りて「社会の構成員」として居場所を獲得していく支援からは、社会の維持のために誰一人として欠けることは許さないという気迫を感じました。

服部　そう。誰一人置き去りにしない。

仲野　そうですね。そこに若干の「怖さ」も感じました。「役割と責任を果たすこと」を善とする価値観でよいのかどうかという問題もあります。徹底した合理主義も息苦しいだろうと思いますが、一方で、日本の刑事司法・少年司法でも検討すべき要素や論点があるように思います。例えば、ノルウェーの刑事司法で関心を持ったのは、刑罰と、被害者と加害者、つまり問題を抱えている当事者たちの損害回復を分けて考えるという発想です。日本では、刑罰と被害者の損害回復が混在するので、刑期が長期化する、非行・犯罪に対する社会的制裁が苛烈化することがあります。厳罰主義的な世論の影響を受けやすくなるわけです。しかし、損害回復をいかにして行うかは直接の当事者のニーズに基づき合意形成がなされるべきです。刑罰と区別することで、収容がもたらす刑罰以上の害（将来的な社会生活の剝奪、スティグマ化など）を減少させ、円滑な社会生活への復帰を可能とする。それにより、矯正施設運営にかかる莫大な資金を抑え、一人でも多く「納税者」として稼働させることは、結果としては国民全体のメリットになると考えられるわけです。これはなるほどと思いました。あくまで一例ですが、私たちが納得できるロジックはすでにあって、それを手がかりとしてはどうだろうかと思います。

伊藤　被害者へのケアや被害の回復と、加害者への加罰や社会復帰支援を同じ制度の中で両立させようとすると必ず無理が生じると思います。応報刑は単純明快でわかりやすいですし、全部否定はできないにしても、応報刑や応報感情がちょっと肥大しているのを極小化して、あとは合理的にどうやって社会に参入させて社会に貢献してもらうかということですよね。

仲野　そうですね。例えば「水戸黄門」や「大岡越前」をイメージしていただきたいのですが、日本社会は一方を断罪して「はい、円満解決」というきれいな形に慣れてしまっているのではないかとも考えられます。水戸黄門でもない、大岡越前でもない、それ以外のどのようなモデルを持てばいいのかという試行錯誤の必要性です。文化的に擦り込まれている応報感情もあるように思いますが、それを瓦解するためのより強力な対抗的な語り《カウンター・ナラティヴ》が必要です。

伊藤　それと、その前提としてあったのが、人口の多い社会だったんでしょうね。

人はいくらでもいるから、閉じ込めてたって別に社会の生産力とかそういったことには影響しないというか。そこでむしろ、劣悪な環境に置いとけばコストもそんなにかからないしということだったんでしょうが、人がいくらでもいるという前提が成り立たなくなってきて、なおかつ、施設に入れといても、そんな劣悪な環境に置いとくわけにはさすがにいかないという人道主義も高まった。それでコストをかけてわざわざ納税しない人を養っていくことになったわけですが、その不合理さにまだあんまり社会は気が付いてない。あるいは、ただ閉じ込めてコストを下げればいいじゃないかと、劣悪な環境に置いときゃいいじゃないかって思ってるのかもしれないですけどね。

社会復帰モデルについては、私自身はゆるやかな合理主義ないし功利主義的な見方を取るのがよいと考えています。非行少年は多かれ少なかれ被害的な経験や劣悪な環境によって非行に走り、それぞれのポテンシャルを伸ばす機会に恵まれなかった点でおおむね共通していると思います。なので、教育やポジティブな経験によってそれを伸ばしたり、そもそもそのポテンシャルを見出すことは、本人にとっても社会にとっても利益になるはずで、人口が減少していく時代においてその意味は大きくなっていくと思います。このモデルは当事者にとっても社会にとっても受け入れやすく、比較的実現可能性が高いという利点もあると思います。

ただそのことと、そうやって社会に貢献しないことを許さないというのは別で、合理主義、功利主義を「突き詰める」べきではないでしょう。それから貢献のしかたを狭義の職業や納税に限定する必要もない。再犯防止には「居場所と出番」が大事と言われ、その通りだと思いますが、それは従来型の「家庭と仕事」に限らず、もっと多様なあり方を許容していかないと、特定の形の社会復帰を強いられる息苦しい社会になりかねない。そしてそれはやがて、犯罪をした人以外の市民にも向かうことになると思います。

8 研究者との協働が持つ意味

伊藤　最後に研究者との協働ということについて考えておきたいと思います。私たちが少年院に入って調査研究を始めてから15年近くになろうとしています。手前味噌になりますけども、それを嚆矢としてその後、いろんな研究者がいろんな矯正施設にいろんな形で入って研究をすることはかなり広がったように思います。それが施設の側からどう見えているかということについてまず伺いたいんですが、いかがでしょうか。

服部　私は本当に掛け値なく、大学の先生、研究者の方との共同研究はもっと進めていくべきだと思ってます。私は積極的に進めてる方の部類の院長だと思ってますし、実際に今現在、加古川学園では、予定しているものを入れて6大学とやっています。これは私に限らず、各施設でもやってることで、こういう講演に呼んでいただいたときとか、大学の講義とかでいつも言ってることですけど、施設にとっての大きなメリットは二点あると思います。

ひとつは、例えばトラウマインフォームドケアとかギャンブル依存への対応とか、女子少年院に特化したプログラムなど、これからますますいろんな処遇技法とか、今まで未開の分野のいろんなことをしていかなあきません。時代のニーズに合った処遇技法を開発してカリキュラムを作っていくうえで、先生方の知見やエビデンスに基づいたものでなければならないわけです。奈良少年院の院長のときに、ある大学の先生と対人関係円滑プログラムということで、協定したんです。人間というのは口だけじゃなくて、目や表情でも会話をしますよね。いいですよと言いながらも嫌がってるっていうような。社会生活の上でそのスキルは大事ですよね。非行少年はそれが足りないんじゃないのか、相手の表情から心情を識別する能力が低いんじゃないかという仮説で研究をやったんです。ものの見事にヒットしましたね。そういう能力が明らかに劣る群があったんです。悪質な性暴力の少年たちです。女性が本当に嫌がってるということがわからない。それは性犯罪指導プログラムのほうにも使えるなと思いまして。これからますますこういった必要性は高いと思う。その点で先生方の知見をお借りしたいという意味で、共同研究はお互いWin-Winと言えると思います。

もうひとつは、今日も学生さんがいらっしゃいますけれども、大学と連携することで、少年院、鑑別所、矯正施設の広報になります。学生さん、こうやって今日も興味持って来ていただいてます。他大学の方も。やっぱりこれは、先生方との関係があったからでしょう？　実際に、私も逆に大学に教えに行かせていただいて、そこから興味を持ってインターンシップに行くとか、いろいろつながっていく。関係を構築しなければ、そういうふうには広がっていかないです。それが結果的にいい人材の確保につながる。先生方にご薫陶いただいた、かつ本人が意欲のある有為な人材、志の高い人材を確保することになる。
この2点で大学の先生方との共同研究は絶対後退することがあってはいかん、もっと積極的にやっていくべきやと思ってます。

伊藤　ありがとうございます。あと、服部さんはそういったことを積極的に進めてくださる少年院の職員の代表格だと思いますし、私たちが直接出会うというか、窓口になっていただくような職員の方は、おおむねそういったふうに理解をしてくださるんですが、それがもっと現場の、直接ご負担をかける職員にどれぐらい共有されてるのかという点で言うと、うーんって思うこともなくはないんですが、そのへんいかがですか。

服部　それは、先ほど言った必要性をいかに職員に説明してコンセンサスを得るかという努力だと思います。施設長が今度共同研究のあれをした、これはこういうふうにわれわれにとっても、リターンというか成果があるんだと。例えばこの先生はこんなものを書かれた方だと。それは説明の仕方次第だと思うんです。説明して職員にそういう意識を醸成すればいい。それは施設長の仕事だと思います。少なくとも私はそうしてきたつもりです。そういう説明をして、みんなが、そうか、来ていただくことでわれわれにとってプラスになるんだとすれば、これは当然、プラスアルファの負担じゃない、大事な業務なんだということです。社会復帰支援でも、今でもひょっとすれば、社会福祉士さんと連携することが余計な仕事、プラスアルファの仕事と思ってる職員がいないとも限らないと思います。何か法律が変わって、それで仕事が増えたよね、社会福祉士が増えて部屋が狭くなった。今度やるからって言ったら、それは負担だと思う職員はいる。それに対してこういう理由で、こういう必要性があるので、われわれにとっても十分利益になることなんだという説明をすれば、みんなやっぱり付いてきてくれると思うし、それをすべきだと思います。それが施設長であり、首席であり、次長であり、庶務課長の仕事やと思います。

伊藤　今A少年院でも調査をさせていただいていて、すごくご苦労を掛けていることは分かるんです。非常に面倒なお願いをして、いろんな手間を取っていただいている。もちろん意味があると思ってやってるんですが、ただ、これがなかったら先生方もっと楽だろうなと思うこともなくはないわけで。しかもその研究の結果というのが、必ず少年院のためになるかといったら、そうとは限らないかもしれないですよね。もしかしたら批判になったりとか、あまり目立ったわかりやすい成果が出ない、知見が出ないこともあり得るわけなんです。実際のところ研究ってそういうものですが、だからしょうがないでしょうとはさすがに言えないので、何か最終的な意義というのがあるとしたら、やっぱりそれはどこかで必ず少年のためになるということかなと。仮に少年院のためにならなくても、回り回って少年のためになるということは、やっぱり担保しておかなきゃいけないのかなと思ってまして。それがどういう形でなるのかは、一概に言えないところなんですけども。社会のためと言ってもいいんですが、社会のためと言うとすごく漠然としてしまうので、最後のよりどころは、少年院が非行少年を収容する施設である以上、そこで研究をするということは、最後にはその少年のためになるものじゃなきゃいけないというのが条件なのかなと思ったりします。

服部　矯正局の方で、共同研究を受けるかどうかと、いわゆるガイドラインがあります。その中に、建前的な部分もあるかもしれないけど、施設あるいは少年、あるいは少年処遇に還元できる利益になると認められる場合に応じると。正直言って、やっぱり負担は負担になるんです、物理的な。それを上回る利益がある場合ということなんで。だから、それはどう捉えるかですよね。直接じゃなくても、間接的でもね。例えば5年、10年の長いスパンで考えて、リターンがあればいい話だと思います。

伊藤　と思うんですが。こちらからそういうふうに言うのもなかなかね。

仲野　これをむしろ伊藤先生に聞いておかなければいけない気がするんですけど、B少年院の調査でも、今、服部先生がおっしゃったように、院長はしっかりと位置付けをして、職員に説明をして、私たちが何者かをきちんと情報提供してくださったんですけど、その中で、困難な最前線で試行錯誤しているフィールドに入っていくにあたって、研究者の側がいったいどういう努力をしなきゃいけないのか、どういう配慮が必要なのか、伊藤先生のお考えはいかがですか。

伊藤　非行少年は罪を犯した人たちなので、社会とは対立関係にあるわけですが、私たち研究者はその両方の立場を知っている、理解できる位置にいると考えています。そのとき、対立する両者を「調停」すること、仲野さんも書いていましたが（仲野由佳理「『調停者』としての矯正教育――『ナラティブ』の観点から」、『刑政』第126巻4号、2015）、これが役割だと思います。いろんな事情で非行に至ってしまった非行少年と、その非行によって被害を受けたり恐怖を感じたりする社会がある。そこで両者の対立を煽ったり一方を追い込むのではなく、非行に至った経緯には社会の側に起因する要因もある、そうした複雑な事情をできるだけ読み解いて、じゃあどうすれば双方の最大利益を引き出せるのか、どうすれば理解し合って歩み寄れるのか、どうすれば公正が実現するのか、そういったことを提案する立場だと思っています。

そして少年院という矯正施設、それから更生保護もそうですが、それらの制度は非行少年を更生、社会復帰させるにあたって現在比較的うまく機能している、社会が思っているよりも効果を上げていると思うので、それを損なわず、さらに充実させることが非行少年と社会双方の利益になるはずで、そこを媒介するような研究をと思っています。

ただこういった現状は永続的なものではありません。非行少年と社会の関係や、矯正や更正保護のあり方が変われば、どの位置に立って研究や発言をするのかも変わっていく可能性はあるわけです。

それから、これは当たり前のことですが、すでに分かってること、言われてることについてあらかじめちゃんと学んだ上でやるっていうこと。これからこういった研究をしようとか、フィールドに入ろうとか考えている人に対して特にお願いしたいのはそれですかね。自戒を込めて言うんですけども、私たちも行って初めて知ったことがたくさんあって、初めいろいろ驚いたりしたわけです。ただ研究者として入る以上、本当はそれではいけない。実はいろんなことがすでに言われていたり、書かれていたりするのに、経験がないから知らなくても許されるみたいなところがなくはない。可能なことはできるだけ知った上で、考えた上で、調査研究に着手するっていうことが、国家権力によって市民を拘禁している所で、特に少年にとっては、そこにいることを人に見られたくないような所に入っていくわけですから、こちらがクリアすべきマナーというか礼儀というのは高くなると思います。職員もそういったデリケートな、いろんな困難を背負った人たちに日々対峙している現場であるわけですから、そこに外から入っていって、いかに貢献を意図しているとはいえ、そこで守らなきゃいけないものも他のフィールドに比べて高いと思ってます。少年院だけじゃなくて、犯罪や非行領域の研究において求められるものは、いわゆる「普通の人」とか誰でも行ける場を研究する場合より高くなるんじゃないでしょうか。それを自分たちがクリアできてるのかということはまた別なんですけども。

仲野　最後の質問ですが、その「成果物」についても、批判的に検討しなければいけないと思っています。私たち研究会では、施設との情報提供に関するガイドラインを作っているわけですが、その冒頭に「すぐに成果が示せるものではありません」という記述があります。その一文に甘えてしまって、なかなか成果物が出せない、いつ頃になったら出せるんだと、フィールドの皆様にご心配をかけることもあったと思います。調査にご協力していただく以上、研究的な意義だけではなく、現場にとっても意義のあるリターンが必要という視点がなければ、Win-Win の関係にはならないと思います。その意味でも、成果物をどのように考えるか、再考が必要かと思います。私たちが女子少年院の教官と共著で書いた社会復帰支援の論文（仲野ほか前掲論文）は、法務教官に成果をフィードバックして、それに対するフィードバックを得て協働で執筆するという形にもトライしました。そうしたプロセスがよかったのかどうか、それは改めて検討したいと思いますが……。

服部　いや、よかったです。

仲野　伊藤先生のこれからの成果物に対する展望として、どういうお考えがあるかをぜひ伺いたいです。

伊藤　まず時間の問題については、できるだけ早くということが当然前提になると思います。ただ、早いということが目的ではなくて、可能な限りクオリティを落とさずに早く出すというぐらいのことしか言えないのかなと思います。
　それから、研究者にとって論文なり学会発表なりが自分の業績になるということはあるわけですが、そのためにやるのではないと私は思ってます。ただ、若い研究者にとっては、研究業績を早くたくさん出さなければならないということが避けられない要請としてあるわけです。それを第一目的とすべきでないとは言いたいですけれども、自分のためにもなるということを否定もできないかなって、すごく歯切れ悪いんですけども、そんなふうに思います。

同時に、こういうテーマを選ぶときに、自分にとっての見返りはそれほど大きくないかもしれないということは、覚悟しておいてほしいとも思います。ただそれも、私のような年齢であれば、そんなに業績を焦る必要もないんだけれども、若い人にとっては事情が違うということも理解はしているので、あんまりそれを押し付けるわけにはいかないんですが。

それと、成果の出し方に関して、共同研究という形を取ることもあるということをいつもガイドラインにうたいながら、実際その形を取ったことは少なかったんですが、できるだけその可能性を探っていきたいと思っています。外部の研究者による研究の意義と、部内者による研究の限界というのが両方ある中で、その部外者と部内者が共同することによって、いろんな次元で新しい知見や方法を生み出していくことは、今後の一つの活路になるんじゃないか、できるだけその方法を模索していきたいなと思っています。

仲野　最後に、少年院での矯正教育や社会復帰支援の研究を進めていくうえでの課題について、考えをお聞かせ下さい。

伊藤　私たちは前身の研究会（「矯正施設における教育研究会」）で少年院と刑務所での調査を始めたときから、研究会、調査のフィールドとなる施設、それに法務省矯正局の三者の間でかなり詳細な「協定書」と「ガイドライン」を締結し、それに則って調査をするという形をとってきました。これはその研究会の代表だった広田照幸氏（現・日本大学）と矯正局側の窓口になって下さった名執雅子氏（後に矯正局長）の尽力が大きかったのですが、調査を行う研究者と受け入れる施設の側の権利と責任をそれぞれ明確化し、「Win-Win」の関係を築くための方法と言えます。

例えば、私たちの側は調査研究がすぐに実践的、政策的に役立つとは限らないことを了解してもらうこと、施設や矯正局の側は、被収容者の人権侵害や突発的な事態が起こった場合には調査の中止を命ずることができるといったことを定め、互いの権利や利益を守っています。また、ここに定めていない事態が起こったときは直ちに協議して最善の方策を見つけることもルール化しました。そして、こうした形は私たち以外の研究者が施設で調査研究を行う際の手順としても標準化したと聞いています。

ただこれはあくまで手続きを定めた「契約」のようなもので、こうした手順を踏んだからといって自動的に「Win-Win」の関係が構築できるわけではなく、実際に構築できているかというと、まだまだと言わざるを得ません。こうした枠組みを前提として、どのように「Win-Win」の関係を作っていくかは、むしろこれからの課題としてあると思っています。

服部　私から改めて強調しておきたいのは、大学の研究者との共同研究を積極的に推進するという方針は、一施設、一院長レベルでの取り組みではないということです。数年前から矯正局や矯正管区が打ち出している運営方針の中にはっきりと示されていることなんです。

現状では、個々の院長や幹部職員と研究者・研究機関との個人的なつながりや人間関係を出発点にして共同研究が成り立っている場合もありますし、私自身が関わってきた共同研究についてもこういう評価というか、「そしり」を受けているかもしれません。

しかし、仮にこれまではそういうところがあったとしても、今後は施設にとってその共同研究が重要なものであるか十分吟味したうえで、それが認められるときには躊躇なく行うべきです。

そして、実効性を高めるためには、その共同研究によって施設にもたらされる「リターン」の多寡を検討するとともに、「リターン」が職員の負担などの「コスト」や「リスク」を上回ると判断した際は、その必要性を院長が自分の言葉で職員に語ってコンセンサスを得ることが不可欠です。

これが院長の「汗のかき方」であり、「汗をかく場所」だと考えます。他施設の院長さんには僭越な言い方となりましたが、今春で定年退職する「去り行く老兵の繰り言・遺言」として受け止めてもらえれば幸いです。

このように今後、真の「Win-Win」の関係を少年院と研究者・研究機関が構築できるようにするには、施設側においても院長が先頭に立って取り組んでいくことが求められるでしょうし、それこそが今、私が上着に着けている矯正のシンボルロゴの内容にも合致するものと思います。

地域社会とともに
開かれた矯正へ

CHANGE CHALLENGE COOPERATE
CORRECTION BUREAU

（ロゴマークの説明）

黄のCは「CHANGE（改革・変革）」を，赤のCが「CHALLENGE（改革への挑戦と情熱）」を，青のCが「COOPERATE（国民との協働）」を，それぞれ表し，三つのCを貫く緑のSは，社会（SOCIETY）に貢献し，社会に支えられる存在になるという決意を表しています。

▼註

▼1　１９７７年に少年院の収容人員の減少、少年非行や在院者の質的変化等への対応、処遇の多様化の要請等を背景として、法務省矯正局長依命通達「少年院の運営について」が発出され、現在まで少年院の処遇体制の基盤となっている。基本方針として、施設内処遇と施設外処遇の有機的一体化、処遇の個別化と収容期間の弾力化等が掲げられるとともに、短期処遇・長期処遇の別や、長期処遇の中に処遇課程（処遇コース）が設けられた。

▼2　広島少年院（広島県東広島市）において、幹部職員を含む職員５名が在院者50名余りに対し、合計１００件余りの暴行等の不適正処遇を長期間にわたって行っていたことが２００９年に判明した。職員は「特別公務員暴行陵虐罪」により逮捕、起訴され、実刑を含む有罪判決を受けている。

▼3　服部氏が１９８２年に少年院の法務教官として採用された頃の少年保護機関職員の教科書的存在であった『少年法演習』（重松一義編、信有堂、1981）の巻末付録の「少年関係官庁所在一覧」には少年院が61施設掲載されており、その中には東京矯正管区内の「印旛少年院」「千葉星華学院」、大阪矯正管区内の「河内少年院」「宇治少年院」、名古屋矯正管区内の「明徳少女苑」「三重少年学院」「岐阜少年院」「富山少年学院」なども含まれているが、服部氏が採用された時点ではこれら施設のほとんどが廃庁または業務停止となっていた。

▼4　「第14回国連犯罪防止刑事司法会議（京都コングレス）」と「京都コングレス・ユースフォーラム」はいずれも新型コロナウイルス感染拡大に伴い延期となり、「京都コングレス」は２０２１年３月に、「ユースフォーラム」は同年２月に当初の日程を縮小して京都で開催された。

▼5　２０１８年３月、東京都目黒区で当時５歳の女児が両親から度重なる虐待を受けて死亡した事件。

▼6　「再犯防止に向けた総合対策」では、女性特有の問題に着目した指導・支援の枠組みで、２０２１年までにＰＤＣＡサイクルに基づいた虐待等の被害体験を扱うプログラムを展開するとされている。

▼7　一連の運動動作を反復することにより緊張、過敏など心身の機能の失調を是正したり、機能の発達を促す療法。

▼8　福岡少年院、四国少年院、奈良少年院ではこの「育児実践指導」「父親教室」（施設によって名称は異なる）のための専用の教室を設けたうえで、看護師や助産師養成の学校などで使用されている教材（新生児疑似人形や妊婦体験用ジャケット）をはじめ、紙オムツ、ベビーカー、ベビーバス、ベビーベッド、哺乳瓶、衛生ケア用品など多種多様な備品と、指導用の絵本、ＤＶ防止啓発用教育ＤＶＤなども整備している。

▼9　２０１５年２月に川崎市の多摩川河川敷で13歳の男子少年が殺害され遺体を遺棄された事件。17～18歳の少年３名が殺人容疑で逮捕され、主犯格１名は殺人罪、残る２名は傷害致死罪でいずれも懲役刑が確定した。

▼10　大阪市に本拠を置く特定非営利活動法人。加害者家族の支援としてカウンセリングやグループワーク、法律相談等をスタッフの臨床心理士、精神保健福祉士、社会福祉士、弁護士等が実施する、全国的にも数少ない犯罪加害者（家族）支援団体。理事長の佐藤仁孝氏は矯正施設での処遇にも外部協力者として関わっている。

修学支援が明らかにする「支援格差」問題

コラム⑨

仲野由佳理

「教育」が生む格差

本書の各章で述べられているように、非行をした未成年者の社会復帰の道のりは険しく、信頼できる大人の力が欠かせない。新たな被害／加害を防止するためにも、少年の立ち直りは地域社会全体の問題として議論する必要があるが、この更生／立ち直り支援を巡って、長年懸案となっている問題がある。それが「支援格差」だ。

未成年者に対する支援は、本人の希望やニーズも重要だが、少年を受け入れる「保護者の意向」に左右される。十代の少年の社会復帰後の居場所が「学校」となるか、「職場」となるか。少年自身の意向以上に、家庭の経済状況や対応能力に左右される場合も少なくない。例えば「少年院で基礎学力を伸ばして受験が可能になる知識を身につけ、本人も修学継続を希望しているが、保護者が『働いて家計を助けてほしい』と希望しているので、修学を諦めてもらう」といったケースだ。「中卒」や「高校中退」等の学歴での就労では、向こう数年の家計を助けることはできても、本人が自立できるだけの経済的基盤を整えることは難しく、将来の展望を見いだせない。未成年者の更生／立ち直りは、本人だけの問題ではなく家族の問題としても考える必要がある。

修学／就学支援の落とし穴

この「支援格差」が最も露呈してしまうのが、「修学／就学支援」である。少年院在院中の義務教育は公費で保障されているが、事実上義務教育化しているものの高校については、私費の投入があって初めて可能になる。

2021年度から試行が始まった通信制高校との連携事業では、送致された少年院に用意された通信制高校に在学するという形になるが、在院中の入学にあたってネックになるのが「保護者の理解と協力」である。在院中は、学習や生活に対する指導、助言は法務教官や外部講師が行うので、授業料を私費で支払えるかどうかがポイントとなる。しかし出院した後は、授業料だけでなく、生活の基盤や学習できる環境を整えるといったことも含めてすべてが保護者の肩にのしかかる。

在院少年は貧困の問題を抱えている者も少なくなく、加害によって生じた弁償／弁済問題がある場合などは「さらなる経済的負担」に難色を示す保護者の心情も理解できる。「この数年を生き抜くこと」を至上命題とすれば、我が子の「中学卒業／高校中退」という学歴を「高校卒業」にステップアップさせることに、それほどの価値を感じないわけだ。

この時、少年は二重の意味で学校教育から排除されることになる。少年院入院以前も様々な要因で学校から排除され、脱落を選択せざるを得なくなる上、それ自体も公的な教育機関である少年院を経た後も、「学校」に再接続することは困難な選択肢であるのだ。

経済的な問題だけを見れば、様々な支援制度を活用することで解決可能な部分もある。文部科学省は、2020年4月に高等学校等就学支援金制度を改正し、通信制高校の授業料の実質無償化を実現した。公立・私立のいずれの学校でも授業料が無償化される可能性があるという点で大きく前進したものだが、あくまでも「実質無償化」に留まるのが難点だ。公立通信制高校や、世帯年収が590万円未満であれば私立通信制高校でも授業料は就学支援金によってカバーできるが、世帯年収が590万円以上の場合は差額を自己負担することになる。また、支給期間と支給額（単位数での計算）に上限があり、年間で30単位を超えると自己負担となる。さらに、支給は授業料に対して行われるもので、授業料以外の入学金・教科書代・給食費・参考書代などは自己負担である。

就労に強く方向付けたい保護者にとって、これらは「将来への投資」ではなく「負担」でしかない。修学に時間を費やすよりも、その時間を労働でお金に換えてほしい。「家計の担い手」として少年を考える保護者にとって、仮に授業料が無償化されたとしても、それによって生じるさらなる教育費やその間の生活費負担から、修学を前向きな選択肢とは考えられないのが正直なところであろう。

公的な機関に流入する「格差」の問題

以上のような問題に目を向けないまま、少年院における修学支援を推進すれば、少年院は「手の届かない夢をみさせる」という罪を背負うことになる。在院中に多様な支援メニューがあることを目にすれば、少年は自らの環境やニーズに最も適合的な選択ができると期待を高めるであろう。しかし、その選択は「保護者の意向」の制約下にあることを知った時にどう感じるだろうか。「保護者」という存在が「我が子にとって最良の選択」をするとは限らない。支援者が指摘する「少年に対する経済虐待」（仲野ほか2021）のように、少年自身が立ち直ろうと努力しても、保護者がその障壁となるケースはゼロではない。

就労支援とは異なり、修学支援は「保護者の意向（経済力）」によって実現可能性が制約される。それは少年院という公的機関が提供する支援であるにもかかわらず、「課金に応じて」サービスを利用できる、言い換えれば、支払える限りでしかサービスを利用できないということであり、こうした形で市場原理が持ち込まれてしまっているのだ。この事実は極めて重大な問題をはらんでいる。国親思想を背景として法的強制力を行使するからこそ、格差を助長するリスクのある「支援・教育」の導入には慎重な議論が必要だ。

少年院処遇から見る「望ましい教育制度」構想

これらの問題は、子どもの貧困問題や教育格差をめぐる議論と論点を同じくするものだ。現在導入が進められている「少年院における高校教育の実施」に対して、社会には否定的な意見もあるだろう。それは、多くの困窮家庭の子どもたちが同様の問題を前に、修学継続を断念したり、将来を閉ざされてしまう現状があるからだ。「圧倒的な被害者」に先んじて、加害に関与した少年が救われることをよく思わない声があることは否めない。

とはいえ、本書の読者は、そもそも加害に関与した少年自身も「圧倒的な被害者」であった／あることはおわかりだろう。犯した罪や他者への加害の補償は、被害者への贖罪（謝罪／弁償・弁済）によって行われるべきであり、加害の経緯／内容がどうであれ、本人の長い人生における「搾取・排除」をもって償わせるようなことはあってはならない。非行少年に対する支援は、教育を受ける権利を実質的に剥奪されてきた若者たちに対してと同様に行われるべきである。

矯正教育は、学校教育が直面する「教育格差」をめぐる再生産構造に対して、どのような立場を取るのか。少なくとも「保護者の経済力・理解」頼みの修学支援では、格差是正に向けた活路は見出せないだろう。少年院では少年の更生／立ち直りを促進するために様々な教育・支援を拡充しようとしているが、それが本人の意欲や能力とは別の要因に左右され、更生／立ち直りの道における格差を助長するものとなっては本末転倒である。

文献

仲野由佳理・矢原隆行・北川裕美子「日工組社会安全研究財団２０１９年度一般助成『矯正施設からの社会復帰における当事者参加型多機関連携体制の構築に関する研究』最終報告書」（wehttp://www.syaanken.or.jp/wp-content/uploads/2021/05/RP2019A_003.pdf）、2021

あとがき

伊藤茂樹

かつて少年院が「過剰収容」に悩まされる時代があった。少年院の処遇を丁寧にとらえた映像作品として貴重な『ＮＨＫスペシャル　少年院――教官と少年たちの現場』は私たちが少年院の研究を始める少し前の２００５年に放送されたものだが、冒頭の起床と点呼の場面で、食事や集会に使う寮内のホールにも簡易なベッドを置いて少年が寝起きしていた様子が映っている。やがて少子化と非行の減少によって少年院に収容される少年も減り、こうした状況はまず考えられなくなった。

少年非行の減少は今世紀初頭から20年近く続く趨勢で、なおかつ世界の多くの国々で報告されている現象である。これがなぜなのか、まだ定説と言える説明はないが、この間に世界共通で進行した現象として、スマートフォンをはじめとするパーソナル・メディアが子どもや若者の生活に急速に浸透したことがあり、これがなにがしか関係している可能性は高いと思われる。

ただ、パーソナル・メディアと非行の関係は両義的である。スマホは青少年の生活の様々な「隙間」を埋め、特に軽微な非行の「代替物」になって非行の減少につながると推測できる一方、非合法な行為ややり取りを匿名で行うことを可能にして、非行を促進する面もあると思われる。少年非行の中で唯一増加している特殊詐欺もスマホなしではほぼ考えられない。

このように、一義的に非行を減少させるとは言い切れないものの、逸脱、違法行為への「入り口」をなにがしか狭めるという意味で、逸脱キャリアの初期段階の少年非行を抑制していることは十分考えられる。

こうした生活環境の変化を背景に、統計上多くを占める軽微な非行のみならず、殺人をはじめとする凶悪な事件も減少傾向が続いており、非行に対する社会の関心は低くなった。非行への社会的関心は、1997年の神戸事件以降、無知に基づいていたずらに厳罰化を求める言説の形を取ることが多く、関心の高さが必ずしも建設的な議論につながらないという状況が続いてきた。しかし、では関心の低下が望ましいかといえば、そうとも言えない。

ここで注目したいのは子ども、若者の自殺である。日本の人口あたりの自殺率は、今世紀に入って概ね低下傾向にあるのに対して、20歳未満だけは横ばいから微増、特に2010年代中頃からは上昇傾向を示している。

これらをあわせて考えると、非行の減少という一見望ましい趨勢も、別の見え方がしてくる。つまり、日本社会を特徴づける「同調圧力」は近年さらに高まっており、その結果、何らかの困難を抱える青少年にとって、他者に攻撃を向ける「他罰的」な逸脱である非行がしにくくなったぶん、「自罰的」な自傷や自殺に向かっているのではないか、という仮説である。

非行や犯罪と異なり、自傷や自殺は社会に「直接的には」害を与えない。そのため、これらに対して社会が向ける関心は、より移ろいやすいものとなる。筆者は「いじめ自殺」をはじめとする子どもの自殺について、特にそれに対する社会のまなざしに注目して論考をまとめたことがあるが（伊藤茂樹『「子どもの自殺」の社会学』、青土社、2014）、従来は子どもや若者の自殺が頻発すると社会は衝撃を受け、危機感を募らせていた。しかし近年は、以前なら大きな衝撃や危機感をもたらしたような自殺でも、すぐ忘れ去られてしまうように見える。それは、人々が余裕を失って自分のことで精一杯になっており、他者が「自分で」死んだだけなら関係ない、と思うようになっているからではないだろうか。

子どもの自殺はしばしば「モラルパニック」（道徳的な秩序や価値が脅かされているという認識によって起こる集合的な感情の高ぶり）を引き起こしてきた歴史があり、それは様々な弊害も生んだが、そのように社会が関心を向けることによって、自殺の原因となる要因の改善が図られることもあった。しかし今、私たちの社会は、子どもたちが危険にさらされたりＳＯＳを出していてもモラルパニックすら起こさない、無関心な社会になりつつあるのではないか。だとしたら、それこそが何より恐ろしい事態である。

「同調圧力」と非行の関係もまた両義的である。大人や学校、社会一般からの同調圧力は非行を抑止する方向に作用する一方、非行文化を持った仲間集団からの圧力は非行を促す。非行少年の多くは後者の圧力や影響に対して無力で、いたずらに同調して非行をすることも少なくない。

矯正教育は社会の規範に従う、すなわち同調することを教える一方、その逆のベクトルも持っている。つまり、流されずに自分を大切に生きると同時に、他者に対しても、力のある者にただ同調するのではなく、互いに自立して尊重し合うような生き方や関係の作り方をも教えるのである。

罪を犯し、多くは他者に害を与えた非行少年に対して社会は、規範を守り同調するよう促す教育を望む。それは確かに必要であるが、彼らがなぜ規範を守らなかったのかを丁寧に解きほぐせば、彼ら自身が被害を受けてきた経緯が見えてくることが多い。誰か（多くは大人である）が彼らに害を与え、それを受けた彼らがまた他者に害を与えるという「連鎖」を解くためには、彼らのみならず社会も変わらなければならない。このような社会を変え、新たな社会のメンバーを育てる教育は、市民性《シティズンシップ》教育という範疇に入るのではないかと考えるが、そうした教育を学校でも少年院でも積極的に行い、なおかつその両者をつないでいく必要がある。

少年非行や少年事件、特に大きな事件は社会の耳目を集めることもあるのに対して、事件を起こした彼らを収容する少年院やそこでの矯正教育は、社会的には「地味」な存在である。そこに人々の目が向くのは、彼らが再犯をするなどして矯正の「失敗」が顕在化した場合のみと言ってよいだろう。

しかし、非行や事件が終わった後も加害者と被害者の人生は続き、むしろその方が長い。「その後」に注目することは、研究であれジャーナリズムであれ、非行や事件そのものへの注目と同様に重要なはずである。

もちろんこれら「地味な対象」は見えにくいし、事件のように人々の興味を掻き立てるとは限らない。矯正施設の「塀の中」で日々行われていることは尚更である。しかし、そこに視線を向けて考えることは不可能ではないし、そうした試みも細々とながら続けられてきた。

このような業績の代表的なものとして、緑川徹氏による一連の論考がある。氏は矯正の部外者として少年院に入って膨大な事実を収集し、その営みに対して共感的な理解と批判的な検討を両立させている点で、私たちが常に参照してきた研究者である。

全く新しい研究領域やテーマなど、まずあり得ないものである。どのような対象をどのような角度から研究しようとしても、先人の業績は見つかる。私たちもこれらを受け継ぎ、引き継いでいく息の長い研究を続けていこうと考えている。

最後に、私たちの調査研究を可能にして下さった各少年院および法務省矯正局、保護局の方々、そして少年院や社会のあちこちで更生をめざして日々奮闘している少年、元少年、その支援者の方々に心より感謝申し上げたい。

執筆者紹介

後藤弘子（第1章）
千葉大学大学院社会科学研究院教授。専攻は刑事法。主な著書に『犯罪被害者と少年法』（編著、明石書店、2005）、『少年院教育はどのように行われているか』（編著、矯正協会、2012）、『ビギナーズ少年法　第3版』（編著、成文堂、2017）。

伊藤茂樹（第2章、第4章、第8章、終章、コラム①、③）
駒澤大学総合教育研究部教授。専攻は教育社会学。主な著書・論文に『現代日本の少年院教育』（共編著、名古屋大学出版会、2012）、『「子どもの自殺」の社会学』（青土社、2014）、「学校問題の再構築」（稲垣恭子ほか編『変容する社会と教育のゆくえ――教育社会学のフロンティア2』、岩波書店、2018）。

仲野由佳理（第3章、第5章、第11章、コラム⑤、⑥、⑦、⑨）
日本大学文理学部非常勤講師。専攻は教育社会学、犯罪社会学。主な論文に「犯罪・非行への接近――犯罪社会学の方法」（岡邊健編『犯罪・非行の社会学　補訂版』有斐閣、2020）、「少年院における演劇を通した物語化」（『教育社会学研究』第99集、2016）、「女子中学生の逸脱行動」（宮寺晃夫編『受難の子ども』一藝社、2015）。

今井聖（第6章、コラム⑧）
立教大学文学部教育研究コーディネーター。専攻は教育社会学。主な論文に「『事件』の構成過程における警察のワーク」（『犯罪社会学研究』第42号、2017）、「『いじめ自殺』事件における過去の再構成」（『現代の社会病理』第35号、2020）、「〈子ども〉の自殺をめぐる補償・救済の論理」（『教育社会学研究』第108集、2021）。

服部達也（第7章、終章、コラム②、④）
京都産業大学法学部教授。専攻は少年法、矯正社会学。主な論文に「少年院における社会福祉士と連携した社会復帰支援の在り方について」（『現代の社会病理』第33号、2018）、「虐待事犯により少年院送致となった少年・家族への少年院における福祉的支援の実践例に基づく家族関係再構築、包括的支援の在り方への考察」（『社会安全・警察学』第5号、2019）、「少年院出院後の『居場所の確保』のための支援の在り方についての一考察」（『社会安全・警察学』第7号、2021）。

田中奈緒子（第8章）
昭和女子大学大学院生活機構研究科教授。専攻は臨床心理学、犯罪心理学。主な論文に「非行臨床心理学」（越智啓太編『朝倉心理学講座18　「犯罪心理学」』、朝倉書店、2005）、「質問紙調査からみた少年院」（広田照幸・後藤弘子編『少年院教育はどのように行われているか』、矯正協会、2013）、「少年院教官の職業観」（『昭和女子大学生活心理研究所紀要』第15号、2015）。

藤田武志（第8章）
日本女子大学人間社会学部教授。専攻は教育社会学、学校社会学。主な論文に「学校経験と社会的不平等」（乾彰夫他編『危機のなかの若者たち』、東京大学出版会、2017）、「学校教育における実践知の危機」（『学校教育研究』第32号、2017）、「不登校数の増減をどう見るか」（『日本女子大学紀要　人間社会学部』第26号、2016）。

北川裕美子（第9章）
四国学院大学社会福祉学部准教授。専攻は社会福祉学。主な著書に『子ども家庭支援の心理学』（共編著、ひとなる書房、2021）。

長尾貴志（第9章）
松山少年鑑別所企画・観護担当統括専門官。

安藤藍（第10章）
千葉大学教育学部准教授。専攻は福祉社会学、家族社会学。主な著書・論文に『里親であることの葛藤と対処』（ミネルヴァ書房、2017）、「社会的養護」（由井秀樹編『少子化社会と妊娠・出産・子育て』北樹出版、2017）。

少年の社会復帰に関する研究会
少年院での矯正教育と、それを受けた少年たちの社会復帰の現状と課題についての調査研究を目的として2013年に発足した、教育学、社会学、社会福祉学、心理学、法学などの研究者から成る研究グループ。代表：伊藤茂樹（駒澤大学教授）。

社会のなかの「少年院」——排除された子どもたちを再び迎えるために

２０２１年11月10日　初版第１刷印刷
２０２１年11月15日　初版第１刷発行

編　者　少年の社会復帰に関する研究会
発行者　福田隆雄
発行所　株式会社作品社
〒１０２‐００７２　東京都千代田区飯田橋２‐７‐４
電話　０３‐３２６２‐９７５３
ファクス　０３‐３２６２‐９７５７
振替口座　００１６０‐３‐２７１８３
ウェブサイト　https://www.sakuhinsha.com

装幀　小川惟久
本文組版　大友哲郎
印刷・製本　シナノ印刷株式会社

ISBN978-4-86182-873-7　C0036　Printed in Japan